DANTE'S
INFERNO

A READING OF DANTE'S INFERNO
Licensed by The University of Chicago Press, Chicago,Illinois, U.S.A
©1981 by The University of Chicago. All rights reserved.

No part of this book may be used or reproduced in any manner
whatever without written permission except in the case of brief quotations
embodied in critical articles or reviews.

Korean Translation Copyright © 2013 by Yemun Publishing Co. Ltd.
Korean edition is published by arrangement with The University of Chicago Press
through BC Agency, Seoul.

이 책의 한국어판 저작권은 BC 에이전시를 통한
저작권자와의 독점 계약으로 (주)도서출판 예문에 있습니다. 저작권법에 의해
한국 내에서 보호를 받는 저작물이므로 무단전재와 복제를 금합니다.

쉽게 풀어 쓴
단테의 신곡

윌리스 파울리 지음
이영혜 옮김

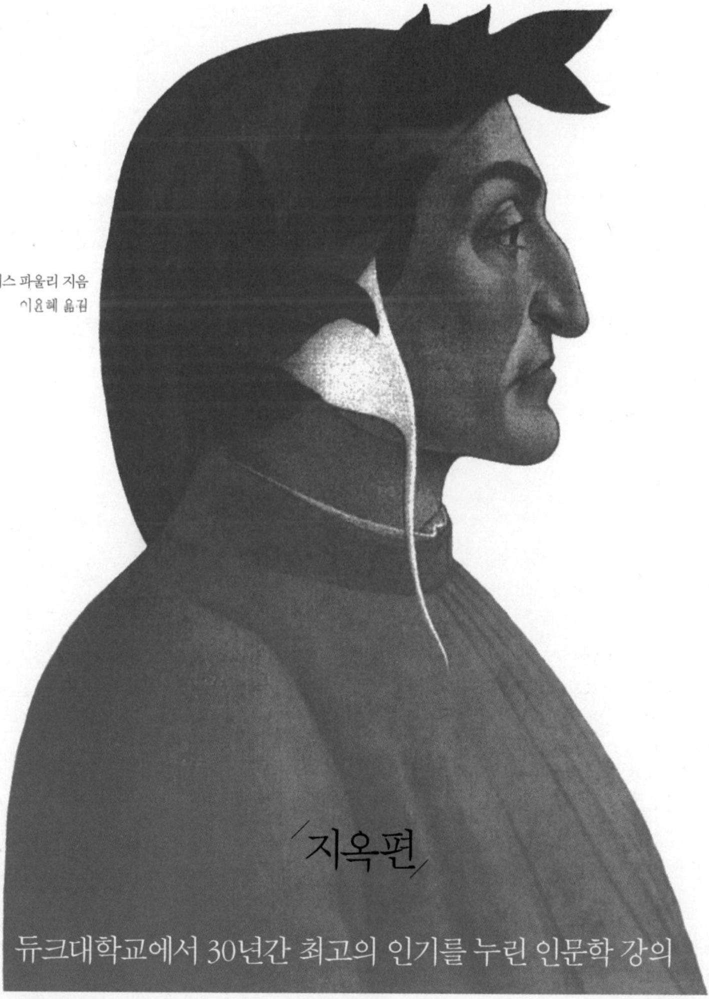

/지옥편/

듀크대학교에서 30년간 최고의 인기를 누린 인문학 강의
Duke University Literae humaniores lecture

머리말

지옥편 여행을 시작하는 여러분을 위한 가이드

  새 학기가 되면 15주간의 단테의 신곡 지옥편Inferno 34곡을 다루는 강의가 시작된다. 매 학기 나는 강의 목표를 다시 정하고 무엇을 중심으로 강의할 것인가, 어떤 식으로 강조할 것인가를 결정하곤 한다. 강의의 중심 내용과 교수법은 시대에 따른 문학비평, 종교, 혹은 학생들의 관심사에 따라 2~3년마다 바뀐다. 돌이켜 보건대, 처음으로 듀크대학교에서 단테를 강의했던 1970년 봄은 모든 부분에서 명예교수로서 처음 지옥편을 강의했던 1979년 봄과 달랐다.

  어떤 학기에는 도덕적, 종교적 측면보다 심리적 측면을 강조한다. 단테가 버림받고 소외당하는 이유를 알고자 그가 내려간 지옥을 그의 무의식이자 과거로 생각한다. 단테를 옹호하고 이해하고자 '사람은 반드시 자신의 최악이 어떠한지를 알아야 한다'며 나 스스로 고민하고 학생들과 논쟁하기도 한다. 여기서 '최악'은 누군가를 세상의 질서에서 소외시키는 경험이다. 최악은 종종 잊히거나 감춰진다.

신곡 지옥편 수업을 주도하는 생각은 단테가 반드시 지옥으로 내려가야 한다는 것이다. 제1곡에서 베르길리우스는 딜레마에서 벗어날 다른 길은 없다고 단테에게 말한다. '길'이란 단어는 제1곡의 첫 행과 제34곡의 마지막에서 일곱째 행에 거듭 등장한다. 인생은 우리를 (최고가 아니라) 최선에 도달하게끔 한다. '길'은 그러한 최선을 알기에 앞서 반드시 먼저 알아야 하는 최악으로 이어진다. 단테는 나쁘고 부패하고 악의적인 그 무엇도 회피하지 않는다. 지옥은 단테에 의해 재창조된 세상, 이탈리아어 시로 쓰인 세상, 연이은 상상도로 이뤄진 세상이다. 각 상상도에는 인간이란 존재를 매우 고통스럽게 하는 여러 집착이 나오는데, 그러한 집착이 계속되면 자아실현과 궁극적 구원은 늦춰진다. 순전히 인간적인 관점에서의 구원이라 할지라도 마찬가지다.

이 책은 앞선 저작 《프루스트 읽기 Reading of Proust》를 보완하고자 쓰기 시작했다. 나는 신곡에 강한 강의를 베닝턴대학에서 세 번, 신곡 천국편 Paradiso을 시카고대학교 대학원 과정에서 한 번 강의한 바 있다. 당시 시카고대학의 보르헤스 교수는 이런 말로 나를 초청했다. "프랑스 상징주의 전문가가 단테에 관해 어떻게 말할지 기대됩니다!" 이후 70년대에는 듀크 대학교에서 지옥편을 한 해 걸러 봄 학기마다 강의했다.

지옥편 강의는 매번 단테가 나의 문학적 근원임을 고백하는 데서 시작된다. 그것은 비단 학생들뿐 아니라 나를 향한 고백이기도 하다. 나는 단테 이전의 시, 예컨대 무훈시(프랑스 서사시 형식)나 크레티앵Chrétien(12세기 프랑스 시인), 그리스 시인이나 라틴 시인을 더 자세히 연구할 필요를 전혀 느끼지 못한다. 모두 단테의 글에서 보았기 때문이다. 단테는 그것들은 분석하지 않는다. 그는 현세와 그 너머 계시적 세계를 광범위하게 복제한 다음 그 속에서 적절히 그것들을 배치하여 활용한다.

그중에서도 지옥편은 내게 문학이 무엇인지를 온전히 알려준 작품이다. 단테는 주변의 모든 것을 이해하고 마음, 사랑, 성(性) 등 자신의 모든 것을 활용했던 예술가의 가장 적절한 실례라 할 수 있다. 단테의 세계에서는 모든 것이 활용되고 극복된다. 그야말로 모든 것을 납득했기에 그의 작품에는 수수께끼와 모순이 많다. 이러한 점은 초기 작품인 《신생Vita Nuova》에서도 무수히 확인할 수 있다. 단테는 이해를 바라지 않았기에 그것들을 그대로 수수께끼로 남겨두었다.

마르셀 프루스트나 프랑스 상징주의 시인에 관한 강의 때면 나는 편안함을 느끼곤 한다. 하지만 단테를 강의할 때면 열정이 솟아나며 신이 난다. 곡 하나하나를 보다 자세히 살피려 계획하고, 강조할 구절과 가능하면 암기하도록 만들 행을 선택한다. 학생들이 비단 이 강의에서뿐 아니라, 앞으로 살아가며 기억해두면 좋을 인물과 장면도 추린다. 이렇게 강의를 준비하다 보면 어김없이 떠오르는 수업이 있다. 하버드 시절 그랜젠트Grandgent 교수님의 수업이 그것이다. 당시 우리는 이탈리아어 본문에 곡마다 간략한 설명이 나오고, 페이지마다 상당한 양의 주석이 달린 교수님의 저서인 《신곡》을 읽었다.

그것은 교수님의 마지막 명강의였다. 우리는 교수님의 학구적인 저서들, 풍부한 경륜, 차분한 태도에 경외심을 품었다. 하지만 솔직히 고백하건대 한편으로는 실망하기도 했다. 교수님이 1년 내내 그의 책에 나오는 이탈리아어를 번역만 시켰기 때문이다. 가끔은 본인이 이탈리아어 구절을 큰 소리로 읽고서 학생 중 한 명에게 번역해보도록 시키기도 했는데, 이처럼 강의 시간 대부분은 우리의 어설프고 서투른 번역으로 채워졌다. 우리에게 들려줄 이야기들은 모두 책 각주에 적어놓은 듯 교수님은 신곡 본문에 관해 아무 말도 하지 않았다. 2~3주에 한 번 정도 누군가가 용기를 내어 질문할 때에만 교수님은 완벽하고 분명히 이해되는 방식으로 답변해주곤 했다. 그제야 우리는 교수님의 지식이 책에 담겨 있는 것 이상으로 방대함을 짐작할 수 있었다.

미국의 몇몇 탁월한 단테 연구자들이 롱펠로Longfellow, 찰스 노턴Charles Eliot Norton, 산타야나Santayana, 그랜젠트 등 하버드의 명교수와 번역가의 뒤를 이었다. 그중에서도 특히 싱글턴Singleton, 버긴Burgin 퍼거슨Fergusson, 프레체로Freccero, 무사Musa를 빼놓을 수 없다. 싱글턴 교수는 명실공히 오늘날 세계 최고의 단테 연구자로 그랜젠트 교수님 책의 개정판을 냈다.

오늘날 많은 강의자들은 대역판을 사용하며 그들 중 나를 포함한 다수는 토론식 수업을 한다. 이는 그랜젠트 교수님의 수업 방식과는 다른 것이다. 교수님은 우리의 번역을 듣고서는 차분히 교정을 해주었다. 제출해야 할 과제도, 준비해야 할 퀴즈도 없었다. 오로지 기말고사만 치르면 됐는데, 그 시험도 긴 구절의 번역이 대부분이었다. 오늘날 미국 대학의 강의실에서 누가 이러한 가르침의 부재와 지루함을 견뎌낼 수 있을까! 우리는 그랜젠트 교수님으로부터 이탈리아어를 어느 정도 배웠지만 오늘날 단테에 관한 비판적 해석법이라 불리는 요소들은 교실 밖에서 스스로 공부해야만 했다.

　시에는 인물도 배경도 은유도 죄도 그 무엇도 홀로 존재하지 않는다. 시인 자신조차도 그렇다. 모든 것은 다른 모든 것에 의해 분명해진다. 단테의 글은 사물과 사물, 사물과 사람, 욕망과 죄, 신과 피조물 사이의 비밀스러운 관계, 드러난 관계, 숨겨진 관계 등 철저한 관계망으로 이뤄진다. 이렇게 복잡하므로 독자들은 잠시 삶의 파편들을 기꺼이 미뤄두고 집중하여 신곡을 읽어야만 한다. 특히 지옥편을 제대로 이해하기 위해서는 여러 번 되풀이하여 읽을 필요가 있다. 그러다 보면 계속 들어왔던 음악의 한 소절처럼 어느 날 단테의 글이 독자 자신의 생각과 존재에 묻어나게 될 것이다. 이러한 현상은 현대적 의미의 '연구'가 아닌 세상에 대한 통찰을 통해서, 그리고 글 속 풍경과 인물이 존재하는 세상에 스스로 발 들여야지만 가능하다.

　단테의 작품을 현대 문학과 관련시키는 것은 교수 기법이 아닌 의무이다. 현대에는 신곡과 견줄 순수한 시 작품이 없다. 하지만 시어의 긴장감을 가지며 시가 드러낼 수 있는 심상 효과를 보이는 작품은 있다. 바로 프루스트와 제임스 조이스의 두 작품이다. 프루스트의 《잃어버린 시간을 찾아서》와 조이스의 《율리시스》는 가히 현대의 지옥편이라 해도 무리가 아니다. 각 작품 속 세상은 본질적으로 시험과 처벌 장면으로 구성된다. 세 작품 모두 주인공인 작가(단테, 마르셀, 스티븐)가 사건 전체를 서술하고 어느 정도 사건에 참여하기도 한다. 그러므로 주인공이자 작가인 이들은 관찰자며 행위자. 셋 다 일종의 서곡 이후에 주된 모험으로 넘어간다. 작가들은 비밀스러운 초기 작업, 즉 서곡으로 자신을 시험하고 이후 더욱 대단한 작품이 진행되리란 사실을 공표한다. 단테는 《신생》에서 비밀스럽고 소수만 이해할 수 있는 방식으로 신곡을 시작한다. 프루스트는 〈스완의 사랑〉에서 질베르트와 알베르틴느를 향한 마르셀의 사랑 그리고 두 개의 세계, 즉 스완과 게르망트의 '양식'을 알고자 하는 갈망을 예고한다. 마지막으로 조이스는 율리시스 이전 《젊은 예술가의 초상》에서 처음으로 주인공 스티븐 디덜러스 Stephen Dedalus를 언급한다.

시간 밖에 있는 세계는 학생들에게 걸림돌일까? 단테는 개인의 삶, 시대의 삶에 속한 인간의 유한한 이야기를 영원한 세계로 가져간다. 앞선 삶의 유한한 형태는 아직 사라지지 않는다. 하지만 속세의 유한함을 깨달으면서 변화가 일어난다. 단테의 창작에서 놀라운 점은 각 장면을 사실적이고 정확하게 기록하는 동시에 독자들에게 그가 다른 세계, 즉 죽음 너머의 세계, 아니 적어도 집착과 악몽의 환상 세계에서 그 장면을 바라보는 듯한 인상을 주는 능력이다.

단테의 시는 그가 깊이 생각했던 바에 관한 것이다. 그는 "내가 거기 있었다"는 말과 "나는 보았다"는 말을 반복한다. 그의 시는 어느 선각자가 본 환상으로, 이러한 환상은 무서운 경험에서 시작되고 이어진다. 시의 주요한 장면마다 종교적 경험은 역사적 혹은 정치적 행위로 이어지기를 반복한다. 박동하는 피가 항상 머리로 주입되듯 단테의 감정은 계속해서 이성적이고 지적인 생각으로 넘어간다. 다시 말해서 지옥편은 오늘날뿐 아니라 어느 시대의 독자라도 그 경험을 살피고 수용할 수 있을 정도로 풍부하고 완벽한 작품이다.

모든 주요한 예술가들처럼 단테 역시 죽은 뒤에 자신을 결코 반역자로 만들지 않을 작품을 남기는 데 관심이 있었다. 이러한 작품의 표면은 부분 부분이 그림자 속에 가려져 있다. 의도와 의미를 숨기는 탓에 각각의 곡을 읽고 토론하는 '수업'이 필연적으로 생겨날 수밖에 없다.

단테의 시처럼 복잡한 문학 작품은 세상의 평가에 따라 눈에 띄는 부분과 묻히는 부분이 있기 마련이다. 문학적 명성은 봉화의 번쩍이는 불빛처럼 시작되고 사라진다. 밤낮이 계속되는 것처럼 이해와 오해도 이어진다. 질서를 재발견하고 현실을 재조명하는 방대한 작업에는 시간이 걸린다. 이탈리아어든 영어든 프랑스어든 단테와 셰익스피어, 프루스트와 조이스의 지혜는 상처투성이다. 많은 불완전한 언어로 인해 때때로 우리는 그들의 글을 읽으며, 실은 보지 못한 무언가를 본다고 믿는다.

신에게로 향하는 여행에서 단테는 먼저 세상을 살핀다. 시인이 그려낸 바로는, 영원히 존재한다는 차이는 있되 지옥의 원(圓)에 있는 것은 분명 인간 존재의 모습이다. 시인은 지옥에서 세상의 공포를 경험한 다음에야 연옥과 천국에 있는 세속적이지 않은 기쁨으로 넘어갈 수 있었다. 즉, 여행자는 세상에 속한 모든 형태의 무절제와 악의를 경험한 후에야 그것들 너머의 세상으로 갈 수 있는 것이다.

 시의 첫 시작에서 단테는 고통에 처해 있고, 사자(使者)인 베르길리우스가 나타나 그를 돕는다. 하지만 제2곡에서 우리는 이들의 만남이 우연이 아님을 알게 된다. 베르길리우스는 천국의 베아트리체 때문에 단테에게 왔다. 단테의 수호성인인 루치아가 베아트리체를 베르길리우스에게 보냈고, 그에 앞서 루치아는 성모 마리아에게 말씀을 받았다. 네 명의 중재자가 단테를 돕도록 요청받는데 단테는 스스로 구제할 힘이 없기 때문이다. 속세에서 출발해 먼저 지옥을 살피는 여행의 절대적 시작점은 천국이다. 천국의 마리아는 모든 것을 움직이게 하는 신적인 신비와 연결된다. 천국에서는 그녀를 마리아가 아닌 "고귀한 여인"이라 부른다.

 베르길리우스가 등장한 순간부터 단테는 결코 홀로 남겨지지 않는다. 베르길리우스는 모든 단계와 죄의 모든 경험을 통과하도록 단테를 인도한다. 이는 결코 세상과 차단된 경험이 아니다. 지옥의 경험은 역사적 현실을 배경으로 하는 동시에 영원에 속한 것처럼 묘사된다. 영원을 의미하는 두 단어 'eterno'와 'eternità'가 영겁의 땅에 울려 퍼진다. 이 여행의 모든 곳에서 단테는 유한한 시간에서 영원으로 옮겨간 사람의 큰 변화에 늘 민감하다. 단테가 만나서 이야기를 나눈 역사나 전설 속 모든 성인들은 한때 세상에 살았던 이들이다.

단테는 시간에 집착하지 않는다. 시인으로서 단테의 능력은 시간을 붙잡아 현재로 끌어들여 고동치게 하는 데 있다. 그는 시간을 위한 구조를 만든다. 그와 달리 프루스트는 시간의 희생자다. 《잃어버린 시간을 찾아서》는 지옥이 아닌 공허 속으로 내려간다. 사실 프루스트는 이미 지옥에 있다. 삶은 본질적으로 가변적이고 덧없기에 프루스트에게는 현실이 죽음이다. 죽음이 가져올 변형은 삶의 쇠퇴를 가리기 위한 가면일 뿐. 시간을 두려워하지 않고 그에 집착하지도 않는 단테는 삶을 끝장내는 힘을 지닌 죽음을 모순되게도 삶을 유지하고 발전시키는 힘으로 여겼다.

현세 너머 내세를 통과하는 여행이라는 단테의 모티프(문학작품에 반복되어 나타나는 동일한 요소)는 문학에서 가장 오래된 것이다. 호메로스의 《오디세이아》 제11권에 이것이 나온다. 오디세우스는 지하세계로 내려가 거기서 테이레시아스에게 아내가 있는 고국으로 돌아가도록 승낙받을지 묻는다. 이것은 베르길리우스의 《아이네이드》 제6권에도 등장한다. 아이네아스는 지하세계로 내려가 아버지 안키세스의 유령에게 자신의 운명을 알아내려 한다. 단테도 오디세우스와 아이네아스의 여행에 관하여 들었다. 고대의 이런 이야기들은 죽은 사람이 산 사람보다 삶에 관하여 더 많이 알고 있다는 믿음을 보여준다. 한 마디로 죽은 사람의 능력이 산 사람의 능력을 능가한다는 것이다.

14세기에서 20세기 사이에 인간의 역사에 변화가 있다면 무엇일까? 개괄적으로 말하자면, 호메로스와 베르길리우스가 말한 지하세계의 죽은 사람들 그리고 단테의 지옥편에 등장하는 저주받은 영혼들로부터 특정 인물의 숨겨진 우주로 내려가는 전환이 어렵지 않게 되었다. 오늘날 사람들은 특히 인생의 큰 위기 순간에 이러한 특정인물의 잠재의식으로 내려간다. 우리에게 필요한 것은 죽었으나 여전히 우리 가운데 머무는 우리 종족의 망자들, 살아있는 자신에게 돌아와 중단되었던 삶을 다시 이어가기 원하는 인간의 특징을 지닌 죽은 형상들과 상의하는 것이다.

잠재의식은 무한하다. 그것은 단테가 창조한 지옥만큼이나 깊다. 그곳엔 우리가 이탈리아어 시에서 마주한 만큼이나 역겹고 불쌍하고 난폭한 인물들이 많다. 죽어서 우리 삶을 떠난 인물들의 말은 필리포 아르젠티Filipo Argenti, 파리나타Farinata, 귀도 카발칸티Guido Cavalcanti의 아버지 카발칸테Cavalvante의 말만큼이나 불가사의하고 극적이고 함축적이다. 오늘날 개인이 상담과 자기 분석에서 갈등의 근원을 마주하듯 단테는 지옥의 원에서 자신의 도덕적 양심과 결함에 관련되는 과거의 유령을 만난다.

단테가 만난 여러 영혼과 그들이 거주하는 왕국은 그림처럼 생생히 묘사된다. 이러한 왕국의 규모는 현세와 비교가 안 되기에 독자들이 그 규모까지 알기는 어렵다. 이승과 저승 사이에는 차이가 있다. 그렇다 하더라도 단테는 독자들에게 저승에서의 영원한 존재는 이승에서의 삶으로 결정된다고 반복해 가르친다. 이 땅에서의 삶이 끝나면서 현세의 모든 것에 영원성이 부여된다. 먼 과거와 가까운 과거 속의 모든 결점, 시련, 손상이 이어져 영원히 남는다. 단테가 그리는 깔때기 모양 지옥은 죄의 풍경을 보여준다. 그것은 오늘날 우리가 '집착'이라는 애매한 이름으로 부르는 것들이다.

지옥도는 디스 시(市)로 인도하는 지도인 동시에 그곳의 모습이다. 이 지도는 자유를 통해 자유의 근원인 신의 사랑에서 돌아선, 다시 말해 스스로 등을 돌린 마음을 보여준다. 단테가 보여주는 각각의 죄에 독자들은 당황하고 그 가짓수에 우울해지기도 한다. 그러나 단테는 한 영혼이 모든 죄를 저지른다고 말하려 한 것이 아니다. 시인의 관심은 개별적인 여러 죄에 영향을 받는 "고통의 도시"에 있다. 그렇기에 그는 하나의 장면에서 그 모든 것을 보여주고자 한다. 천국의 정점은 노란 장미의 형상으로 나타난다.

먼저 여행자는 아래로 내려가야 한다. 지옥은 그를 끌어들이는 깔때기이며 어디서나, 예컨대 어두운 숲에서도 시작될 수 있다. 그가 알기도 전에 그는 모든 부패의 가능성에 휘말리게 된다. 선(善)에서 조금만 벗어나도, 약간만 방종해도 상당히 심각한 죄로 이어질 수 있다. 단테의 지옥편은 이에 관한 이야기, 보통 개인들의 숨은 인생에 관한 이야기이다.

신곡에 관한 4중 해석의 출처는 칸 그란데Can Grande(베로나의 전제군주)에게 보낸 편지(서간집 11번째 편지) 속 단테 자신이다. 그는 행(구절)의 문학적 의미를 풍자적, 도덕적, 영적인 세 가지 관점으로 해석하고자 초기 교부들에게로 돌아간다. 세 가지 관점의 해석은 보편적으로 받아들여지는 성서 해석이었다. 토마스 아퀴나스는《신학대전》에서 구절의 문학적, 역사적 의미에 관해 그리고 신약의 의미를 밝혀주는 구약에 관해 말한다. 그리스도의 행동은 도덕적 혹은 교훈적으로는 우리가 무엇을 해야 하는지 알려주며 영적으로는 영원한 영광을 알려준다.

지옥편 34곡을 다 읽고 나면 단테의 지옥 여행이 마음에 떠오르는 새로운 경험이 시작된다. 그러나 얼마 지나지 않아 그런 경험은 생활의 언저리로 밀려난다. 여행에 관한 기억이 희미해짐에 따라 독자 대부분은 그들이 심각한 여행자가 아닌 단순한 관광객이었다는 사실을 깨닫는다. 그들에게 지옥편은 성장과 진보를 위한 여행이었기보다 시간이 흐르면 몇몇 장면만 남기고 잊힐 걸출하고 극적이며 무서운 일련의 이야기이다.

겉으로는 개별적으로 보이지만 각 곡은 다른 모든 곡과 연결된다. 특정 곡에서 전개되는 이야기를 이해하지 못하면 작품 전체를 이해할 수 없다. 한 번 읽고서 알 수 있다고 생각한다면 어불성설이다. 단테를 이해하려면 많은 시간을 할애하고 친숙해져야 하며, 관련된 모든 것을 떠올려야 한다. 단테는 그의 여행에서 천문, 지리, 역사, 도덕, 철학뿐만 아니라 연대학(역사상 실제 있었던 일의 연대를 결정하는 학문으로, 천문학, 기상학, 역학, 물리 화학, 문헌학 따위의 관련된 모든 과학을 이용하여 절대 연대나 상대 연대를 결정하는 역사학의 보조 학문)을 끈질기게 활용한다. 그 때문에 지옥편을 기억하려면 의지와 지능이 필요하지만 그렇게 어려운 일은 아니다. 단테를 이해하고 기억하는 데 무엇보다도 도움이 되는 것은 바로 읽은 내용에 대한 공감이기 때문이다. 공감은 내뱉기 쉬운 말이 아니라, 우리 마음속에서 일어난다. 단테의 지옥편에서 목격되는 죄는 비록 우리의 죄가 아니지만 그것과 매우 닮았다.

지옥편 읽기를 위한 배경 지식

　단테는 어떻게 그토록 많은 독자에게 오랫동안 영향을 끼쳤을까? 오늘날의 연구는 의도적으로 이 부분에 초점을 맞춘다. 대표적 예술작품은 모두 각 세대의 감수성을 깨우는 능력을 지니며, 즐거움과 깨달음을 주고 인간의 삶에 관한 새로운 이해를 가능하게 한다. 작품을 통해 시인은 사람이 스스로 할 수 있는 이상으로 솔직하게 인간을 살피고, 그들이 살아가는 세상을 새로운 시선으로 보여준다.

　오늘날 독자들은 14~20세기와 엄청나게 다른 지식, 예절, 신념을 가지고 단테를 읽는다. 변하지 않는 것은 인간의 본성뿐이다. 그리고 바로 그것이 신곡의 중심 소재이다. 호메로스, 단테, 셰익스피어와 같은 주요 시인들의 작품은 인간의 본성이 변하지 않기에 영원히 적합하다. 더 정확히 말하자면, 이들은 아주 오랜 옛날을 살았던 시인들이기에 오늘날 살아있는 독자들의 삶에 부합되는 정도는 과거와 다를 수 있으나 그 적합성은 여전하다. 위대한 시인은 늘 새롭다고 말하면 진부하게 느껴질 수 있지만, 그것이 바로 문학의 기적이다. 이는 우리에게는 감탄거리, 비평가들에게는 아우르기 가장 어려운 과제이다.

　시인들은 자신이 살아가는 시대를 해석하고 모든 시대의 사람들에게 인간의 삶에 관하여 들려준다. 앞서 언급한 시인들도 물론 그러하다. 시인들은 상상력을 동원해 각기 다른 인생의 모습을 그린다. 그런 의미에서 시인들은 심상의 창조자이다. 문학의 최고 재료는 언어이다. 시인들은 단어의 의미와 운율을 활용하며 글로써 그림을 색칠한다.

호메로스의 인물은 분명한 특징을 지니며 행동 동기가 단순하다. 셰익스피어의 인물들 역시 분명한 특징을 지니지만 그들의 행동 동기는 복잡해서 본인들조차 그것을 확실히 모른다. 인생의 역설과 딜레마는 셰익스피어의 문학에서 큰 부분을 차지한다. 한편 신곡은 호메로스와 셰익스피어의 중간쯤이다. 이 책에서 단테는 많은 인물들의 행동 동기를 특정한 관점, 즉 기독교적 선과 악이라는 관점으로 분석하여 기록한다. 단테는 호메로스나 셰익스피어보다 훨씬 엄격한 시인인 동시에 도덕주의자이지만, 운율을 적극적으로 활용하고 심상을 창조한다는 점에서는 그들과 같다.

호메로스와 셰익스피어는 절대 글 속에 개입하지 않으며 어떤 구절에서도 그들의 의견을 확실히 표명하지 않는다. 반면 단테의 글은 대개가 자전적이다. 호메로스는 트로이 전쟁에 관해 논평하지 않고 셰익스피어는 오셀로와 이아고의 알 수 없는 관계를 설명하지 않지만, 단테는 신곡의 모든 행에 등장해 그가 느끼고 생각하고 아는 바를 독자들에게 말한다. 단테는 '희극comedy'이란 제목의 글로써 인간 영혼의 다양성을 증명할 뿐 아니라 인간과 우주를 깊숙이 탐색한다.

단테의 작품에는 호메로스와 셰익스피어의 것보다 정의에 대한 가르침이 훨씬 더 많다. 의심의 여지없이 단테는 오늘날에도 세계 최고의 도덕주의자 시인이다. 호메로스의 소재는 고대 그리스와 로마, 끝없는 전쟁, 전쟁이 끝나고 돌아온 전사이다. 셰익스피어의 소재는 영국, 중세로부터 출현한 근대 세계이다. 그러한 근대 세계는 지식에 대한 고뇌, 상충되는 충동과 야망의 괴로움, 계속하기 너무 어려워 생존조차 불가능한 사랑 방식의 아픔을 끝없이 고민함에 따라 등장하였다. 한편 단테의 소재는 물론 이탈리아, 한때 로마였던 이탈리아 전역의 인간사, 기독교 신앙의 언약, 세상을 떠난 각 사람의 영혼은 불멸한다는 기독교 외 모든 다른 종교의 특별한 신념이다.

모든 시대의 시인이기에 앞서 단테는 그가 살아가던 시대의 시인이었다. 역사가들이 중세 천 년이라 부르기 좋아하는 서기 500~1500년 사이 등장한 수많은 인물 가운데, 단테는 단연코 대표적인 문학가이며 가장 중요한 시인이다. 이 시대는 476년 로마제국의 붕괴로 시작되었고, 1492년 서반구의 발견으로 끝이 났다. 중세의 창작물이라고 하면 대개 로마네스크, 고딕 건축물, 무훈시, 고상한 모험담, 돌체 스틸 누오보dolce stil nuovo(새롭고 감미로운 형식이란 뜻으로 13세기 이탈리아 문학운동을 가리킨다) 등등의 새로운 문학 형식, 토마스 아퀴나스에 의해 집대성된 스콜라철학, 귀족 상류층 중산층으로 새로이 형성된 사회질서, 파리와 볼로냐 등지에 세워진 대학이 나열된다. 하지만 이 시대에 그 무엇보다 위대하고 완전한 창작물은 교회였다.

로마가 몰락하자마자 모든 형태의 예술, 언어, 문학, 제도는 혼란에 빠졌다. 군주국의 영토 경계가 정해지고 언어가 발달하기까지는 수백 년이 필요했다. 11세기 말엽에야 그러한 변화의 조짐을 보여주는 분명한 표지가 나타났다. 12세기 초의 것으로 추정되는《롤랑의 노래》는 유럽의 새로운 영웅시대를 기념하는 유형의 문학작품으로 황제 샤를마뉴, 기사 롤랑, 대주교 터핀이 등장한다. 그리스 로마의 문화와 기독교 종교가 혼합된 12세기 영웅시대는 통합된 신학과 교황의 권위를 큰 특징으로 하는 13세기로 넘어간다. 토마스 아퀴나스의《대(對) 이교도대전》과《신학대전》은 교회가 군림하는 세상, 다른 어느 시대와도 비교되지 않는 세상의 형성에 도움이 되었다. 이 책들은 오늘날에도 여전히 기독교 철학의 기반이다.

로마의 권위가 절정일 때, 정치적 통합은 이뤄졌지만 도덕적, 신학적 문제는 대개 개인의 몫으로 남았다. 중세에는 그와 반대로 정치적 분열은 가열되었지만 신학적 사고방식과 이상은 고도로 통일되어 있었다. 기준이 되는 언어는 라틴어였다. 지식인은 대부분 성직자였고 화가와 조각가는 전반적으로 기독교를 소재로 했다. 문학의 영역에서는 아이네아스의 라틴어 서사시, 트로이와 테베의 그리스신화와 함께 샤를마뉴, 롤랑, 아서의 이야기가 유럽의 공통 분모였다.

중세 사람들이 인간의 가치라 믿고 따르던 것은 전부 기독교 신앙이었다. 이러한 가치의 가장 기본적인 내용을 서술하면 다음과 같다. 인간은 신의 피조물이며 신의 소유이다. 인간은 세상에서 신과 분리되었고 죽을 때까지 그렇게 살아야 한다. 세상과 그 모든 문명은 인간이 돌이켜 다시 신과 연합하는 데 도움이 되도록 계획되었다. 인간은 본질적으로 세속적인 면과 영적인 면을 모두 지니지만, 영적인 면은 늘 세속적인 혹은 물질적인 면을 초월한다. 남자든 여자든 이상적인 인간은 성자이다. 성자의 모습은 아퀴나스 같은 철학자, 미천한 농부, 프랑스의 루이 9세 같은 왕, 주부 등 다양하다.

단테의 세기에 통일된 국가는 존재하지 않았지만 13세기 초엽부터 교황령은 존재했다. 그곳은 독립적인 도시국가였으며 이탈리아인들은 로마 교회의 권위에 자부심을 가졌다. 11세기 말엽 교황은 패권을 차지했다. 13세기 초엽 이노켄티우스 3세는 교황을 '이 땅에서 하느님의 대리자'라고 정의했고 그러한 가톨릭 신앙을 바탕으로 신권정치제제를 확립했다. 다시 말해서 종교적 정치 체제의 권위를 신으로부터 끌어냈다. 부패가 확실시되는 요소에도 불구하고 중세 교회는 문명을 구원하는 노아의 방주로 여겨졌다. 단테가 태어나기 직전인 13세기 중엽, 아주 오래된 베네딕트 수도회는 물론 새로운 프란체스코 수도회와 도미니크 수도회도 수도승들이 많다는 것을 자랑했다. 그들의 종교적 열정은 감탄스러울 정도였다. 이들 수도회는 제3의 구성원들을 허용하기 시작했는데, 그들은 속세에 살지만 끊임없이 빈자들을 돕고 무기를 들고 일어서기를 거부하여 이탈리아의 봉건제도가 붕괴되도록 만들었다.

오늘날 우리 대다수는 단테를 중세적 신앙의 최고봉으로 생각한다. 단테가 말한 바를 간단명료하게 말하자면, 인간은 불멸의 존재이고 이 땅에서의 삶은 인간에게 첫 단계일 뿐이라는 것이다.

단테는 신앙심 깊은 시인이었으나 동시에 정치사상가이기도 했다. 그는 영생이란 도덕적 삶에 달려있다고 말한다. 우리는 신의 피조물이고 신은 우리를 원하며 우리 동료들과의 관계는 하느님과의 관계만큼이나 중요하다. 그러나 동시에 우리 인간은 사회, 도시, 제국에 속해 살아간다.

단테의 평생에 그리고 그의 사후에도 오랫동안 이탈리아에서는 겔프당(교황당)과 기벨린당(황제당) 사이의 이념 갈등이 맹렬했다. 이 정치적 갈등에 관한 지식 없이 신곡을, 특히 지옥편을 이해하기란 어렵다. 지옥편은 익숙한 문제인 계급 갈등, 인종주의, 정당 정치, 권력 충동, 시민의 부패에 대한 비유이다. 기벨린당은 귀족을 대표하여 황제를 옹호하고 교황의 영토 지배를 반대했다. 단테가 속한 겔프당은 그에 비해 '민주적' 이었으며, 입헌 정부를 원했다. 자신들을 이탈리아 토착민의 후손으로 여겼던 겔프당은 교황이 기벨린당 무리에 대항하도록 도움을 주리라 기대했다. 그들은 반은 중상층 상인, 반은 시시한 귀족이었다. 유럽의 다른 권력들은 편을 나눠 기벨린당과 겔프당을 두둔했다. 게르만 제국을 강력히 주장하던 게르만 국가들은 당연히 기벨린당의 편이었다. 하지만 교황과 더 친밀한 프랑스는 겔프당을 지지했다.

정치적 분열은 심각했던 반면에 이탈리아의 경제와 문화는 급속히 발전했다. 암흑기가 끝나고, 오늘날 역사가들이 르네상스 초기라 명명하는 시대의 특징이 두드러지게 나타났다. 장인과 상인의 길드가 크게 늘었고 동시에 고전의 중요성이 재발견되었다. 단테의 시대에 소수의 기벨린당 지도자가 이단, 심지어 무신론 혐의를 받았으나 서구 교회에 실제적인 분열은 없었다. 영지주의와 마니

교의 여러 형태는 진압되었고 교회의 통합은 여전히 강력했다. 교황을 위한 활동가와 황제를 위한 활동가가 모두 동일한 제단에서 동일한 사제로부터 성찬을 받았다.

13세기 중엽, 다방면에 탁월했지만 괴팍하기도 했던 시칠리아의 왕 프리드리히 2세 때문에 짧게나마 정치적 연합의 기회가 생겼다. 호엔슈타우펜 왕조의 황제였던 그는 다시 강력한 로마제국을 일으킬 뻔했다. 그가 아니었다면 수백 년이 지나서야 가능했을 이탈리아의 통합이 이루어졌다. 하지만 교황은 프리드리히에게 적대적이었고 결국은 교황이 승리했다.

15년 후, 베네벤토 전투에서 샤를 당주Charles d'Anjou가 프리드리히의 서자 만프리드를 살해했다. 이때가 1265년이었다.

그해에 피렌체에서 단테 알리기에리Dante Alighieri가 태어났다. 우리가 단테에 관해 아는 지식은 그의 작품과 두 명의 초창기 전기 작가로부터 나온다. 첫 번째 작가는 희년이었던 1300년에 로마를 방문했던 역사가 조반니 빌라니Giovanni Villani로, 그의 역사서에 단테가 짧게 언급되었다. 두 번째 작가는 단테와 동시대를 살았으나 시인과 개인적 친분은 없었던 보카치오Giovanni Boccaccio이다. 보카치오의 《단테 전기》는 40쪽을 조금 넘는다.

단테의 부유한 집안은 겔프당에 속했으며 피렌체 혈통이었다. 단테는 5살에 어머니를, 12살에 아버지를 잃고 계모의 손에 컸다. 9살 소년 단테는 폴코 포르티나리Polco Portinari 집의 5월제(5월 1일에 열리는 봄 축제)에 참석했다가 포르티나리의 딸 베아트리체를 만났다. 단테보다 한 살 아래인 베아트리체는 빨간색 드레스를 입고 있었다. 단테는 그녀에게 반했고 12년이 지나 그의 사랑을 이야기로 썼다. 대부분의 주석자는 이 이야기를, 최소한 핵심적인 내용들은 사실이라 믿는다. 시인은 그의 사랑이 순결했다고 기록했는데 이 또한 보편적으로 받아들여진다. 1287년 베아트리체 포르티나리는 은행가 시메온 데이 바르디와 결혼했는데, 단테는 이 사건을 언급하지 않았다.

단테가 18세였을 때 처음으로 베아트리체가 말을 걸었다. 이 인사로 청년 단테는 환희를 경험했다. 하지만 이후 단테에 관한 반쯤은 좋지 않은 소문을 들은 베아트리체는 그와의 대화를 거부했고 이 일로 단테는 큰 비탄에 빠졌다. 단테가 파티에서 그녀를 보고 맥을 잃자 단테의 친구들이 그가 아프다고 생각한 일도 있었다. 1289년, 폴코 포리티나리의 죽음으로 베아트리체가 슬퍼하자 단테도 그로 인해 슬퍼했다. 이듬해인 1290년에는 베아트리체가 죽었다.

이후 10년 동안, 즉 13세기의 마지막 10년 동안 단테는 철학, 과학, 신학을 공부했으며 라틴 문학과 피렌체 문학을 읽었다. 아마도 문학에 있어서는 스승이자 작가인 브루네토 라티니Brunetto Latini의 지도를 받았을 것이다. 단테의 가족은 겔프당 가문의 딸과 결혼을 주선했고, 겜마 도나티Gemma Donati는 단테에게 최소한 4명의 자녀를 낳아주었다. 이들의 결혼이 행복했는지 불행했는지를 알려주는 신빙성 있는 자료는 없다.

새로운 세기가 되고 단테는 점점 더 정치에 가까워졌다. 1300년 피렌체의 약국에서는 약은 물론 책, 그림, 보석도 판매했는데 단테는 이러한 약재상과 의사 길드에도 속해 있었다. 새로운 세기의 첫 해, 단테는 피렌체의 작은 수도원 원장으로 선출되었다. 당시 피렌체에서는 살해된 한 젊은이를 두고 겔프당의 두 가문이 오래 반목한 결과 당에 심각한 분열이 일어난 상황이었다. 두 가문, 즉 체르키 가문과 그의 지지자들은 '백당i Bianchi'으로, 도나티 가문과 그의 지지자들은 '흑당i Neri'으로 불렸다. 수도원장들은 피렌체에 평화를 가져오기 위하여 백당과 흑당 양쪽의 지도자를 모두 국외로 추방했다. 이때 단테는 '백당' 수도원장의 한 사람으로서, 처갓집의 일원인 코르소 도나피와 친구 귀도 카발칸티를 추방하는 일을 맡았다.

1301년, 교황 보니파키우스 8세가 이 도시의 분쟁에 개입했다. 프랑스 왕의 형제인 샤를 드 발루아와 흑당을 지지하는 한 군대장관이 분쟁을 진압하고자 피렌체로 왔고, 1302년에 단테는 국외추방을 선고받았다. 당시 단테는 몇 년 후처럼 그렇게 대단한 정치사상가가 아니었다. 단테는 겔프 백당이었다. 이는 그가 진보적 정치관을 가졌으나 예술과 학문을 지지하는 기벨린당의 전통을 선호했다는 의미이다. 다만 그는 기벨린당이 종교에 대한 존경심이 부족한 것을 매우 싫어했다.

이렇게 해서 1302년부터 1321년 사망 때까지, 단테는 20년에 걸친 추방 생활을 하게 된다. 그는 이 기간의 많은 부분을 신곡에 기록했다. 단테가 추방된 상황에서도 단테의 가족은 피렌체에 머물렀는데 그의 아내 젬마가 한 번이라도 그와 합류했는지는 확실하지 않다. 그가 이탈리아 여러 도시의 영향력 있는 가문에 손님으로 잠시 머물렀다는 암시는 여러 군데에 나온다. 대부분의 시간을 가르치며 보냈던 것으로 보이며 그의 책 《향연Il Convivio》은 그러한 여러 강의를 모은 것으로 생각된다. 그가 파리에서 어느 정도 시간을 보낸 것은 사실인 듯하나 옥스퍼드까지 도착했는지는 의문이다.

단테는 라틴어로 논문 〈속어론De Vulgari Eloquentia〉과 〈제정론De monarchia〉을 썼다. 제정론에서 단테는 로마 건국에 관한 베르길리우스의 서사시에서 추론해낸 개념을 바탕으로 세계정부의 정당성을 입증한다. 그에 따르면 세계군주는 신자이고 황제이고 로마인이어야 한다. 유대인과 로마인은 모두 선택받은 민족이며 유대인은 교회의 원천, 로마인은 제국의 원천이다.

단테가 언제 신곡을 쓰기 시작했는지는 알려지지 않았다. 그러나 그의 인생 말년에 있었던 몇 가지 일들은 확실한 사실이다. 1317년, 단테는 라벤나 지역 폴렌타 백작의 성에 손님으로 머무르며 그곳에서 아들 야코포와 피에트로, 딸 베아트리체와 만났다. 1321년, 그는 임무를 띠고 베니스로 보내졌는데 그곳에서 열병에 걸렸고 라벤나로 돌아온 직후 사망해 프란체스코 수도회 수도원에 묻혔다. 그의 나이 65세였다. 그는 피렌체에서 장사지내기를 원했으나 그의 유해는 여전히 라벤나에 남아있다. 단테의 것이라 주장되는 데스마스크와 단테와 동시대를 살았던 화가 지오토가 바르젤로 궁전에 프레스코화로 그린 젊고 감성적인 얼굴만이 남아있을 뿐, 실제 시인을 그린 초상화는 없다.

단테의 특성은 그의 글에서 읽어낼 수 있다. 그의 감정은 강렬하고 절실했다. 잔인하고 복수심에 불타는 경향도 보이지만 대개는 동정적이고 호의적이었다. 그는 죄인과 악인을 비난하는 사람이 아닌 감각론자(인식의 근원이 감각이라 여기는 철학적 입장을 가진 사람)였다. 동정심만큼이나 깊은 정의감으로 그는 파리나타와 같이 그가 존경하는 사람들을 그들의 알려진 도덕적 삶에 일치되게 지옥으로 배치했다. 단테는 지옥편에서 셀 수 없이 많은 남녀의 사생활을 침해하고 재판관처럼 그들에게 죄인이라는 딱지를 붙였다.

단테는 활동가도 당의 지도자도 아니었다. 잠시 수도원장으로 머물던 그의 경력은 신곡과 같은 작품 활동에 비하자면 하찮게 여겨진다. 단테는 그의 생전에 상상의 세계를 이어갔던 그런 부류의 시인이었다. 단테는 모든 격정적인 사람들, 사랑과 증오 그리고 분노와 희열의 순간을 알았다. 그 시대의 모든 학문 분야, 즉 신학, 법, 역사, 철학, 물리학, 수학, 시학을 배운 단테는 철학과 교회의 가르침 사이, 아리스토텔레스와 토마스 아퀴나스 사이에서 본질적 충돌을 느끼지 못했다.

단테는 사상가로서 두 개의 태양이 인간을 인도할 운명이란 그의 근본적 믿음을 유지했다. 두 개의 태양, 교황과 황제는 모두 신 앞에 있다. 황제가 교황에게 합당한 경의를 표한다면 둘은 동등하다. 인간의 영혼은 신체보다 우월하고 이런 의미에서 교황이 황제보다 높기 때문이다. 모든 인간을 위해 평화를 달성하고 유지한다는 단테의 유토피아를 오늘날의 인류도 여전히 꿈꾼다. 개인은 공동체의 구성원, 공동체는 국가의 일부, 국가는 인류의 일부분이라는 간단하고도 논리적인 꿈이다. 그렇지만 단테는 자유를 존중받으려면 공동체가 황제에게 복종해야 한다고 확신했다.

베아트리체의 죽음 이후 단테의 사생활에 도덕적 일탈 혹은 방종이 이어졌다고 한다. 그의 시 모음집 《칸초니에레Canzoniere》로 미루어볼 때 그는 매우 심미적이었음을 알 수 있다. 하지만 이러한 요소 이외에 특별히 잘못된 행실은 알려진 바 없다.

피렌체를 향한 단테의 깊은 사랑은 그에게 중요한 부분이었다. 단테는 그 도시의 역사에서 상충되는 두 요소, 즉 기벨린당과 연관된 귀족적 화려함, 그리고 겔프당의 이상으로 표현되는 민주적 방식을 모두 좋아했다. 하지만 단테에게 피렌체는 무엇보다도 베아트리체와 연결되는 곳이었다. 베아트리체와 피렌체는 단테 시 작품의 두 전형이다. 피렌체는 그의 고향이며, 베아트리체는 사랑을 표현하지만 의무와 충성의 미덕을 가르치고 자녀를 보호하는 어머니와 같은 존재였다.

단테는 자신의 도시가 아닌 로마를 선망할 필요가 없었다. 피렌체는 로마의 후손이기 때문이었다. 아르노 강변에 정착한 로마인들이 피렌체를 건설했고 그곳을 로마처럼 꾸몄다. 이 때문에 단테는 자신을 피렌체인이자 로마인이라 여겼다.

모두 100곡으로 이루어진 신곡에 표현되었듯 단테는 인간으로서, 시인으로서 두 가지 특징을 지녔다. 단테의 높은 도덕적 이상은 고대의 금욕주의자들로부터 나왔을 것이다. 이는 반드시 약간의 자만심을 품을 수밖에 없는 그의 강직한 성품, 불굴의 정신으로 유지되었다. 스스로 인정하듯, 단테는 그 자신이 자만심을 품고 있음을 알았다. 하지만 그의 성품에는 자만심에 대한 해독제가 들어 있었으니, 그것은 겸손과 실천적 헌신이었다. 프란체스코 수도회 회원으로서 단테의 겸손은 강력한 복수심의 분출과 금욕으로 인한 자만심을 잠재웠다.

차례

머리말   지옥편 여행을 시작하는 여러분을 위한 가이드 5p

제1곡   어두운 숲 32p

제2곡   세 여인 42p

제3곡   연결 통로 52p

제4곡   림보 62p

제5곡   육욕 70p

제6곡   식탐 : 치아코 82p

제7곡   탐욕과 낭비, 분노와 통명 90p

제8곡   분노와 디스의 문 98p

제9곡   복수의 세 여신과 천사 106p

제10곡   이교도 : 파리나타 116p

제11곡   지옥 배치도 126p

제12곡   폭력 134p

제13곡   자살자 : 피에르 델라 비냐 142p

제14곡   모래밭 152p

제15곡   동성애자 : 브루네토 라티니 158p

제16곡   빙빙 도는 피렌체인 3인조 170p

제17곡   게리온, 고리대금업자, 그리고 제8원으로의 하강 178p

제18곡   말레볼제 : 뚜쟁이와 색마, 아첨꾼 184p

제19곡	성직을 사고파는 자 : 세 교황	192p
제20곡	예언자 : 테이레시아스	200p
제21곡	탐관오리 : 말라코다	208p
제22곡	탐관오리	218p
제23곡	위선자	224p
제24곡	도둑 : 반니 푸치	230p
제25곡	도둑	238p
제26곡	모사꾼 : 율리시스와 디오메데스	246p
제27곡	모사꾼 : 귀도 다 몬테펠트로	258p
제28곡	불화의 씨를 뿌리는 자 : 베르트랑 드 본	264p
제29곡	위조자 : 연금술사	272p
제30곡	베르길리우스의 꾸짖음	278p
제31곡	거인	286p
제32곡	코키토스 : 카이나와 안테노라의 영역	294p
제33곡	안테노라와 톨로메아	300p
제34곡	주데카	310p

맺음말　오늘날의 단테 읽기 320p

지옥편 읽기 사전 340p

참고한 책들 366p

Duke University Literae humaniores lecture

제1곡

어두운 숲

제1곡은 신곡 전체를 소개한다. 여기에는 여행자 단테가 시의 첫 3행에 언급한 '어두운 숲'에서 벗어나려면 반드시 방문해야 하는 세 영역이 규정되어 있다.

시는 어두운 숲에서 시작된다. 35세의 피렌체 시인 단테 알리기에리는 1300년 성 금요일 아침에 자신이 그곳에 있음을 깨닫는다. 그는 길을 잃었고 야생의 숲에 겁을 먹었다.

첫 3행은 글 전체의 모티프와 동기를 보여준다. 모티프는 시인의 여행이다. 시인은 어두운 숲에서 벗어날 길을 찾아야만 한다. 동기는 회복되고자 하는 욕구이다. 무엇으로부터의 회복일까? 어두운 숲의 의미는 무엇일까? 단테는 무엇을 두려워하는 것일까? (10행에서는 '두려움'이란 단어가 두 번 사용된다.) 이러한 질문에 대한 정확한 답은 아직도 나오지 않았다. 이야기 속 사건으로부터 대략 680년이 지난 오늘날 우리는 이를 시인이 처한 소외된 상황이라 생각한다. 참고로 현대인들은 소외의 원인이 복합적이며 이를 어떤 단순한 용어로 규정할 수 없음을 안다. 아니, 적어도 그렇게 생각한다.

단테가 그의 소외를 정밀히 분석하려는 어떤 시도도 하지 않은 것은 현명했다. 그만의 특별함이 없었다면 우리는 모든 특정한 아픔에 갖다 붙일 수 있는 온갖 일반적이고 불분명한 형태의 원인을 그에게 갖다 붙였을 것이다. 단테는 세계의 질서에서 유리된다. 세상과의 관계가 단절되었다는 면에서 이 경험은 죽음과 비교할 만큼 비통하다. 전체 시작 구절에 관한 결정적 단서는 어떻게 이런 막다른 상황에 부닥쳤는지 모르겠다는 단테의 고백이다. 즉, 그는 자신이 길을 잃었음을 의식하지 못했다. 그가 소외당한 이유는 어두운 숲만큼이나 알 수가 없다.

당황한 단테는 산자락으로 가서 산꼭대기의 태양 빛을 바라본다. 그는 그 빛의 인도로 자신이 어둠에서 벗어나리라 본능적으로 느낀다. 하지만 산꼭대기로 올라가려 하자 세 짐승이 차례로 그를 방해한다. 그는 다시금 산꼭대기에 도착할 수 있으리라는 희망을 잃는다.

> 나는 산꼭대기로 오르려는 희망을 잃었다. [1:54]

이 행에서 우리는 이미 무력, 좌절, 절망을 이해할 수 있다. 이 짧은 구절에서 독자의 마음은 이미 문자 그대로의 의미를 넘어선다. 산꼭대기의 빛줄기는 물리적인 태양광선 이상이다. 각각 유연함, 사나움, 수척함이라는 특징을 지니는 표범, 사자, 암늑대는 구약성서 예레미야 5장 6절에 나오는 세 짐승 이상이다.

숲, 산, 짐승은 단테의 글 바깥에 있는 것이다. 하지만 작품을 통해 우리는 그것들이 시인의 내부에도 있음을 알게 된다. 그것들은 우리가 쉽게 인지할 수 있는 익숙한 상상이다. 누군가의 삶이 '뒤죽박죽'일 때, 예컨대 단테와 햄릿처럼 추방당한 때, 인간이 신의 은혜로부터 벗어나는 사건을 경험할 때 잠재의식 속에 만들어지는 상상인 것이다. 아담의 끔찍한 경험은 개인이 버림받았다고 느끼게 되는 무수한 경험의 전형이다.

예고 없이 불쑥 베르길리우스가 출현하기까지 제1곡의 분위기는 확실히 기독교적이다. 잃어버린 길, 어두운 숲, 혼란스럽고 버려진 느낌은 창세기의 타락한 인간, 이따금 신으로부터의 분리되는 선택받은 민족을 떠올리게 한다. 성 히에로니무스의 해석을 따르면 예레미야의 세 짐승인 표범, 사자, 암늑대는 각각 호색, 교만, 탐욕을 상징한다. 단테의 구절에도 몇몇 학자들이 제시하는 정치적 해석만큼이나 이러한 도덕적 해석이 적절하다.

어둠 속에서 베르길리우스가 등장하자 새로운 분위기가 전개된다. 베르길리우스는 확실한 특징으로 묘사되던 고전 세계의 인물로 분명한 지향을 가지고 있다. 그는 반쯤은 잠들고 반쯤은 공포에 사로잡혀 있는 단테와 대비된다. 베르길리우스는 그리스도 탄생 19년 전에 죽었다. 다시 말해 그는 구약성서의 끝, 신약성서의 시작에 위치한다. 그는 단테를 어두운 숲에서 구하기에 적당한 사람이다. 베르길리우스는 작가로서 단테가 성장하는 데도 길잡이 역할을 하였다. 베르길리우스는 말한다. "나는 시인이었다." 단테는 곧바로 베르길리우스가 이탈리아 시에 풍부한 영감을 주었다("그 샘물"이라는 표현)고 인정한다. 단테의 인정으로 사건이 진행된다.

당신이 바로 베르길리우스군요. [1:79]

단테는 간단히 베르길리우스의 우위를 인정한다. 그 라틴 시인은 단테의 스승이었다.

당신은 나의 스승입니다. [1:85]

단테는 "저를 도와주세요!"라며 명령조로 도움을 요청한다.

베르길리우스가 궁지에서 벗어날 길을 이야기하기 전, 《아이네이드》에서 하데스(죽은 자들의 나라)로 떨어지는 대목이 떠오른다. 그것은 호메로스가 서술했던 식의 '아래로 떨어짐'에서 영감을 받았음이 틀림없다. 또한 베르길리우스의 〈목가시 IV〉 가운데 그리스도가 오신다는 예언으로 해석되곤 하는 구절도 떠오른다. 베르길리우스는 참으로 영적, 역사적, 문학적으로 단테와 대응되는 인물이다. 시의 시작에서부터 단테는 베르길리우스를 자신의 스승으로 인정한다.

지도자로서 베르길리우스의 역할은 91행에 명확히 나온다.

너는 반드시 다른 길로 가야 한다.

이 말에서 최초로 우리는 신곡 전체 구조를 꿰뚫는 통찰력을 얻는다. 구원자가 오기까지 통치할 세 번째 짐승 '암늑대'는 무슨 수를 써서라도 피해야 한다. 마지막에 그것은 '사냥개'에게 완패할 것이지만 아직은 때가 아니다. 정당과 정권의 역사는 개인의 인생사에서도 참 중요하다. 그 사이에 베르길리우스가 인도자의 역할을 할 것이다.

내가 너를 인도할 것이다. [1:113]

다음으로 베르길리우스는 진로를 방해하는 암늑대와 마음 내부의 짐승에서 벗어나기 위해 단테가 반드시 거쳐야 하는 세 구역을 간단히 설명한다.

첫 번째 구역은 '고통받는 영혼들'과 우는 자들이 '영원히 머무는 곳'이다. 너무나 고통스럽기에 그곳의 영혼들은 두 번째 죽음을 바란다. 두 번째 구역에도 고통이 있지만 그곳의 고통받는 영혼들은 '불 속'에서 행복해한다. 고통의 이유가 그들이 연옥을 벗어나 마침내 세 번째 구역으로 가기 위해서임을 알기 때문이다. 연옥은 '축복받은 자들'이 살아가는 곳에서의 더 고귀한 삶을 위한 훈련수단이다.

단테는 베르길리우스가 그를 어디로 데려가든 따르겠다고 기꺼이 동의한다. 베르길리우스가 앞장서고 단테는 그 뒤를 따른다. 제1곡의 마지막 행은 이렇다.

그리고 그가 움직였고, 나는 그 뒤를 따랐다.

라틴 시인 베르길리우스는 로마의 시조 아이네아스를 노래했다.

Duke University Literae humaniores lecture

로마는 전 세계 기독교 국가들의 중심이 된 '영원한 도시'(로마의 별칭)이다. 베르길리우스는 여행이 시작되기에 앞서 단테에게 세 가지를 약속한다. 이 약속들은 세 가지 유형의 구원을 의미하며 시 전체를 포괄한다.

첫 번째 약속은 어두운 숲에서 벗어나는 길이다. 이는 희망도 없이 막다른 상황에 부닥친 개인에게 시급한 구원이다. 단테는 하느님을 믿으며, 멀리 산꼭대기의 태양 빛을 볼 수 있다. 이렇게 그는 하느님이 빛과 인생의 근원임을 알지만 그 하느님께 스스로 나아갈 수 없다. 그는 초자연적인 신비한 방식으로 격리되었고 혼란스럽다. 그 순간 단테가 아는 것이라고는 자신이 길을 잃었고 무능하다는 것뿐이다. 다른 시대를 살았지만 동료이고 문학에 있어서는 스승인 시인이 단테에게 개인적 치유를 약속한다. 사실 기독교적 관점에서 보자면 베르길리우스는 온전히 구원받지 못했다. 그가 영원히 살아야 하는 곳은 현세에서 의지적으로 선을 대적하고 회개하지 않았던 그런 영혼들이 머무는 영역의 외부이다.

두 번째 약속은 이탈리아와 관련된다. 단테는 지금 그가 사랑한 피렌체에서 추방당한 채 살고 있다. 정치적인 문제 때문에 그는 어쩔 수 없이 순례자요 여행자로 살아가야 한다. 베르길리우스는 이탈리아를 구원할 사람에게 '사냥개'라는 수수께끼 같은 이름을 붙인다. 구원자의 '지혜와 사랑과 덕'으로 이탈리아는 회복될 것이다. 구원자에 대한 베르길리우스의 말에 단테의 마음에는 칸 그란데 델라 스칼라Can Grande della Scala(베로나의 권력자로 단테의 후견인이자 보호자였다)가 떠올랐을 것이다. 스칼라는 베네치아 펠트로와 로마냐 몬테펠트로 사이에 위치한 도시 베로나에서 태어났다. 정치적 희망이란 무엇보다 자주 바뀌기 마련이다. 단테 역시 살아가는 동안 여러 정치 지도자에게 희망을 걸었다. 당시 단테의 상황을 보건대, 고향이 '사냥개'라고 말한 애매한 행은 칸 그란데에게 가장 적합하다.

> 그의 고향은 펠트로와 펠트로의 사이에 있다.

세 번째 약속은 심각한 고난에서의 즉각적인 구원, 이탈리아의 정치적 구원을 넘어선다. 그것은 단테가 천국에 올라갈 경우 요구되는 영원한 삶에 대한 약속이다. 베르길리우스의 말에 의하면 천국의 여행에는 그가 함께할 수 없지만 더욱 고귀한 영혼에게 단테를 맡길 것이다. 베아트리체가 호명되지는 않지만 123행에서 언급되는 인물은 분명 그녀이다.

> 그녀에게 맡기고 나는 너를 떠날 것이다.

이상의 세 약속은 실제로 정서적 고통을 당하는 남자와 관련된다. 그는 정치적으로 문제가 있는 도시에서 재판도 없이 추방된 애국자이다. 그의 영혼은 다른 모든 영혼과 마찬가지로 영원한 삶을 살도록 예정되어 있다.

이러한 약속 뒤로 전체 곡을 관통해 엄격히 작용하는 한 가지 원칙이 있다. 단테는 자기 수양 없이는 구원받지 못한다. 단테가 지

Duke University Literae humaniores lecture

옥에 간 까닭은 구경하기 위해서가 아니다. 뿐만 아니라 놀라운 구경거리는 그의 외부에만 존재하지 않는다. 단테는 내부의 여러 짐승을 반드시 길들여야 한다. 초자연적인 공급자가 도움을 약속하지만 그것만으로는 충분하지 않다. 결국 시인은 이 시를 희극 Commedia이라 부른다. 이를 정의하자면 자유의지로 자유의지를 무가치하게 만들려는 힘에 대항한다는 의미이다.

이처럼 신곡의 시작 부분에서 독자는 하느님을 필요로 하는 인간이라는 기독교적 이미지와 기꺼이 스스로 노력하고 자기 수양을 행하는 인간이라는 그리스 로마적 이미지를 동시에 발견할 수 있다. 보이지 않는 하느님과 자아의 성장이라는 두 가지 주제는 결코 사라지지 않을 것이다.

제1곡에서 우리는 극적인 사건을 목격한다. 절망의 끝에 다다른 사람이 갑자기 어두운 숲 같은 곳으로 보내진다. 여기서 단테의 영혼이 겪는 혼란은 많은 초목이 그물처럼 엉킨 상태로 묘사된다. 불현듯 그는 너무 먼 무질서로 왔음을 깨닫는다. 더이상 제각각의 형태가 구분되지 않는 무질서의 상태이다. 다시 말해 여러 문제가 너무 복잡하게 엉켜서 문제의 근원을 이해하기 어렵게 됐다.

단테가 산꼭대기로 오르려 하자 깊은 고통에서 벗어나려는 그를 방해하는 세 짐승이 그의 진행을 방해한다. 그는 태양을 보았고 따라서 문제가 해결되리란 희망을 품었으나, 곡의 진행상 단테가 태양을 본 이후 짐승들이 등장해 그들의 역할을 한다. 다시 희망이 전혀 보이지 않고 절망이 전보다 더 숨통을 조인다. 빽빽하게 웃자란 식물들에 막혀있는 느낌이다.

61행에서 시작하여 제1곡의 절반 이상은 베르길리우스와의 만남에 할애된다. 단테의 혼란은 놀라움으로 바뀐다. 이는 과거 위대한 시인과의 만남 이상이다. 왜냐하면 베르길리우스는 단테의 스승이며 근본인 시인이기 때문이다. 예상치 못했는데 단테는 길과 근원을 모두 찾게 되었다.

>당신은 나의 스승이며 근본입니다. [1:85]

《실낙원》에 나오는 이브도 아담에게 동일하게 존경의 어조로 그가 그녀의 근본이라 인정한다.

>내 근본이요 주관자, 당신이 명령하는 바에
>나는 이의 없이 복종합니다. [4:635]

아담을 사랑하는 이브, 베르길리우스를 존경하는 단테는 둘 다 그들의 지도와 권위를 인정한다.

제1곡의 처음 60행은 신으로부터 소외된 인간이라는 기독교적 주제를 다루고 있다. 이 주제는 전체의 희극과도 결코 무관하지 않다. 왜냐하면 그것은 신을 향한 인간의 의존을 강조하기 때문이다. 하지만 뒤의 76행에서 베르길리우스와 그의 약속은 참된 자아를 발견하는 데 있어 순전한 인간의 능력을 더욱 강조하는 그리스 로마적 요소를 보여준다.

Duke University Literae humaniores lecture

제2곡

세 여인

　단테의 자기 의심은 매우 깊고 심각했기에 제1곡에 나오는 베르길리우스의 말로는 해소되지 못한다. 베르길리우스에게 그의 신앙을 선언한 직후 단테는 다시 괴로워한다. 이번 의심은 전적으로 자신의 약점과 열등감을 향해 있는 것이다. 단테가 베르길리우스에게 묻는다. "어려운 길을 당신과 함께 갈 충분한 힘이 저에게 있습니까?"

　　　　나의 덕성이 충분한지 가늠해 보십시오. [2:11]

밤이 오자 다시 공포가 엄습한다. 첫 행은 다음과 같다.

　　　　날이 저물고

성 금요일 저녁이다. 먼저 시인은 뮤즈(그리스 신화에 나오는 신으로 아폴론의 시중을 든다. 오늘날에는 시나 음악의 신이라 여기지만 고대에는 역사

학, 천문학을 포함한 문학예술 전체의 신이었다)에게 도움을 요청하고 다음으로 베르길리우스에게 의지한다. 자신에 앞서 불멸의 세계를 다녀간 위대한 인물들을 이야기하며 단테의 열등감은 깊어진다. 단테는 먼저 베르길리우스가 칭송한 영웅 아이네아스를 언급한다. 단테는 아이네아스를 로마제국의 건국자와 연관시킨다. 다음으로 단테는 바울에 관해 이야기하는데 그는 교회의 설립과 관련된다. 아이네아스와 바울이 보이지 않는 세계를 경험한 것은 가장 고귀한 목적을 위해서였다. 단테는 그들과 자신과의 비교가 가능하지 않다고 생각한다. 왜 그는 가야만 하는가? 그는 아이네아스도 바울도 아니다. 단테의 말은 솔직하고 인상적이다.

　　나는 아이네아스가 아니고 바울도 아닙니다. [2:32]

　이러한 단도직입적 비교로 단테 시의 동기와 그의 믿음이 확실히 드러난다. 시의 동기는 한 사람의 경험과 구원이며, 그의 믿음은 로마제국과 교회에 대한 것이다. 단테의 해석에 따르면 《아이네이드》 제6권 중 훗날 로마가 위대해지리라는 예언은 이교도 국가 로마가 기독교 국가로 개종한다는 뜻이다. 신에 대한 인간의 믿음을 보호하는 교황의 권위를 위해서라도 로마라는 이름은 존재할 것이다. 로마는 정의로운 조직을 상징한다.
　신약성서 코린토 신자들에게 보낸 둘째 서간(고린도후서 12:2~4)에서 바울은 세 번째 하늘로의 신비한 승천을 말한다. 단테는 먼저 바울의 이야기와 함께 자신의 하찮은 지위와 상대적 무가치함을 떠올린다. 다음으로 어떻게 이교도 베르길리우스가 자신과 같은 사람을 기독교의 영역, 즉 지옥과 연옥으로 인도할 수 있는지 놀라워한다. 베르길리우스는 무엇 때문에 단테에게 왔을까? 본인의 의지와 힘으로 단테에게 온 것일까?

제2곡의 대부분은 단테를 안심시키는 베르길리우스의 말이다. 베르길리우스는 신중하고도 논리적으로 자신이 단테에게 온 이유와 방법을 설명한다. 그의 도움과 위로는 하늘의 뜻이다. 이것이 제2곡에서 밝히고자 하는 중심 내용이다. 베르길리우스는 하늘의 계획을 위한 도구일 뿐이다. 앞선 결심을 번복한 결과 단테는 자연스레 자기 의심에 빠져든다. 지혜로운 선생 베르길리우스는 간단하고 확실한 이유를 통해서만 여행자 단테의 자신감이 회복될 수 있음을 안다. 그러면서도 베르길리우스는 개인적이고 초자연적으로 이야기한다. 베르길리우스의 이야기 덕분에 단테의 의지는 회복되고 전적으로 새로워진다.

천국의 의도를 말하는 베르길리우스의 이야기를 들으며 우리는 신곡의 진정한 시작점이 어딘지를 깨닫는다. 이를 이해하기만 하면 단테는 두려움에서 벗어날 수 있다. 그의 우유부단함은 베르길리우스의 끈질긴 설명으로 고쳐진다. 여기서 베르길리우스는 심리학자이며 문학 선생이다. 그의 이야기를 통해 단테는 '천국의 세 여인'이 자신의 행복, 궁극적으로는 구원을 염려함을 깨닫는다. 베르길리우스는 그들이 보낸 사신이다.

먼저 "집행유예"로 살아가는 베르길리우스에게 찾아와 직접 이야기를 했던 사람은 《신생 Vita nuove》에 나오는 베아트리체이다.

Duke University Literae humaniores lecture

단테는 베아트리체 포르티나리를 사랑했다. 그녀가 베르길리우스의 시를 알았을 가능성은 매우 높으며, 최소한 단테에게 《아이네이드》가 중요함은 분명 알았을 것이다. 그녀는 사랑했던 남자를 도울 누군가를 찾아야 했던 순간 나서서 베르길리우스를 선택했다. 아래 3행은 제2곡에서 가장 간단하고 감동적인 한 부분이다. 여기서 베아트리체는 베르길리우스에게 자신의 이름을 밝히고, 그녀가 돌아가기 원하는 장소에서 왔다고 말하며, 사랑으로 인해 그에게로 와서 이야기한다고 설명한다.

> 그대를 보내는 나는 베아트리체.
> 내가 돌아가고 싶은 곳에서 왔지요.
> 사랑이 나를 움직이고 나로 하여금 말하게 합니다. [2:70-72]

인간적으로 단테와 가장 관련이 깊으므로 베아트리체는 신곡의 도입부에서 지옥의 주변부에 있는 베르길리우스에게 찾아와 그의 도움을 간청하는 가장 적극적인 역할을 맡는다. '단테를 향한 사랑'을 베르길리우스에게 보인 이후 그녀가 한 말은 알 수 없으면서도 고무적이다.

> 내 주 앞에 있을 때
> 그분께 자주 당신을 칭찬 드리지요. [2:73-74]

베아트리체는 이러한 말로 중재를 약속한다. 그녀가 베르길리우스를 지옥에서 풀려나도록 구원할 이유는 무엇일까? 과거와 마찬가지로 오늘날의 독자도 단테가 가톨릭 신앙에 따라 지옥을 어떻게 생각했는지 이해한다. 지옥을 선고받은 영혼은 지옥에서 벗어날 수 없다.

베르길리우스를 향한 베아트리체의 마지막 말을 통해 단테의 개인적인 감정이 제한적인 종교 교리보다 우선된다는 사실을 알 수 있다. 신곡의 다른 부분에도 이러한 예가 나온다. 베아트리체는 예외적인 경우에 종교 법칙이 깨어질 수 있다는 희망을 주는 것일까? 장편시의 서두에 나온 베아트리체의 두 줄 표현을 보고 우리는 이렇게 말할 수 있다. 우리가 읽고 있는 작품은 중세에 영감으로 쓰였을 뿐만 아니라 모든 세대를 초월해 영원히 보편적이고 인간적인 것이 무엇인지를 보여주고 해석한다고. 단테는 사람 사이의 인간애로 교회가 이해하는 하느님의 사랑의 법칙이 누그러질 수 있다고 말하는 것일까?

단테는 기독교인이고 감수성이 풍부한 사람이었을 뿐 아니라 창작의 자유를 통해 규범, 법, 관습을 확대하거나 뛰어넘는 시인이었다. 그가 창조한 지옥은 신학 이론보다 더 끔찍하다. 베아트리체의 입을 빌려 베르길리우스에게 하는 이러한 말에서 독자는 하느님의 자비가 그분의 정의를 초월한다고 느낀다. 그가 창조한 지옥은 실제이기보다 추상이고 또 인생의 체험에 가깝다. 그가 창조한 저승에서는 죄인이 완고하지 않으며 회개가 일어나 결국 구원이 이루어진다. 단테는 항상 자신의 의도를 능가한다. 단테의 작품은 순수 의식(특히 칸트의 철학에서 경험으로부터 독립하여 그것의 지배를 받지 않는 선천적 의식)으로는 밝히지 못했을 우주의 비밀과 인간의 마음을 드러낸다.

제2곡의 세 여인은 동정녀("천국에 계신 고귀한 여인", 지옥편에서는 마리아로 불리지 않는다), 단테가 흠모하는 성인 루치아("믿고 따르는 자"), 적극적으로 단테를 돕는 베아트리체("하느님께서 진심으로 칭찬하시는 자")이다. 주석자들은 마리아가 자비, 루치아가 은혜, 베아트리체가 지혜를 상징한다고 여긴다. 이는 토마스 아퀴나스가 설명한 은총의 세 가지 단계이기도 하다. 먼저 성모 마리아의 '선행'(先行)하는 은총이 자격이 없는 자에게 미친다. 이는 죄인을 회개하게 만드는 원동력이다. 루치아의 '자발적' 은총은 죄인이 선을 바라고 행하게 만든다. 베아트리체의 '완성시키는' 은총으로 회개한 죄인은 지속적으로 선을 행하게 된다.

이러한 해석이 공식적 신학 이론이다. 하지만 이 시에서 세 여인이 진짜 중요한 이유는 온 천국이 잃어버린 한 영혼의 구원과 관련됨을 보여주기 때문이다. 또한 세 여인은 역사를 통틀어서 여인의 가장 중요한 역할이 모든 이들에게 향하는 자비, 다정함과 상냥함, 연민임을 증명한다.

제2곡을 보면 지옥편이 천국에서, 동정녀 마리아의 마음속에서 시작된다고 말할 수 있다. 결국 신곡은 다시 되돌아갈 장소에서 시작된다. 심각한 의심 이후 용기를 얻은 단테는 베르길리우스를 따라 기꺼이 저승으로 간다. 베르길리우스가 여행의 세 과정을 이야기했기 때문에 우리는 이미 단테가 지옥의 공포를 이겨낼 것임을 알고 있다. 이 시는 정말 희극이다. 다시 말해서 글은 두려움에서 시작돼 행복으로 끝난다. 더구나 제2곡에서 베아트리체가 베르길리우스에게 한 말을 보면 행복한 결말을 확실히 짐작할 수 있다.

신학 이론이 덧붙여졌음에도 불구하고 베르길리우스는 여전히 우월하다. 마지막에서 세 번째 행을 보면 단테는 베르길리우스를 다음과 같이 부르는데, 이는 신곡에서 여러 번 반복된다.

인도자, 주인, 스승인 당신 [2:140]

박식하고 지혜로운 영혼은 전체 지옥편과 대부분의 연옥편 Purgatorio에서 그의 역할을 이어간다. 그러다 제30곡에 이르면 그 역할을 베아트리체가 대신한다. 신학적으로 보면 베르길리우스가 천국편에서 단테를 인도하는 것은 부적절하다. 하지만 단테의 앞에서 사라질 무렵 그는 매우 자애로운 지도자로 바뀌었고 시인은 그가 사라지자 눈물을 흘린다.

제2곡의 한 행, 베아트리체가 베르길리우스에게 한 말은 두렵기까지 하다.

당신의 불행은 나를 건드리지 못합니다. [2:92]

하느님의 용서를 받은 그녀는 지옥에 떨어진 베르길리우스를 동정할 수 없다는 의미이다. 그곳이 지옥의 변방인 연옥이라 할지라도 마찬가지다. 이 몇 마디에 지옥에 관한 엄격한 신학 이론이 담겨있다.

Duke University Literae humaniores lecture

그렇다면 베르길리우스는 누구일까? 자신이 마주한 온갖 영원한 고난의 여정을 떠올리는 일에 사자로 선택된 이유는? 제1곡에서 그가 제일 처음 한 말은 이렇다.

이제는 사람이 아니나 한때는 사람이었다. [1:47]

그는 전적인 권한을 가지고 때로는 진짜 주인공으로부터 관심을 딴 데로 돌린다. 그는 신의 은총 없는 가장 완벽한 인간의 대표자이다. 베르길리우스는 자연종교가 절정에 달했던 시기에 중용의 도덕에 따라 살았던 대시인이었다. 그는 이성으로 통치되는 세계 정부가 옳다고 믿었다.

베르길리우스와 단테의 관계는 다정하고 깊으면서도 엇갈린다. 차분하면서도 논리적인 베르길리우스에 비해 단테는 스승보다 나약한 제자이고 학생이다. 단테는 은총의 자녀이지만 베르길리우스는 아니다. 연옥편 제7곡의 한 행("신앙이 없었던 탓으로")은 베르길리우스가 구원에서 제외됨을 분명히 보여준다. 반면 단테의 신앙은 충분히 구원을 보장한다.

이들의 오묘한 관계는 제2곡에서 벌써 활기를 띠기 시작한다. 라틴의 위대한 시인은 단테가 두려움을 되새기자 그 은총의 자손을 심하게 질책한다.

너의 영혼은 겁에 질려 있다. [2:45]

이렇게 두 인물이 지옥 여행을 준비하는 과정에서 베르길리우스는 참된 스승으로 등장한다. 이후 그들은 지옥을 여행하며 《아이네이드》 6권의 여러 인물을 우연히 만나게 된다.

Duke University Literae humaniores lecture

제3곡

연결 통로

   길을 잃은 단테가 세 짐승 때문에 나아가지 못하는 현세에서의 서곡(제1곡)과 세 여인이 단테가 곤경에서 벗어나도록 돕고자 초자연적인 능력을 사용하는 천국에서의 서곡(제2곡) 이후 시인은 베르길리우스와 함께 숲을 통과한다. 그들 앞에 불쑥 지옥의 문이 나타난다. "지옥의 문" 꼭대기에 지옥이 무엇인지, 지옥이 창조되고 영원히 존재하는 이유가 무엇인지 새겨져 있다.

   "나를 통하여"라는 구절이 세 번 반복되는 첫 3행은 신곡을 통틀어 수사학적으로 가장 강력한 부분이다. 1행에는 "나를 통하여" "황야의 도시로"라는 구절이 나온다. 지옥은 도시의 형태로 정리되지만 그것은 고통의 도시이며 따라서 고통이 계속되는 세상의 모든 도시와 닮았다. 2행에는 "영원한 고통"이, 3행에는 "버림받은 도시의 주민"이 나온다. 분명하고 구체적인 첫 3행에서 실제적으로 지옥편이 시작된다.

   첫 3행만큼이나 분명하고 구체적인 둘째 3행은 "지옥의 창조주"를 묘사한다. 지옥은 정의를 위하여 신이 직접 만든 곳으로, 신은 그래야만 했다. 4행에서는 지옥편 전체의 개념이 등장한다. 지옥은 징벌을 받아야 하는 죄 때문에 만들어졌다. 지옥을 만든 신이 바로 삼위일체 하느님이다. 삼위 하느님의 이름은 능력, 지혜, 사랑이며 지옥을 만드는 데 세 이름이 모두 사용됐다. "능력"은 성부로 정의를 행할 수 있다. "지혜"는 성자로 죄인이 받을 벌을 결정한다. "사랑"은 성령으로 지옥이 만들어질 때 세상을 두루 다니며 모든 선한 사람들을 보호하고 가능한 세상을 사랑한다. 이 3행의 첫 세상은 "정의"이고, 마지막은 "사랑"이다. 정의가 지옥의 존재 이유이지만 그것의 기반은 사랑인 것이다.

지옥의 "창조 이전에" 신은 다른 영원한 것들을 창조했다. 이는 아마도 천사와 천국인 듯하다. 그것들처럼 지옥도 영원하다. 영원히 존재하며 신의 정의와 사랑을 증명한다. 마지막 행은 대개 명령으로 해석된다. "여기 들어오는 너희는 모든 희망을 버려라."

더 미묘한 직설법으로 해석하면 "지옥에 들어오는 너희는 이미 희망을 버렸다"이다. 문법적 해석이 어떠하건 9행은 지옥에 관한 단테의 개념이라는 중요한 문제를 야기한다. 그 영역에는 자유의지가 없을까? 만약 자유의지가 있다면 지옥은 연옥의 특징을 지녔을 것이다.

베르길리우스에게 문에 새겨진 말뜻을 이해하기 힘들다고 말할 때 단테의 마음속에는 이런 생각이 떠올랐을지 모른다.

선생님, 말뜻이 무섭습니다. [3:12]

Duke University Literae humaniores lecture

5행에 걸친 대답에서 베르길리우스는 시의 본문을 처음으로 해석한다. 그의 대답은 지옥에 떨어진 사람들에 대한 정의이다.

지성의 선(善)을 잃은 자들이다. [3:18]

이는 아리스토텔레스의 글귀로, 중세 철학자들과 단테가 산문과 운문에 널리 활용했다. 이 구절은 단테의 《향연》에도, 아리스토텔레스의 《윤리학》 제6권에도 등장한다. 이는 하느님을 아는 인간 지성의 능력을 의미한다. 철학적인 관점에서 지성의 선이란 진리를 아는 인간의 통찰력이고, 종교적인 관점에서는 하느님을 보는 인간의 눈이다.

단테의 지옥에 등장하는 영혼들은 살아있는 동안 자유의지로 지성이 하느님께로 향하는 이러한 관계를 거부했다. 그 결과 영원히 고통받는다. 그들은 지옥에서도 이러한 관계를 거부하며 자유의지를 행사할까? 이는 단테가 여행을 하면서 반드시 살펴야 할 중요한 일이다. 단테는 지옥문의 문구라는 장치를 통해 우리에게 말했다. 지옥의 토대는 사랑이다. 그렇다면 모든 형벌이 해소되면 안 되는 것일까? 지옥편에서 정의를 너무도 강조하여 독자들은 신곡 전체에 퍼진 '중재mediation'라는 주제를 잊을지 모른다.

지옥에 대한 믿음은 오늘날 가톨릭 신앙에 남아있다. 정의를 위해서는 지옥이 반드시 존재해야 한다. 하지만 오늘날 가톨릭은 이렇게 말한다. "우리는 어떤 영혼이 실제 그곳에 있는지 알 수 없다. 우리는 신이 너무나 자비로워 지옥은 비어있다고 믿을 수 있다."

Duke University Literae humaniores lecture

제3곡의 도입부에서 우리는 단테와 베르길리우스 사이의 감정 교환을 목격한다. 이는 이후에도 반복될 것이다. 단테는 의심스러워하고 베르길리우스는 이러한 그를 겁쟁이라 부른다. "겁쟁이"란 단어는 강력하다. 사실 단테는 지옥편과 연옥편에서 내내 용기가 부족한 사람이다. 용감한 인물은 베르길리우스이다. 지혜로운 인도자는 그가 행하는 임무가 하늘의 뜻이며 따라서 승리가 약속되었음을 결코 잊지 않는다. 제3곡의 서두에서도 그렇듯 베르길리우스는 종종 단테에 반대되게 묘사된다. 스승은 "평온한 얼굴로" 기꺼이 질문에 답하고 지식을 준다. 이러한 태도는 단테의 혼란과 대조된다.

단테는 지옥 저편에서 보통 "연결 통로"라 부르는 문을 넘어선다. 그는 많은 영혼의 소리를 듣고 그들을 본다. 시인은 우연히 만난 첫 번째 군상에게도, 어떤 한 인물에게도 이름을 붙이지 않는다. 이는 이외의 곡에서 단테의 습관과 다르다. 이름이 없기에 47행의 구절에는 어둡고 신비한 분위기가 흐른다. 이탈리아 주석자들은 대개 이러한 죄인들을 '나태한 사람들'이라 말한다. 여기에는 비겁하다, 태만하다는 뜻이 포함돼 있다. 영어에서는 여러 단어가 사용되었다. '회색분자'가 가장 적합하겠지만 때로는 '기회주의자'로 해석해도 무던하다. 기회주의자는 편의를 위해 태도를 바꾸거나 신념을 저버리는 사람이다.

단테는 망설이는 것을 죄로 여기며 경멸했다. 인간과 천사 모두 이러한 죄를 지었다. 그는 죄인의 수가 너무 많은데 충격을 받았다. 그리고 그들을 바닷가의 모래에 비유했다. 그들은 바람에 휩쓸리는 모래사장의 "모래 같다." 단테가 숙고하여 이러한 은유를 선택한 이유는 죄인의 수가 많음을 표현할 뿐 아니라 주저하는 죄가 함축하는 불모의 이미지를 보여주고자 해서이다. 바람이 불 때마다 그들은 아무런 목표 없이 흩어지고 날아간다. 딱히 비난할 것도 없지만 그렇다고 칭찬할 이유도 없다. "치욕도 명예도 없이"라는 구절은 사실 그들이 저지른 무명의 죄를 지칭하는 표현이다. 그들은 "반항도 복종도 않은 천사들"과 같은 무리이다. 단테의 시대에 이러한 말은 "사악하다"는 뜻이었지만 오늘날에는 그 의미를 잃었다. 마치 프랑스어에서 'chètif'(허약한, 연약한)가 중세 시대의 글에서 갖고 있던 도덕적 의미를 잃어버린 것처럼.

이러한 죄인들에게는 경멸도 아깝다. 베르길리우스는 단테에게 서둘러 연결 통로를 벗어나자고 말한다. 그 순간 단테는 펄럭이는 깃발과 그 뒤로 길게 줄지어 선 사람들을 본다. 그는 죽음이 그렇게 많은 사람을 쓰러뜨렸다는 것을 믿을 수 없었다(T.S. 엘리엇이 《황무지》에서 사용하였기에 이 표현은 오늘날에도 익숙하다). 단테는 그중 한 사람을 알아본다. 하지만 그에게 "기막힌 거절"을 한 사람이라는 전혀 분간할 수 없는 표현을 쓴다. 보니파키우스 8세를 지지하여 교황의 자리에서 물러난 첼레스티노 5세를 가리키는 것일까? 단테의 삶과 시에서 보니파키우스 8세의 역할을 보면 가능성이 매우 높다.

"회색분자들"은 바로 문 안에 있고 미노스(그리스 신화 속 전설적인 왕, 법을 제정하고 선정을 베풀었으며 죽어서는 지옥의 재판관이 되었다)에게 재판을 받지 않았기 때문에 그들의 죄는 가장 가볍다. 그들은 말벌에게 쏘이고 벌레들은 그들의 피와 눈물을 빨아먹는다. 죽음을 기대할 수 없다는 것이 그들의 고난이다. 그것은 지옥에 거하는 모든 이들의 고난이기도 하다.

이들에겐 죽음의 희망조차 없다. [3:46]

죽음으로 고통이 끝난다는 생각은 타당하다. 살아있는 자들은 죽음을 그들의 고통이 끝나는 사건으로 생각하곤 한다. 하지만 지옥에 있는 자들은 그들이 받는 벌이 그치기를 기대할 수 없다.

이 구절은 보들레르와 엘리엇에게 영향을 끼쳤다. 보들레르의 〈일곱 노인Les sept vieillards〉에는 초자연적 빛 아래 도시를 통과하는 사람들의 움직임이 묘사되어 있다.

분주한 도시, 꿈으로 가득한 도시,

그리고 도시를 통과하는 사람들의 움직임을 "죽은 자의 매장"에서도 본다.

현실감 없는 도시
겨울 새벽의 갈색 안개 밑으로
한 떼의 사람들이 런던교 위로 흘러갔다.
그처럼 많은 사람을 죽음이 망쳤다고 나는 생각도 못 했다.

단테에게 있어 한쪽 편을 선택하지 않은 이기심은 죄이다. 보들레르와 엘리엇의 상응하는 구절은 무관심과 주저함을 보여준다. 이것이 깊어질수록 죄는 더욱 심각해진다. 단테, 보들레르, 엘리엇은 이를 '나태'라 불렀다.

엘리엇의 〈텅 빈 사람들〉 역시 제3곡을 암시하는 듯하다.

죽음의 다른 왕국으로
(……) 건너간 사람들
우리를 기억하고 있다 하여도 잃어버린
성급한 영혼이 아니라
텅 빈 사람으로나
박제된 사람으로서

보들레르와 엘리엇의 '나태'는 말벌과 침에 괴롭힘을 당하지 않지만 그들의 죄는 현대인들의 가장 심각한 죄 가운데 하나로 여겨진다. 그것은 적극적으로 행동하지 않는 사람들, 모든 신념을 수용하지만 단 하나를 선택할 만큼 충분한 이유를 알지 못하는 과도하게 똑똑한 사람들의 죄이다.

단테와 베르길리우스는 희미한 불빛으로 강독에 있는 사람들을 분간한다. 두 번째 부분은 흰 머리 노인이 탄 배가 등장하는 것으로 시작된다. 지옥의 첫 번째 강인 아케론Acheron이다. 뱃사공은 카론Charon이다. 카론은 상당히 바뀌었지만 이번 구절의 여러 요소는 《아이네이드》 제6권에 나온다. 베르길리우스의 카론은 실제이지만 단테의 카론은 그리스 신화에서 끌어낸 것이다. 신곡에서 신화 속

Duke University Literae humaniores lecture

인물은 죄인들을 벌주고 그들을 아케론 건너 엄밀한 의미의 지옥으로 운반하는 악마로 바뀐다. 이제 회색분자들의 연결 통로는 단지 제1원의 도입부임이 분명해진다.

합당한 승객들을 맞이하던 카론은 단테가 지옥에 속하지 않은 영혼임을 알고 그에게 다른 길로 가라며 소리친다. 베르길리우스는 강력한 몇 마디 말로 카론을 잠잠하게 만든다. 그리고 장면은 하느님을 비방하고 저주하는 벌거벗은 영혼들에게로 되돌아간다. 그들은 존재뿐 아니라 마음까지도 완전한 지옥에 머문다. 배로 불러 모으면서 카론은 노로 그들을 때린다.

극적인 순간이 가지에서 땅으로 떨어지는 나뭇잎으로 은유되어 6행으로 기록된다. 따라서 이러한 영혼들, 아담의 사악한 자손들은 저쪽 강가로 건너가기 위해 배로 모인다. 매잡이의 휘파람소리에 매가 땅으로 되돌아오는 것처럼 그들은 배로 뛰어든다.

부름 받은 새들처럼 [3:117]

'부름'이라고 쓰인 이탈리아어 '리키아모$_{richiamo}$'는 말 그대로 새를 부르는 소리이다. 프랑스어로는 르클랑$_{le\ rèclame}$('광고'라는 뜻이 아니라)이다. 보들레르는 이 낱말을 그의 소네트 〈묵상〉에서 활용한다$_{"tu\ rèclamais\ le\ soir"}$.

《아이네이드》에서 영혼은 "나뭇잎만큼이나 빽빽하고 해안으로 향하는 새 떼만큼이나 많다." 하지만 단테의 시에서 가지는 "제 잎을 내려다보고" 새들이 하늘에서 미끼를 향해 기꺼이 내려오는 것을 표현하고자 '리카아모'란 단어를 사용한다. 이 영혼들은 강을 건너기를 열망한다. 그들의 두려움은 열망으로 바뀌었다. 그들의 죄는 벌을 받아 마땅하다.

    시인은 카론의 배로 강을 건넜는지 다른 방법을 썼는지 말하지 않는다. 별안간 "어두운 풍경"에 지진이 덮친다. 붉은 번개가 번뜩이고 단테는 잠든 사람처럼 쓰러진다.

> 나는 마치 잠든 사람처럼 쓰러졌다. [3:136]

    이와 같이 지옥으로의 여행이 시작되었다. 이미 느꼈겠지만 이는 자신을 알아가는 여행, 한 개인이 행할 수 있는 가능한 모든 행위를 알아가는 여행이다. 단테의 작품이 늘 그렇듯 설정은 곡의 주제와 정교하게 결부된다. 문, 결코 어떤 결정도 내리지 않았던 사람들로 복잡한 연결 통로(지옥이 아니라 지옥 바깥의 언저리이다), 오늘날로 말하자면 새로운 깃발을 뒤쫓기는 하지만 결코 손에 잡지는 않을 회색분자들, 그리스 신화 속 불멸의 명사 카론, 아케론, 죄인들이 기꺼이 따라나서는 지옥으로 통하는 길, 지진, 단테의 의식 상실.

    사건이 너무나 줄줄이 일어나기에 땅의 요동과 붉은 번개, 지구에서의 일시적 삶과 지옥에서의 영원한 죽음 사이의 변환을 깨닫기 어렵다. 단테는 회색분자들의 연결 통로를 빠르게 통과한다. 그는 어떠한 개인도 묘사하거나 이름 붙이지 않고 무리의 특징을 몇 마디로 표현한다. 나태의 죄에 대한 분석과 묘사는 훨씬 나중에 보들레르와 엘리엇이 끝마쳐야 했다.

Duke University Literae humaniores lecture

제4곡

림보

    단테가 얼마나 잤는지 알 수는 없다. 시인의 사건 구성을 철저히 따져보면 지옥으로 내려가는 데는 24시간이 필요하다. 하지만 이 시기에 우리는 시간의 영역 밖에 머무른다.

    잠은 아마도 영적인 죽음 혹은 은혜의 순간과 동일할 것이다. 시인이 눈을 떴을 때 정신을 차리는 데 시간이 걸릴 만큼 충분히 긴 잠이다. 4행은 "눈occhio"이 신곡에서 가장 많이 사용된 명사라는 것을 생각나게 한다. 지옥은 온통 어두침침하다. 지옥의 어느 부분에도 전혀 햇빛이 들지 않는다. 단테는 보기 위해 애써야 한다. 이곳 림보limbo(제1원)에서는 누구나 단테처럼 한다. 어둠 속에서 만나기를 간절히 바라는 고귀한 인물을 알아보고 또 첫 지하세계에서 보게 되는 가혹한 신학을 이해하고 받아들이려 고군분투하려면.

    세례를 받지 않은 젖먹이를, 그리스도 이전에 살았던 고귀한 인물들을 지옥으로 보내는 신학적 이유를 이해하기 힘들기에 단테는 제4곡을 채우는 "유예"라는 단어에 매달린다. 이들의 영혼은 저주와 구원 사이에 "유예되어" 있다. 여기서 신학자 단테와 인간 단테

Duke University Literae humaniores lecture

가 충돌하지만, 시를 쓰는 위대한 능력이 이러한 충돌로 저하되지는 않는다. 단테는 기꺼이 위엄 있는 장면을, 훌륭한 사람들을 가능한 최고로 그려내려 한다. 말 많은 베르길리우스로부터 그가 속한 원과 이상하게 감정도 생기도 없는 모습으로 살고 있는 동료 시인들의 소개를 들으며, 단테는 25행에 걸쳐 "명예honor"라는 단어를 5번 사용한다.

림보란 단어는 '가장자리lembo'라는 말에서 비롯된다. 우리는 지옥의 변두리에 있다. 우리는 아직 미노스와 만나지 않았다. 그는 저주받은 자들을 심판한다. 이곳 지옥 심연의 변두리에서 단테는 잠시 멈춰서 연이은 천둥소리처럼 귀에 울려 퍼지는 모든 영혼의 축적된 통곡 소리를 들었다. 단테는 베르길리우스가 "창백해지는 것"을 보고 두려워하는 그를 따라갈 수 있을까 반문한다. (제1원의 영혼들은 그리스도 이전에 살았던 사람들이라 하느님을 바르게 예배하지 않았다는) 간결하고 추상적인 베르길리우스의 설명에 단테는 매우 슬퍼한다. 그리고 "유예된" 영혼들 속에서 주요한 인물을 많이 만나게 된다.

지옥의 다른 어느 장소보다 이곳의 지옥살이에는 훌륭함과 선함에 대한 심미안이 있다. 베르길리우스는 그곳의 영웅이다. 그는 눈물도 없고 고통도 없는 영원한 거주지에 대해 이야기한다. 그는 단테에게 이를 "학교" 혹은 "무리"라 표한다. 집단의 모티프에는 무리로부터 어느 정도 떨어져서 그것을 대표하는 두드러진 두 인물의 모티프가 동반된다. 고대 "최고의 시인" 호메로스와 "현인들의 스승" 아리스토텔레스이다.

독자들은 곡의 시작과 함께 깨어나는 단테의 잠에서 "시인들의 왕" 호메로스의 등장을 떠올릴 것이다. 《오디세이아》 제13권에서 선원들이 그를 다시 이타카로 데려갈 때 오디세우스는 잠을 잔다. 제4곡을 여는 잠이라는 테마는 림보를 설명하는 죄 혹은 결여와 어떤 연관을 가지는 듯하다. 이들은 지옥에 떨어진 영혼이 아니라 천국과 하느님에게서 쫓겨나 "유예되어" 있다. 그들이 하느님을 인정하고 경배하지 않았기 때문이다. 이를 확실히 보여주는 행은 "하느님을 제대로 공경하지 않았다"이다. 제4곡에는 신학적인 모호함과 망설임이 있다. 아마 림보는 견고한 법칙 뒤로 희망이 있음을 보여주는 지옥 장벽 안쪽의 틈이 아닐까.

    단테는 슬퍼한다.

> 엄청난 고통이 내 가슴을 파고들었다. [4:43]

    그는 슬픔으로 인해 물을 수밖에 없다. "이곳을 벗어나 축복받은 자가 있습니까?" 베르길리우스가 긍정의 답을 한다. 그리스도가 죽었을 때 이곳에 왔고 유대인 조상들을 풀어 주었다. 외전인 니고데모의 복음서에도 이 이야기가 나온다. 지옥에서는 결코 그리스도의 이름을 부를 수 없다. 베르길리우스는 그를 아담, 아벨, 노아, 모세, 아브라함, 다윗, 야곱, 이삭 그 외 특정하여 이름이 불리지 않은 많은 사람을 풀어주러 왔던 "전능한 분"이라 부른다.

    그리스도의 이러한 행위를 이야기할 때 단테는 선택된 사람들이라는 교리를 다시 이용한다. 이와 같이 그는 중세의 신학적 믿음을 고수한다. 하지만 가슴은 이성과 달리 고대의 이교도들에게 존경

Duke University Literae humaniores lecture

심을 표한다. 단테가 신학법칙에 저항하는 것일까? 아니면 견고한 법칙이 완화되리라고 암시하는 것일까? 불분명한 저항의 모티프가 전체 신곡에 암류처럼 흐른다. 아니, '저항'은 너무 과격한 단어일지도 모르겠다. 무한을 받아들이려 애쓰는 유한한 마음의 헛된 투쟁이란 설명이 가장 적절할 것이다.

림보는 12세기만큼이나 14세기의 사람들에게도 아주 심각한 문제였다. 기독교 신학에 비춰 소크라테스, 플라톤, 아리스토텔레스와 같은 불세출의 인물들을 어떻게 말해야 할까? 이들 셋은 우리의 문명에서 가장 큰 의미가 있는 사람들에 속한다. 단테는 이들을 불명예에서 건지고자 엘리시움의 형태로 림보를 만들고 최선을 다한다. 엘리시움은 그리스 신화에서 선한 사람들이 죽은 후 사는 곳이다. 베르길리우스는 선한 이교도들의 운명을 이렇게 요약한다.

> 희망 없는 희망 속에서 살아간다. [4:42]

"희망 속에서 사는 것"은 구원이지만 "희망 없는 희망 속에서 사는 것"은 림보이다.

여기서 우리는 단테가 문학적 스승인 그리스인들과 로마인들을 어떻게 인식하는지 알 수 있다. 그는 그들에 대한 선호를 표한다. 그들은 베르길리우스와 함께 지옥에서 머문다. 제4곡의 절반 이상이 지났을 때에야 어느 영혼이 단테와 베르길리우스에게 말을 건다. 누군지 확실치 않은 한 영혼이 베르길리우스를 맞이하는 80행의 구절은 다음과 같다.

고귀한 시인을 드높여라.

무리를 떠났던 베르길리우스가 그곳으로 돌아가 환영받는다.

호메로스가 시인으로 이뤄진 첫 번째 무리를 이끈다. 호메로스의 신화 속 대재앙이 신곡의 토대이기에 이는 매우 적절하다. 비록 단테는 그리스어를 공부하지 않았고 번역판으로라도 호메로스를 읽은 바 없겠지만, 그가 공부했던 로마 시인들은 호메로스를 최고라 여겼다. 88행에서 단테는 그를 "시인들의 왕"이라 부른다.

그는 호메로스, 시인들의 왕이다.

라틴의 주요 시인 4명이 단테의 문학적 사고를 보여준다. 이들은 베르길리우스, 파르살리아에서 카이사르와 제국을 노래했던 루카누스Lucan, 단테가 활용한 《변신 이야기》의 오비디우스Ovidius, 풍자가이고 작사가인 호라티우스Horatius이다. 그들은 단테에게 6번째 자리를 주어 그를 명예롭게 했다. 단테의 입장에서 이것이 자랑스러울까? 아마도 그럴 것이다. 하지만 오늘날 문학 세계는 틀림없이 단테에게 6번째가 아닌 호메로스 옆 두 번째, 2인자의 자리를 부여할 것이다.

그들은 성과 푸른 풀밭에서 나오는 듯한 빛을 향해 이동한다. 거룩한 성에는 일곱 벽과 일곱 문이 있다. 이것들을 작은 강이 둘러싸고 있다. 그들은 싱싱한 푸른 풀밭에 도착한다.

풀밭에서 만난 두 번째 무리는 로마인과 트로이인이다. 그들은

Duke University Literae humaniores lecture

한때 전쟁에 참여했던 활동적 영혼들이다. 아랍인도 한 명 있다. 13명의 이름이 거론되는데 그들 중 8명은 여성이다. 이곳에 그리스인은 하나도 없다.

세 번째 무리는 과학자와 철학자이다. 이들은 거의 그리스인이다. 여기서 중심인물은 아리스토텔레스이다. 그들은 어두운 이곳에서 그들만의 빛을 가지며 서로 대화를 나눈다. 이렇게 하여 그들은 림보에서 사색적 태도와 관심을 이어간다. 단테는 소크라테스와 플라톤 같은 이들을 어떻게 처리해야 할지 어리둥절해했다. 토마스 아퀴나스는 이들을 모두 지옥으로 보냈다. 이들을 림보에 두었으니 단테가 더 낫다. 단테 덕분에 의례적으로 지옥을 선고받지는 않은 것이다.

단테는 전반부의 유대인 기독교도보다 후반부의 그리스인과 로마인을 더욱 동정했던 듯하다. 스콜라 철학자들은 하나의 림보는 세례받지 않은 유아들을 위해, 또 다른 림보는 이교도 위인들을 위해 존재한다고 말했다. 단테는 이 둘을 합친다. 제3곡 중 회색분자들의 연결 통로는 단테의 창조물이다. 단테의 연결 통로와 림보는 긴밀히 관련된다. 연결 통로는 살아있는 동안 선택을 하지 않았던 영혼들을 위해 존재한다. 그리고 림보는 선택권을 부여받지 못한 영혼들을 위해 만들어졌다.

마치 위인들의 심포지엄에 참석한 것 같은 모습이다. 주인공은 베르길리우스로, 그곳에서 그는 매우 편안해 보인다. 유예의 원, 이 역시 환영 속 장면이며 그곳에서의 대화는 거의 없다.

제4곡을 지배하는 것은 45행의 그들은 "억류되었다"란 구절이다.

단테 역시 "유예된" 듯 보인다. 그의 주저함, 그리고 장면의 불확실한 의미는 오늘날 우리에게 풍자와 가깝게 느껴진다.

아리스토텔레스라는 인물은 기억할 만하다. 《니코마코스 윤리학》에서 그는 지옥을 상부와 하부로 나누었는데, 단테도 번역본을 통해 이를 알았다. 그의 상부 지옥에서는 무절제가 처벌받는다. 단테의 지옥에서는 연결 통로와 상층의 6개의 원이 음란의 죄가 처벌받는 장소이다. 연결 통로의 회색분자들과, 림보의 이교도지만 중요한 인물들에게 무절제의 죄가 적용되는 것은 이해하기 힘든 부분이다. 그들이 의지를 활용하는 데 결함이 있었던 것일까? 최고의 선을 바라는 데서 잘못이 있었던 것일까? 이런 근본적인 질문에 관한 만족스러운 답을 구하기란 어렵다. 현대의 독자는 무절제한 죄인들처럼 이러한 훌륭한 인물들이 심판받지는 않았을 것이라 믿는 수밖에 없다.

Duke University Literae humaniores lecture

제5곡

육욕

모든 곡 중 가장 인상적인 제5곡은 전체 지옥의 심판자 미노스를 그림처럼 생생하게 묘사하는 것으로 시작된다. 여기에는 다른 곡보다 더욱 제멋대로이고 더욱 감상적인 논평이 달렸다. 이제 우리는 제1원인 림보에 이어 엄밀한 의미의 제2원으로, 육욕에 빠진 자들의 원으로 이동한다. 그들은 영원한 폭풍 속에 존재하며, 맹렬한 바람에 흩날린다. 유명한 정부들의 명단이 "음란한 자들"의 원 전체를 채운다.

한편 제5곡의 후반부는 프란체스카에게 할애된다. 그녀는 함께 하는 영혼을 대신해서 단테에게 자신의 사랑을 이야기한다. 파올로는 말이 없고, 단테도 거의 말이 없다. 이것은 프란체스카의 시이다. 과열된 감정으로 이야기를 듣던 단테는 결국 의식을 잃고 쓰러진다. 제4곡과는 확실히 대비된다. 엘리시움에서의 애수에 이어 등장한 사랑의 비극.

제5곡의 앞부분에서 단테는 신화 속 인물 미노스를 악마로 변형시킨다. 서두의 24행까지 미노스가 묘사된다. 베르길리우스와 호

메로스의 글에서 미노스는 제우스의 아들이고 입법자이기 때문에 하데스에서 죽은 자들을 심판한다. 그리스 신화에서 크레타의 왕 미노스는 저승의 지위에서도 신적인 자질을 유지한다. 하지만 중세적 분위기가 강한 단테의 문학에서 그는 악마로 묘사되어 있다. 모든 죄인은 미노스에게 고백한다. 그러면 그는 꼬리로 죄인을 휘감는다. 꼬리가 감기는 횟수는 죄인이 거주할 자리에 상응한다. 그 이후 죄인은 미노스의 꼬리 표시에 따라 적합한 원으로 던져진다. 카론처럼 미노스도 단테에게 더 이상 멀리 가지 말라 경고한다. 그러자 베르길리우스가 다시 금 단테의 순례는 하늘에서 의도한 것이라 말한다.

단테 문학의 주된 특징은 죄의 상황을 만드는 그의 기교에 있다. "결코 쉬지 않는 거센 폭풍"(31행)은 음욕의 특성과 잘 들어맞는다. 그리고 시인은 39행에서 이 "죄인들"이 무슨 죄를 지었는지 분명히 밝힌다.

그들은 욕망에 사로잡혀 이성을 잃었다.

여기서 '욕망'이라고 쓰인 핵심적인 단어 '탈렌토talento'는 이탈리아어에서 여러 의미를 지닌다. 명시적 의미는 '재능'이나 '천재성', '기쁨'이지만 '의지' 혹은 '기질' 역시 가능하다. 단테는 이 단어를 39행에서는 "욕망"으로, 제5곡을 통틀어시는 "강한 성욕"이라는 의미로 사용한다. 39행의 진술은 추상적이지만 제2원에서의 윤리적 의미는 충분하다. 이성의 지시를 따르지 않을 때 그는 안식할 수 없다. 성적인 행위뿐 아니라 욕망도 결코 만족될 수 없고, 그쳐질 수 없다.

폭풍에는 성적인 범죄와 그에 대한 처벌이 모두 반영된다. 제5곡에서의 두 번째 이동(28~45행)은 전반적 환경과 형벌에 집중한다. 그다음으로 단테가 영혼들에 궁금증을 품고 그들에 관해 물으면 베르길리우스는 그들의 신원을 알려주고 이야기를 들려준다(46~72행). 이는 앞으로도 계속해서 반복된다.

죄인들은 폭풍 속에 날아오르려는 새처럼 보인다. 어떤 죄인들은 경로를 유지하지 못하는 '찌르레기'처럼, 다른 죄인들은 꼬리에 꼬리를 문 '두루미'처럼 사방으로 흔들린다. 모두가 괴로워하며 통곡한다. 이처럼 제5곡의 도입부에서는 무기력한 모습이 가장 두드러진다. 이곳에서의 벌은 다른 원에서보다 더욱 가볍다. 육욕에 따른 행동에는 큰 의지와 결정이 필요하지 않기 때문이다. '욕정'이란 단어 자체는 55행에 나온다.

베르길리우스가 죄인 7명의 이름을 밝힌다. 아시리아의 여제 세미라미스, 아이네이아스의 여왕 디도, 클레오파트라, 트로이의 헬레네가 그들에 속한다. 사랑 때문에 죄를 지었던 역사와 전설 속 여인들이다. 남자로는 아킬레우스, 트로이 왕자 파리스, 이졸데의 연인 트리스탄이 보인다.

단테는 바람에 흔들리는 두 영혼에 주목하고 그들에게 이야기하기를 요청한다. 프란체스카와 파올로의 사건은 단테도 직접적으로 알고 있는 동시대의 일이었다. 단테는 독자들도 살해당한 애인의 비극적이고 유명한 이야기를 자세히 알고 있는 것처럼 그들과의

Duke University Literae humaniores lecture

만남을 이야기한다.

오래 분쟁하던 중세의 두 집안이 결혼을 통해 싸움을 끝내려 했다. 프란체스카는 라벤나의 폴란테 가문의 딸, 파올로는 리미니의 말라테스타 가문의 아들이었다. 하지만 프란체스카는 파올로의 형 지안치오토에게 시집갔다. 지안치오토라는 이름은 지오반니와 치오토를 합한 것으로, "치오토"는 절름발이와 같은 말이다. 결혼 후 10년 동안, 프란체스카와 잘생긴 시동생 파올로는 사랑하는 사이로 발전했다. 파올로 역시 결혼하여 두 아이를 둔 아버지로 양쪽 모두 불륜이었다. 아내와 동생이 함께 있는 것을 발견한 지안치오토가 그들을 찔러 죽였다.

단테는 독자들이 이 사건을 안다고 가정한 듯 비극적인 이야기의 심리학적인 해석에만 집중한다. 시인은 프란체스카 단 사람만으로 비극의 영향력을 알려준다. 그녀의 사랑은 지옥에서도 이어진다.

프란체스카가 자기 이야기를 단테에게 들려주는 짧은 순간, 폭풍이 멎고 조용해진다. 사건의 전모가 드러나지만 프란체스카로 인해 본질이 희석되고 결국에는 두 인간을 파괴한 일반적인 사랑 이야기로 바뀐다. 프란체스카의 이야기 속에는 사랑을 경험하는 4단계가 담겨 있다. 첫째, 사랑의 취약성으로 금지된 사랑에 점차 굴복한다. 그다음 넘치는 열정으로 잘못된 것을 알면서도 사랑을 욕망한다(프란체스카의 이야기는 이 단계에 속한다). 셋째는 간통 혹은 열정의 실현이다. 넷째는 폭로와 살인이다. 살인은 갑자기 일어나 불륜 남녀를 영원한 회오리 속으로, 단테가 그들을 만난 곳으로 밀어 넣는다.

프란체스카의 이야기와 함께 지옥의 장면은 이들 70행을 세계문학에서 열정적 사랑에 관한 최고의 기록으로 만든다. 황홀하면서 동시에 괴롭고, 기쁘면서 잔인하고, 천국이며 지옥인 것이 바로 사랑이다. 성적인 관계가 맺어지면 사람들은 사랑 때문에 함께하기를 원한다. 단테는 시인의 역량으로 두 사람이 지옥의 제2원에서 소용돌이치는 폭풍 속에서 영원히 함께하도록 묶어버렸다. 하지만 두 사람이 붙어있는 것은 치욕의 연장이다. 그녀로 말미암아 파올로는 과거 그들을 영원한 행복에서 분리시켰던 죄를 떠올리며 눈물을 흘린다. 그는 프란체스카와 떨어질 수 없다. 하지만 그 또한 그녀에게 죄이고 벌이다. 이것을 이해하지 못한다면 제5곡을 읽는 의미가 없다.

단테는 두 영혼에게 이리로 와서 이야기를 나누자고 요청한다. 그들은 허공을 나는 비둘기처럼 그에게로 온다. 유별나게 솔직하고 애절한 프란체스카의 이야기는 88행에서 시작된다. 하지만 잊지 말아야 한다. 이야기를 재구성하고 사랑을 작품에 표현하는 사람은 단테이다.

프란체스카는 지상에서 온 사람에게 인사하는 것으로 말문을 연다.

우주의 왕께서 우리의 친구라면 당신을 위해
기도하겠습니다.

Duke University Literae humaniores lecture

이 구절, 91행에는 연민이 가득하다. 시작은 그렇지만 이 부분에서 독자들은 교리의 엄격한 적용을 결코 잊어서는 안 된다. 즉, 프란체스카는 지옥에 있기 때문에 하느님께 기도할 수 없는 상황인 것이다.

그녀의 인생은 사랑으로 요약된다(그녀는 라벤나에서 태어났다). 사랑은 곧 그녀의 인생 이야기 자체이다. 사랑이라는 단어는 3행 연구(聯句)의 서두에 반복적으로 3번 사용된다. 그녀는 파올로가 먼저 사랑에 사로잡혔다고 말한다. 사실 그는 그녀에게 사로잡혔다. 그가 죽은 방식, 즉 회개할 시간이 주어지지 않은 갑작스러운 살인은 아직도 그녀를 괴롭힌다. 혹은 그녀의 감정을 상하게 한 잔인한 살해가 그녀를 괴롭게 하는 것일 수도 있다. 두 번째 3행 연구에는 사랑이 프란체스카에게 어떤 영향을 미쳤는지가 나온다. 사랑은 그녀에게 큰 기쁨을 주었으며 지옥에서도 그녀를 떠나지 않는다. 세 번째 언급되는 사랑은 파올로와 프란체스카를 죽음으로 몰아가는 힘이다.

사랑은 우리를 하나의 죽음으로 이끌었습니다. [5:106]

이 말에 단테가 생각에 잠기자 베르길리우스가 끼어들어 단테의 생각을 묻는다. 시인은 무엇이 죄에 이르는지 궁금해 하며 처음으로 프란체스카의 이름을 부르고, 어떻게, 어떤 환경에서 당신의 "숨은 열정"을 알게 되었느냐고 질문한다. 그들의 공식적 죄는 간음이었다. 하지만 단테가 궁금해하는 것은 죄가 어떻게 생기는지이다. 그러자 프란체스카는 이어지는 18행에서 세계적으로 유명한 그들의 비극을 이야기한다.

121행은 서론이다. 우리는 여기서 프란체스카가 처해있는 현재의 상황을 떠올린다. 프란체스카는 말한다. "비참할 때 행복했던 옛 시절을 떠올리는 일만큼 괴로운 것은 없습니다." 베르길리우스도 이를 알고 있다.

더한 고통은 없다 [5:121]

121행은 보에티우스의 《철학의 위안》 2권에 글자 그대로 나온다. 단테는 황홀경과 그 결과를 다루는 이야기의 서두에서 이를 철학자처럼 사용했다. 독서는 간통으로 이어졌다. 기네비어 왕비를 향한 랜슬럿의 사랑 이야기와 그들이 불륜으로 아서 왕을 배신하는 이야기였다. 여기서 우리는 프란체스카와 파올로가 여러 번 만남을 가졌다는 사실을 알 수 있다. 표면적으로는 함께 책을 읽기 위해서였지만 그 이면에는 성적인 관계가 될 계기가 잠재돼 있었다. 사랑, 사랑의 실랑이, 기만에 관한 이야기를 읽는 만남은 서서히 그 자체가 기만이 되어버렸다. 이것이 프란체스카의 특징이고, 이 때문에 그녀와 베아트리체는 구분된다. "숨은 열정"은 "위험한 열정"으로도 해석 가능하다.

랜슬럿의 이야기를 읽던 이들에게 굴복의 순간이 왔다. 그 순간은 조용하지만 분명하다. 이들 남녀에게 대리만족을 주던 기네비어의 "미소"는 입 맞추는 대목에서 프란체스카의 "입술"로 전환된다. 이는 삶에 관한 책에서 삶 자체로의 전환이다. 그 키스가 그들의 운명을 결정지어 그들은 영원히 함께하게 된다. 더는 읽을 필요가 없었다. 아래 구절에서는 프란체스카와 파올로가 성관계를 맺었음이 암시되어 있다.

우리는 그날 더 이상 읽지 못했습니다. [5:138]

단테는 갈레오토Galeotto, 즉 랜슬럿의 친구인 갈리오트Gallehaut(랜슬럿과 기네비어의 사랑 이야기를 쓴 아서왕의 기사. 갤러해드라고도 하는데, 그가 쓴 책 자체를 가리키기도 한다)가 바로 그런 '책'이었다고 말한다. 랜슬럿 이야기에서 갈리오트는 중재자이며, 프란체스카와 파올로가 함께 책을 읽는 행동은 이야기에서 갈리오트와 같은 역할을 했다.

마지막 4행은 빠르게 진행된다. 두 연인은 소생되어 그들의 사랑을 다시 경험한다. 반면 단테는 연민으로 맥을 못 추고 죽은 것처럼 갑자기 주저앉는다.

시체가 쓰러지듯 나는 쓰러졌다. [5:142]

두 남녀가 단테를 뒤로하고 회오리바람에 날아가기 바로 직전에 단테가 의식을 잃는 장면은 확실히 대조적이다.

제3, 4, 5곡은 지옥의 도입부로 선택과 자유의지에 관련된다. 제3곡의 연결 통로에 있는 나태한 사람들은 결정 내리기를 피하는 영혼들이다. 제4곡의 림보에는 세례 받지 않은 유아들, 이교도 위인들, 유대인의 열조와 같은 선택의 기회가 전혀 없던 사람들이 머문다. 제5곡의 음란한 자들은 자신들이 선택한 자들로, 단테는 기술적으로 프란체스카의 이야기를 통해 그 선택을 그럴듯하고 이해 가능한, 매우 인간적인 것으로 만든다.

이는 단테의 시에서 공통되는 죄 중 하나이다(제26곡을 참조하라). 프란체스카와 파올로, 두 사람은 이승에서 함께하기를 선택했다. 그 때문에 그들은 저승에서도 함께한다. 하지만 시인은 그들의 결합을 징벌로 바꿔 놓는다. 한편, 단테의 의견에 동의하고 그에게 이야기를 들려주는 프란체스카의 우아한 태도는 그녀의 성격을 잘 드러낸다. 그녀의 영혼은 친절하고 고귀하며, 상대방의 즐거움을 고려한다. 그녀는 싫다는 말을 못한다. 다시 말해, 이것은 남자가 아닌 여자의 이야기이다. 파올로가 이런 식으로 이야기하지는 않을 것이다.

열정적 사랑을 밝히는 순간에 여자는 열정 그 자체이다. 그녀는 열정 때문에 우쭐했다. 남자는 열정의 수단이다. 그는 사랑을 시작하고 유발하지만 사랑에서의 역할은 더 적다. 파올로는 자신도 일조했던 사랑의 감정을 방관자가 되어 바라본다. 하지만 그는 애정 어린 방관자이다. 이것이 바로 제5곡에서 파올로의 역할이다. 만약 그의 열정을 적극적으로 묘사했다면 남자로서 그의 입장은 약화되었을 것이다. 열정을 묘사하는 역할은 프란체스카에게 더 알맞다.

여기서 우리는 제임스 조이스의 《율리시스》 7장을 떠올리게 된

Duke University Literae humaniores lecture

다. 사변적(windy, '바람이 많이 부는' 외에 '사변적'이라는 의미도 있다)이라 할 그 부분은 호메로스의 이야기 중 바람을 지키는 아이올로스 Aeolus와 관련이 있다. 아이올로스는 아들과 딸이 각각 여섯으로, 여섯 아들은 여섯 딸을 아내로 맞이했다. 그 때문에 아이올로스의 시끄러운 바람은 사회 통념에 어긋나는 사랑과 관련된다. 《율리시스》에서 스티븐 디덜러스는 욕정을 그가 가장 사랑하는 죄라 말한다. 그는 바닷가에서 썼던 시의 운율을 떠올리며 제5곡의 4구절을 인용하고 92, 94, 96행의 각운을 암송한다("la tua pace / che parlar vi piace / mentre che 'l vento, come fa ci tace.").

그는 시의 운율을 들으며 그에게 다가오는 세 아가씨를 바라본다. 아가씨들은 초록색, 빨강색, 적갈색 옷을 입고 있다. 각운이 그러하듯 아가씨들이 해변의 "어두운 연보랏빛"에 휘감겨 보인다. 이는 제5곡에서 프란체스카와 단테가 이야기하는 순간, 바람이 잠잠해졌을 때의 어둡고 불길한 분위기와 같다.

존 키츠는 소네트 〈꿈A Dream〉에서 자신을 파올로라 상상한다.

> 하지만 슬픈 지옥의 제2원으로
> 돌풍과 회오리바람이 휘몰아치는 중에 (…)
> (…) 내가 보았던 달콤한 입술은 창백했고,
> 입 맞췄던 입술은 창백했고, 그 형상은 아름다웠지.
> 나는 떠올랐지, 우울한 폭풍우 속에.

프란체스카는 귀도 다 폴렌타Guido da Polenta의 딸이었다. 아마도 그는 추방되어 지내는 동안 단테를 보호하고 호의를 베풀었을 듯하다. 그녀는 단테가 지옥에서 처음으로 대화를 나눈 영혼이다. 단테의 공감과 따뜻한 마음을 보여주고자 그녀의 일화가 아주 자주 활용된다.

하지만 이 구절에서 정말 중요한 것은 시인의 기교이다. 시인은 그녀의 죄를 필두로 이야기를 펼친다. 그리고 사랑에 충실했기에 세상 사람들은 이미 그녀의 죄를 용서할 준비가 되어있음을 보여준다.

Duke University Literae humaniores lecture

제6곡

식탐 : 치아코

단테는 음욕에 이어지는 죄로 과식을 선택한다. 따라서 과식은 음욕보다 더욱 심각하고 처벌받아 마땅한 죄이다. 사실 식욕과 성욕은 밀접하게 관련된다. 하나가 다른 욕구로 쉽게 대체될 수 있기 때문이다. 하지만 특이하게도 두 욕구는 동시에 발생할 수도 있으며, 과식은 때때로 성적인 결핍 혹은 불만족의 신호가 된다.

과식과 음욕의 관계로 인해 제6곡은 제5곡과 밀접하게 연관된다. 그러면서도 두 곡은 뚜렷이 구분되는데, 앞은 서로 즐기는 것이었지만 뒤는 혼자서 자신의 욕구를 채우는 죄라는 점에서 그러하다. 음욕에서 과식으로의 이동은 확실하고도 극적이다. 단테가 설정한 상황과 치아코Ciacco라는 인물 때문에 우리는 식탐의 대가를 더 크게 느끼게 된다. 이탈리아어 "목구멍La gola"은 '과식La golosità', '대식가i golosi'와 연관된다.

제5곡에서의 폭풍 이후 제3원에서는 성서에 나오는 비, 진눈깨비, 눈 등 재앙의 분위기가 더욱 짙어진다. 시끄럽고 엄청난 폭풍을 지나, 이제 오물로 역겨운 장소로 갈 차례이다. 이번 곡은 전체에서 가장 짧다. 단테는 물리적 요소를 언급한 다음으로 입구의 악마, 원 안의 인물 중 하나를 서술한다. 그리고 마지막으로 종말론에 관해 덧붙인다.

13행은 제3원을 지키는 악마를 소개한다. 케르베로스는 아가리가 세 개이고 개처럼 생겼다.

잔인하고 섬뜩한 짐승 케르베로스

《아이네이드》 제6권과 그리스 신화에도 세 개의 아가리와 세 개의 머리를 지닌 케르베로스가 등장한다. 그는 하데스로 들어가는 문을 지킨다. 그가 막는 것은 탐식가가 아닌 죽음의 공포이다. 단테의 시에서 그는 이글거리는 눈, 거무튀튀한 턱수염, 날카로운 발톱을 지닌 것으로 묘사된다. 그리고 오물에 잠긴 영혼들에게 짖어댄다. 계속해서 내리는 비로 영혼들은 몸을 돌려 서로가 서로를 피난처 삼으며 개처럼 울부짖는다.

베르길리우스는 케르베로스를 악마가 아닌 공포의 형상이라 여긴다. 단테는 그것을 탐식자의 모습으로 묘사하는데, 수염과 발이라는 인간적인 요소를 통해 그것이 인간의 형상에서 악마로 변화되었음을 알 수 있다. 케르베로스는 지구를 삼키는 것으로 대식가의 모습을 보여주고 할퀴는 것으로 죄인들을 벌한다. 그런즉 케르베로스는 죄의 모습이며 죄에 대한 징벌이기도 하다. 케르베로스를 묘사하는데 사용된 잔인하고 섬뜩하다는 형용사는 여러 의미가 있지만 "이상한" 혹은 "역겨운"으로 이해하는 것이 적당하다. "거대

한 벌레, 케르베로스"라는 표현에서 "벌레"는 뱀 혹은 용이라 생각할 수 있다. 베르길리우스가 양손으로 흙을 집어 그 생물의 굶주린 목구멍들에 던지자 그것은 《아이네이드》에 나오는 시빌레가 야수를 잠잠케 만들기 위해 벌꿀 케이크로 하던 일을 반복한다.

그때 유령 중 하나가 일어나 단테에게 말을 건다. 그런데 단테는 그를 알아보지 못한다. 식탐이 그의 모습을 흉하게 망가뜨렸고 그가 지내는 진창이 그를 더럽혔다. 그 영혼은 단테가 자신을 기억하기를 바란다.

> 나를 아는지 생각해 보시오 [6:41]

이 사람은 단테가 지옥에서 만난 첫 번째 피렌체인이다. 그는 자신을 소개하며 이렇게 말한다.

> 식탐이라는 빌어먹을 잘못 때문에
> 그대의 고향 사람들은 나를 치아코라 불렀소 [6:52~53]

치아코는 아마도 지아코모Giacomo의 변형인 듯하다. 지아코모는 피렌체 방언으로 '돼지'를 뜻한다. 고통에 처한 치아코를 본 단테는 그를 깊이 동정한다. 단테는 치아코가 죽었을 때 21살이었다. 실존 인물 치아코는 기지와 유창한 언변, 상스러운 언어로 피렌체에서 유명했으며 손님들을 즐겁게 하기 위한 저녁 식사에 자주 초대받았다. 빌라니는 《연대기Chronicles》에서 이런 유형의 사람에 대해 말하고 있다. 연회에 초대받은 사람, 소문을 퍼뜨리는 사람, 이들의 이야기는 재미있지만 지독하다. 실존 인물 치아코에 대해 알려진 모든 것이 여기 제6곡에, 그리고 보카치오의 《데카메론》에 나온다.

단테는 치아코를 알아보고 눈물을 흘릴 만큼 깊이 동정한다. 하지만 그 감정은 프란체스카에게 느꼈던 것만큼 강렬하지는 않다. 우리는 여행이 계속될수록 지옥의 영혼을 향한 단테의 동정이 약해지는 것을 보게 된다. 이어서 단테는 치아코에게 피렌체에 관한 질문을 시작한다. 독자들은 이 대화를 통해 영혼들이 미래를 볼 수 있음을 깨닫는다. 여기서 1300년에 군림하던 교황 보니파키우스 8세가 처음으로 나오며 앞으로도 여러 번 등장한다.

단테는 치아코의 예언으로 피렌체의 두 정당, 단테가 속한 백당과 흑당 사이에 유혈 투쟁이 더욱 과격해질 것을 알게 된다. 단테는 이전에 두 당의 반목 속에서 살았었고 그 때문에 1302년 추방당했다. 하지만 단테가 지옥을 여행하는 때는 1300년이다. 단테가 이미 알고 있던 일을 치아코의 입을 통한 예언의 방식으로 기록한 것이다. 단테의 첫 질문은 간단하고 포괄적이다. "피렌체에 의로운 사람이 있습니까? 이런 불화의 이유가 무엇입니까?"

단테의 질문에 사용된 "의로운"라는 단어가 치아코의 아리송한 답변에도 사용된다. "의로운 사람이 둘 있습니다." 이런 문장은 성서 속에도 있다("그 성 중에 의인 오십 명이 있을지라도"—창세기 18:24). 누구인지 입증할 수 있는 자료는 보이지 않는다. 하지만 그 두 사람이 단테 자신과 그의 친구 귀도 카발칸티라는 이론이 가장 그럴듯하다. 두 번째 질문에 대한 치아코의 대답은 정치보다는 도덕과 관련된다. "오만, 시기, 탐욕은 인간의 마음에 불을 붙이는 불꽃입니다." 치아코는 시민들의 도덕적 특질을 이유로 피렌체를 맹비난하고, 그럼으로써 자신의 높은 도덕성을 보여준다. 그러나 그 스스로 단테에게 언급했던 다른 영혼들처럼 치아코도 자신의 개인적 결함으로 지옥에 있다. 법칙은 점차 분명해진다. 사적인 죄 한 가지로도 개인은 유죄 판결을 받기에 충분하다. 그는 다른 모든 면에서 법을 준수하는 양심적인 시민이었으며, 하느님과 이웃들에게 선량한 사람이었다. 그러나 지금 지옥에 있다.

단테는 이제 아주 구체적인 질문을 한다. 그는 피렌체의 유명한 다섯 사람의 이름을 대며 그들이 천국에 있는지 지옥에 있는지를 묻는다. 치아코의 대답은 간단하다. 다섯 명 모두 지옥의 더 낮은 곳에 있다. 그러더니 탐식가는 단테에게 무언가를 요청한다. 앞으로의 지옥 여행에서도 종종 듣게 되는 요청이다.

> 그대가 달콤한 세계에 가게 되거든,
> 살아있는 자들에게 나에 대해 말해 주십시오. [6:88~89]

그는 세상에서 기억되기를 바란다. 짧은 구절의 요청에서, 거의 동일한 문장에서 치아코는 현명하고 전지(全知)한 선지자로 또 동정의 대상인 불쌍한 인간으로도 보인다.

그리고 치아코는 순식간에 단테의 시야에서 사라진다. 다음 몇 행에서는 베르길리우스가 전면으로 등장해 단테와 종말론의 문제

Duke University Literae humaniores lecture

를 주고받는다. 이 구절은 지옥 영혼들의 상황과 그리스도가 몸소 행할 두 번째 심판 이후 그들에게 일어날 상황을 이해하는 데 중요하다. 베르길리우스의 논의는 그리스도가 재림할 때 모든 영혼이 그들의 무덤으로 돌아와 육신을 입을 것이라 단테에게 상기시키는 것으로 시작된다. 그러자 단테가 되찾은 육신 안에서 영혼의 고통이 더해지는지를 묻는다. 베르길리우스는 긍정하는 답변을 한다. 영혼과 육신이 더욱 완전해질수록 고통이 커지고 고통을 견디는 능력도 커진다는 것이다.

배운 것으로 되돌아가라 [6:106]

베르길리우스는 단테에게 이렇게 말한다. 이는 토마스 아퀴나스에 대한 언급, 철학자들이 13세기에 일궜던 아리스토텔레스와 성서 간의 세부적 조화에 대한 언급이 분명하다.

미노스가 영혼들이 지옥에서 만나는 첫 번째 심판자라면, 그리스도는 두 번째 심판자이고 그의 판결은 앞엣것을 확정할 것이다. 96행에서 그리스도는 "원수인 심판자"라 표현된다. 그 때문에 베르길리우스는 토마스 아퀴나스의 말로, 그전의 아우구스티누스의 말로 단테에게 답한다. 이들 영혼에게 희망은 없다. 더 지독한 지옥살이만 있을 뿐이다. 종말론에 관한 논고는 마지막 행에서 제4원을 알리며 갑자기 끝난다.

제6곡은 뚜렷한 대조를 보이는 곡 중 하나이다. 여기서도 여행자는 크게 놀란다. 연회장의 이야기꾼, 부도덕한 이야기로 밥벌이를 하던 치아코라는 인물 뒤로 우리는 대식가들에게 징벌과 진창에서의 비참함이 계속되고 있음을 알 수 있다.

처음에 개 같던 악마 케르베로스가 잠깐 잠잠해진다. 단테의 도시에 관련한 물음에서 우리는 악마가 피렌체를 기다리고 있다는 것과 치아코의 도덕성이 높다는 사실을 동시에 깨닫는다. 여기서 치아코는 미래를 내다보는 능력을 지니고 이야기한다. 그다음 베르길리우스는 심판의 날 이후 잃어버린 영혼들의 벌이 과중해지리란 말을 덧붙인다. 제6곡에는 피렌체에 관한 이야기가 처음으로 나오며, 그곳의 몇몇 훌륭한 "시민들"의 운명을 알게 된 단테의 고뇌도 암시된다. 그들은 정치 영역에서 선을 행하는 데 전념하던 사람들이다.

대식가들의 세상에서 먹는 것의 의미는 성서의 처음과 마지막에 나오는 그것과 전혀 다르다. 아담과 이브의 죄는 먹는 것과 관련이 있다. 성서의 끝에서 그리스도는 먹히기 위한 양으로, 하느님의 몸으로 표현된다. 성서는 하느님께서 금지한 것을 먹지 말라는 경고로 시작되고 하느님의 몸을 먹으라는 초대로 끝난다.

Duke University Literae humaniores lecture

제7곡

탐욕과 낭비, 분노와 통명

 제4원은 그곳을 지키는 악마의 알아들을 수 없는 격렬한 비명으로 시작된다. 악마는 그리스 신화 속 풍요의 신 플루톤이다. 우리는 무절제의 죄가 처벌받는 지옥 영역의 끝에서 두 번째 원에 있다. 지금까지의 길도 길고 다채롭다. 단테는 제1곡에서 "세 짐승"을 만났고, 제2곡에서는 "세 여인"에 관해 들었다. 제3곡에서는 "의지가 없는 사람들"이 있는 연결 통로를 통과했는데 거기에 뱃사공 카론이 등장했다. 제4곡의 제1원 림보에서는 "유예된 사람들"을 만났다. 제5곡에서는 긴 꼬리를 지닌 악마 미노스와 음욕의 죄인들이 있는 제2원에 들어서며 진짜 지옥이 시작됐다. 단테는 그곳에서 프란체스카의 애절한 이야기를 들었다. 곧이어 제6곡에는 그치지 않는 비가 내리고 악마 케르베로스가 대식가들에게 호령하는 제3원이 나온다. 그곳에서는 피렌체인 치아코로부터 그들이 사랑하는 도시에 관한 들었다.
 이제 제4원에서 만나게 될 탐욕가들은 냉랭한 가운데 서로 관계하지 않는다. 탐욕가들은 자기만족에 빠져서 다른 사람들을 보지

못한다. 단테는 그들을 "다른 눈먼 자들"이라 부르며 "눈먼"이란 단어를 사용한다.

플루톤은 늑대처럼 생겼고 입과 목에 재물을 저장한 것처럼 뺨이 부풀어 있다. 플루톤을 지나친 후, 우리는 제4원이 낭비와 탐욕의 죄인들이 벌 받고 서로가 서로에게 벌주는 장소임을 알게 된다. 환영 속 한 장면은 두 맞수가 필사적으로 상대방을 넘어뜨리려 서로를 향해 달려드는 마상 창 시합을 보여준다. 비축하려는 욕심은 자연히 허비하려는 욕심을 방해한다. 반대되는 사람과 반대되는 행위의 집단이다. 또 다른 장면에서는 한쪽이 (혹은 한 무리가) 상대쪽에게 거대한 돌을 굴린다. 순전히 증오로 인한 전혀 무익한 행동이다.

이어지는 장면은 최고의 교착상태를 보여준다. 한쪽이 소리친다. "왜 (구두쇠처럼) 모으기만 하지?" 그러자 다른 쪽도 소리친다. "왜 (낭비하는 사람처럼) 쓰기만 하는 거야?" 인색함은 낭비로 상쇄되며, 집단은 비정상적인 공동체 의식에 지배당한다. 욕심이 상충되기에 모두가 다른 모두를 적대한다. 이런 사회의 모습은 극도로 난장판이다. 독자의 마음에는 자연스러운 의문이 떠오르게 된다. 사회가 어떻게 이 지경이 됐을까? 어떻게 이토록 빨리 분열의 상태에 이르렀을까?

단테는 현명하게도 제7곡에서 제5원의 스틱스 늪이 시작되도록 배치했다. 늪은 분노를 품고 있다. 스틱스의 수면에 으르렁거리며 자신을 찢는 영혼들의 맹렬한 불만, 격렬한 분노의 모습이 비친다. 늪 밑바닥에는 더 소극적이고 더 둔감한 분노의 영혼들이 있다. 그들은 증오의 찬가를 그르렁거린다.

제5원은 무절제의 원 중에서도 가히 최고이다. 욕정과 탐심은 이곳에서 무력하게 꺾인다. 극에 달한 분노는 제2원에서 눈에 띄지 않게 시작됐으며, 프란체스카의 방종은 완곡하게 표현됐다. 단테의 의도는 그러한 분노가 림보의 기쁨 없는 도덕, 지옥의 연결 통로에 있는 영혼들의 우유부단함, 제1곡의 어두운 숲을 헤매던 단테의 영혼과 관련 없지 않다는 것을 우리가 깨닫는 데 있다. 그는 제1곡에서 첫 번째 짐승, 얼룩무늬가 선명한 표범과 맞닥뜨렸다. 지옥에 관한 시의 구조상, 표범과의 만남에 관한 자세한 묘사는 무절제의 죄에 관한 설명과 같다. 그것들은 프란체스카의 어리석지만 성실한 방종으로 시작되어 새까만 늪의 바닥에 누운 이름 없는 영혼들의 불분명하고 좌절된 분노로 끝난다.

제1곡에서 표범을 묘사한 마지막 구절은 무절제의 죄와 관련해 적절한 단서가 된다. 이에 따르면 죄의 정도는 서서히 심각해지며 제1원에서 제5원으로 옮겨간다. 산에 오르기 시작하는 순간 "민첩한 그 짐승"은 단테에게 "희망"을 주었다. 표범은 너무나 매력적으로 보였고 따라서 단테에게 결코 방해될 것 같지 않았다. 유사하게 표범의 죄는 처음에는 해가 되지 않을 것처럼, 쉽게 극복할 수 있을 것처럼 보인다. 사실 단테 시의 도입부에는 희망이 넘쳐흐른다. 지옥은 아마 들었던 만큼 끔찍하지는 않을 것이다. 연결 통로의 영혼들은 이승에서도 잘 견뎠다. 터무니없는 혹은 죄로 인한 인내와 순수한 인내를 구분하기는 얼마나 어려운가! 림보에 있는 이교도들은 생각과 행동이 뛰어난 선량한 사람들이었다. 제2원에서 사랑은 육욕의 한 부분이다. 우리는 모두 사랑의 중요성을 잘 안다. 제3원의 대식가들을 보면서 우리는 탐식가와 미식가의 경계에 관해 의아함을 느끼게 되고, 제4원에서는 쌓아두는 것과 부주의하게 소비하는 것에 관해 생각하게 된다. 연쇄적인 죄는 제5원에서 끝난다. 스틱스에 비치는 분노와 통명은 증오로 소진되어 늪의 바닥에서는 보이지 않는다. 이것이 초기에는 심각하게 느껴지지 않고 심지어 매력적으로까지 표현되었던 죄인들의 마지막이다.

제7곡은 복잡하며 시적인 요소가 가득하기 때문에 독자들은 단테의 여행이 얼마나 많은 영역을 망라하는지 잊을 수 있다. 플루톤은 "저주받은 늑대"의 모습으로 등장한다. 베르길리우스조차 그의 우매한 소리를 이해하려 들지 않는다. 플루톤의 오만한 얼굴에는 성직자의 죄, 탐욕이 분명하게 드러난다. 그의 불룩한 볼은 비축되는 것은 무엇이라도 담으려는 듯 보인다. 그러한 짐승의 형상은 베르길리우스의 엄한 질책 한 번으로 마치 돛대가 부러져 배의 갑판으로 떨어지듯 무너진다.

격언처럼 욕심과 낭비, '서로 맞은 편을 향해 도는 춤(원)'과 '한쪽 방향을 향해 도는 춤(원)'에서 양극단은 서로 통한다. 구두쇠들은 "머리를 밀었다." 단테는 눈앞의 모습을 동정하며 몇몇 인물을 알아볼 것 같다고 생각한다. 하지만 베르길리우스가 단테에게 이 영혼들은 지난 세상에서 너무나 무분별했기에 지옥에서 그들의 얼굴을 알아볼 수 없다고 말해준다. 이번 원에서는 누구도 알아볼 수 없다. 지난 세상에 비축했거나 낭비했던 재물은 끝없이 서로 들이받는 그들에게 어떠한 안식도 주지 않는다.

이번 곡의 주요 장면을 논평하며 베르길리우스가 처음으로 포르투나의 이름을 말한다. 그러자 단테가 즉시 그의 말을 두고 날카롭고 간단한 질문을 던진다. "포르투나가 누구입니까?" "포르투나가 세상을 통제합니까?" 이때부터 괴기했던 분위기가 바뀌고 운명의 여신에 관한 확실한 논설이 나온다.

포르투나는 더 이상 이교도 여신이 아니다. 그녀는 신의 피조물로 축복받은 이들 중 하나이며 재화를 관리한다. 35행으로 된 짧은 구절은 천국편의 예시이다. 전통적으로 기독교인들은 세상 만물을 다스리는 하느님의 능력을 말할 때 "운명"보다는 "섭리"라는 단어를 즐겨 사용해왔다. 이와 관련해 성서에서 욥기의 구절이 가장 자주 인용된다. "주님께서 주셨다가 주님께서 가져가시니 주님의 이름으로 찬미 받으소서."(욥기 1:20~22) 다시 말해서 주의 지혜는, 헤아리기 어려운 의도는 세상의 재산을 어떤 한 사람, 가문, 나라가 너무 오래 가지도록 허용하지 않는다.

변하기 쉬운 인간의 운명에 관한 이 구절은 보에티우스의 《철학의 위안》을 되풀이한다. 제프리 초서가 보에티우스를 번역했고, 보에티우스는 아리스토텔레스를 번역하고 논평했는데 스콜라 철학자들이 이를 널리 사용했다. 단테는 포르투나의 가장 중요한 두 가지 특징, 즉 신속함과 예측 불가능함을 묘사에 포함시켰다. 운명은 "빠르게" 움직인다. "운명의 수레바퀴"라는 오래된 은유나 "자신의 세계를 지배한다"는 단테의 말처럼 운명은 예측할 수 없다. 조용하고 차분한 운명의 여신은 울부짖는 플루톤과, 낭비하는 사람과 구두쇠에게서 보이는 맹목적 광기와 대응된다. 단테는 보에티우스의 해석을 충실히 따르지만, 포르투나에게 천사의 지식과 지위를 부여할 때만큼은 대범했다. 그녀는 종종 "땅의 천사"라고도 불린다.

샘과 도랑을 지나고 탁한 물을 따라서 단테와 베르길리우스는 늪에 도착했다. 그곳은 그리스 신화 속 지옥의 강 스틱스로, 여기서는 늪으로 묘사된다. 단테가 제5원에 스틱스를 배치한 데는 이유가 있다.

수렁에서 벌거벗은 영혼들이 서로 싸우고 이빨로 물어뜯는다. 이는 이승에서 분노를 이기지 못했던 영혼들이다. 베르길리우스에 따르면 아래 검푸른 진흙 속의 다른 영혼들은 보이지 않는다. 그들 속에서 분노는 퉁명으로 바뀌었다. 단테는 그들의 말소리를 듣는다. "우리는 음울했고 마음속에는 나태한 공허가 있었다"에서 "나태"는 영적인 태만이라는 죄의 골자이다. 이는 연옥편에서 더 자세히 전개된다. 제5원의 두 집단은 제4원에서처럼 반목하지 않고 서로 벌하지도 않는다. 여기에는 입구를 지키는 괴물도 없다.

아리스토텔레스와 아퀴나스는 분노를 '발분acuti', '퉁명sullen', '복수심vindictive'의 세 가지로 분류한다. 반면 단테는 서로 찌르고 물어뜯는 거리의 싸움 장면에서 보이는 적극적 분노와 진흙에 묻혀 생각에 잠긴 사람들에게서 보이는 소극적 분노로만 분류한다. 123행의 "나태한"이라는 단어 때문에 어떤 주석자들은 이 죄인들이 나태하다고 생각하지만 거기서 강조되는 단어는 "슬픈" 혹은 "퉁명한"이란 뜻에 가깝다.

제4원에서 죄는 죄와, 인색함은 낭비벽과 격렬히 싸운다. 검푸른 늪에서 아수라장은 외부로 표출된 분노를, 수면 아래의 영혼은 내부로 침잠된 분노를 보여준다. 전체로 보면 제7곡에서 첫 번째 범주의 지옥이 끝난다. 무절제를 살피는 긴 여행은 "증오"를 뜻하는 스틱스에서 막을 내리고, 그곳에서는 사람의 마음속 분노가 커져 적극적인 증오와 소극적인 퉁명이 된다.

Duke University Literae humaniores lecture

제8곡

분노와 디스의 문

제8곡에서는 분노한 사람 하나가 단테 앞에 나타나고 단테가 그를 알아본다. 비록 짧지만 이번 곡에서 가장 중요한 그 사건에 앞서, 허공과 스틱스를 가르며 빠르게 움직이는 작은 배 한 척이 나온다. 그리스 신화 속 델포이의 아폴로 신전에 불을 지르고 하데스를 선고받았던 플레기아스Phlegyas가 바로 그 배의 사공이다. 베르길리우스가 그의 이름을 말하기에 앞서 뱃사공은 또 하나의 죄인을 잡았다며 흡족해한다.

제8곡은 이렇게 시작된다.

오래전에 이어서 이야기하자면

바로 이 구절 때문에 초기의 많은 주석자는 앞의 7곡은 단테의 추방 이전에, 나머지는 이후에 쓰였다고 믿었다. 특히 1행의 단어 "이어가다"가 근거가 된다.

높은 탑의 꼭대기로 두 개의 불빛이 보인다. 디스Dis 시의 이

Duke University Literae humaniores lecture

외딴 탑에 멀리서 또 다른 불빛이 화답한다. 디스는 단테 지옥의 두 번째 구역이다. 전체 곡의 움직임은 빠르고 과장되고 불가사의하다. 단테는 최고도로 흥분하고 놀란 상태일 뿐 아니라 제8곡에서 벌어지는 사건 가운데서 주요 인물의 역할을 맡는다.

처음에 단테는 지옥으로 배치된 죄인 중 하나로 여겨진다. 플레기아스는 이 때문에 기뻐하지만 베르길리우스가 곧 이를 바로잡는다. "쓸데없이 소리를 지르는구나." 속임수에라도 빠진 듯 뱃사공은 그가 감시하는 이들만큼이나 과격히 행동한다. 플레기아스의 외모는 사람이지만 우리는 그에게서 카론을 떠올리게 된다.

31행과 63행 사이에서는 다양하게 해석되는 사건이 발생한다. 베르길리우스가 먼저 배에 오르고 단테가 뒤따른다. 단테는 자신의 무게로 배가 짐을 실은 듯 무거워졌음을 깨닫는다(베르길리우스의 형상은 무게를 지니지 않는 데 비해 단테는 육신을 가지고 있기 때문이다). 덕분에 배는 평소보다 더 깊이 스틱스의 물살을 가르며 나아간다. 껌껌한 물길을 건널 때 진흙으로 뒤덮인 한 인물이 등장하고, 그 영혼은 단테가 아직 살아있음을 알아본다.

> 때 이르게 오는 너는 누구인가? [8:33]

단테는 그곳을 단지 통과하는 중이라 대답하고 그에게 누구인지 묻는다. 처음에 단테는 진흙으로 인해 그를 알아보지 못한다. 그 영혼의 애매한 답변은 부적절하며 오히려 참회 같이 느껴진다.

나는 울고 있는 사람이다. [8:36]

　이 영혼의 슬픔은 극적으로 상쇄된다. 몸을 덮은 오물에도 불구하고 단테가 그를 알아보았기 때문이다. 단테는 그를 "저주받은 영혼"이라 부른다. "통곡과 비참 속에 머물러라." 그 유령이 배로 두 손을 뻗자 베르길리우스가 단테만큼이나 강경한 말로 그를 밀어낸다. "다른 개들과 함께 사라져라." 이후 가장 놀라운 순간이 온다. 유령을 밀어낸 베르길리우스가 단테를 얼싸안고 그의 볼에 입 맞추며 말한다. "너를 밴 태는 복되도다." 이는 대개 동정녀 마리아의 이야기에 등장하는 말이다. 베르길리우스는 이런 식으로 단테의 강력한 분개를 기뻐하며 성서 구절로 인사한 후, 어떤 선을 행한 것으로도 세상에 기억되지 않고 그 때문에 지옥에서 더 크게 분노하는 영혼들의 교만에 관해 역설한다. 베르길리우스는 말한다. 지금 세상에 살아가는 왕들도 언젠가 진흙탕의 돼지처럼, 이 유령처럼 될 것이라고.

　들라크루아는 그의 대작 중 하나에서, 유령이 단테와 베르길리우스를 실은 배를 멈추려 하는 격렬한 장면을 담았다. 모순적이고 이상하게도 단테의 분노가 유령의 분노를 넘어선다. 시인은 그 유령이 진흙탕 속으로 더 깊이 곤두박질치는 모습을 보기 원한다. 베르길리우스는 그 기대를 허용하고 저편 연안이 보이기 전에 기대가 이뤄지리라 약속한다. 구절의 마지막에 가서야 우리는 유령의 이름을 듣는다. 다른 죄인들이 필리포 아르젠티Filippo Argenti를 결딴내자고 소리치는 것이다. 그러자 필리포는 자신을 물어뜯는 자

Duke University Literae humaniores lecture

학의 행동을 한다.

그러나 제8곡은 필리포 아르젠티의 분노가 아니라 단테와 베르길리우스의 분노 때문에 기억할 만하다. 이들 세 인물(세 명이 참여하는 첫 장면이다) 중에서 가장 비참한 이는 필리포 자신이다. "나는 울고 있는 사람이다"라는 그의 두 번째 말은 매우 애처롭다. 그는 피렌체인으로, 단테와 반대되는 정당, 즉 흑당에 속해있던 네로Nero이다. 부자인 그는 말에 은으로 된 편자를 박았기 때문에 아르젠티라는 별명을 얻었다. 그는 근육질에 덩치가 크고 운동을 잘했지만 특히 난폭한 성질로 유명했다. 그는 이곳 지옥의 진창에서 계속해서 성질대로 행동하고 있다. 들라크루아는 분노를 표현하고자 배를 물어뜯는 필리포를 그리기도 했다.

단테를 향한 필리포 아르젠티의 첫 질문은 조소로 해석될 수 있다. "때 이르게 오는 너는 누구인가?" 이는 단테가 너무나 사악하기에 죽음을 맞기도 전에 늪에 왔다는 의미로도 해석된다. 단테의 질문에 답하면서 필리포는 자신의 신분을 감춘다. "네가 보는 내가 고통당하는 영혼이라는 것으로 충분하지 않은가?"

보카치오의 《데카메론》에는 필리포 아르젠티의 방종에 대한 내용이 더 나온다. 거기서 그는 아디마리 가문의 귀족으로 피렌체의 모든 시민을 증오한다. 기록에 의하면 그는 범죄자는 아니었으나 오만불손한 기수였다. 하지만 이곳 단테 지옥에서 그는 영원한 진창을 선고받았다.

필리포 아르젠티가 난입하기까지 단테는 강한 동정과 두려움을 보였다. 제8곡의 분노는 그가 느끼는 세 번째 감정이다. 이것은 분노한 사람들의 존재에 영향을 받은 것으로 생각할 수 있다. 플레기아스, 베르길리우스, 단테, 필리포 아르젠티 등 제8곡의 네 화자는 모두 분노를 표출한다.

고전을 연구하는 학자들에 따르면 그리스 시인들은 분노를 크게 책망했고 용서와 절제의 정신을 가지도록 요구했다. 신들은 분노하더라도 인간은 그래서는 안 된다. 라틴의 작가들 또한 대체로 이러한 태도를 유지했다. 세네카는 〈화에 대하여〉라는 논문에서 분노는 정당화될 수 없다고 진술한다.

반면 구약성서의 거의 모든 책에는 하느님의 분노가 등장한다. 토마스 아퀴나스는 신성한 분노에 대한 이야기를 꺼렸지만 그러면서도 하느님이 정의로 벌하시리라는 교리를 강조했다. 그리스도는 분명 타오르는 분노로 고리대금업자들을 공격했지만, 그리스도의 가르침은 분노가 아닌 자비와 이해를 강조한다.

필리포 아르젠티와 관련된 구절은 단테의 분노를 보여주는 데서만 그치지 않는다. 다시 말해, 단테는 예상치 못한 분노에 이어 유쾌함과 즐거움 또한 느낀다. 이러한 심리적 변화는 지옥에 대한 단테의 두려움이 누그러졌음을 암시한다. 비록 제8곡의 마지막에서 디스 입구의 악마를 보고 다시금 두려움에 사로잡히기는 하지만.

이렇게 단테와 베르길리우스는 지옥의 두 번째 부분, 디스에 도착한다. 디스는 사탄의 요새로 제9곡에까지 이어진다. 여기에 배정된 공간과 아직 살아있는 여행자 단테와의 대립은 죄의 테마가 무절제에서 과격으로 변화했음을 보여준다.

 Duke University Literae humaniores lecture

디스라는 이름의 도시 [8:68]

디스는 해자 역할을 하는 스틱스와 성벽으로 둘러싸여 있는 도시로, 하부 지옥 전체이다. 디스에서 처벌을 받는 두 가지 죄가 폭력과 거짓이라는 것을 감안할 때, 도시의 철옹벽은 폭력과 거짓을 자행하려는 완고함에 대한 은유로 이해할 수 있다. 이곳 지옥의 죄인들에게는 자기기만의 흔적이 없으며, 민첩하게 움직이는 표범의 흔적 또한 찾을 수 없다. 악은 타오르는 불에 달궈진 건물만큼이나 확고하고 분명한 것이다.

> 뚜렷이 보이는 회교당들은
> 불 속에서 나온 듯 불그레합니다. [8:72]

단테는 악을 본격적으로 다루기 전에 맛보기로 필리포 아르젠티의 사건을 배치한다. 악으로 인한 위험과 퇴보를 깨닫자마자 단테는 강한 적개심으로 아르젠티를 공격하고, 이런 단테를 본 베르길리우스는 그리스도의 수태와 연관된 구절을 사용한다. 마리아가 뱃속에 아이의 움직임을 느끼고 말했던 구절이다.

이곳, 새로운 지옥에서 단테의 태도는 이전과는 확실히 다르다. 지금까지는 바람, 비, 진흙 형태의 자연으로 배경을 만들었다. 하지만 여기서 우리는 도시와 그 근교를 지나간다. 도시는 자체 탑, 벽, 총안이 있는 흉벽을 지닌다. 도시는 죄 자체이고 그만큼 강력하다.

제8곡은 전체적으로 장면이나 사건에서 움직임이 풍부하게 묘사된다. 대사, 행동, 인물 등 모든 것이 생생하고 강렬하고 빠르게 전개된다. 82행에서 단테는 수많은 천사를 본다. 아마도 사탄과 함께 지옥으로 떨어져 악마가 되고만 천사들일 것이다. 그들이 단테가 지옥으로 입장하는 것을 거부하자 단테는 다시금 두려움을 느낀다. 그는 여전히 살아있기에 지옥에 존재할 여지가 없다. 그러자 베르길리우스가 행동을 취한다. 그는 악마가 된 천사들과 은밀히 이야기하기를 청하고, 악마들은 그가 혼자 와야 하며 다른 사람은 돌려보내라고 말한다. 크게 낙심한 단테는 베르길리우스에게 왔던 길을 되돌아가자 제안한다. 그러면서 베르길리우스가 일곱 번 그를 구해주었다고 말하는데, 이는 정확한 숫자이다. 우리는 늑대, 카론, 미노스, 케르베로스, 플루톤, 플레기아스, 필리포 아르젠티와 상대할 때 베르길리우스의 역할을 기억한다.

  이에 베르길리우스가 위로의 말을 건네며 단테를 떠나지 않는다는 약속을 하자마자 사건이 다시 시작된다. 베르길리우스가 문으로 다가서자 그의 눈앞에서 문이 닫힌다. 악마들의 반대에 베르길리우스의 분노가 다시 타오른다. 이전에도 악마들은 문구가 새겨진 정문에서 그리스도가 지옥에 내려오지 못하도록 방해했다. 사건은 제8곡의 마지막에서 끝나지 않는다. 베르길리우스가 문제를 해결하기 위해 어떠한 인물이 올 것임을 언급하는 데서 우리는 사건이 계속될 것임을 알게 된다.

Duke University Literae humaniores lecture

제9곡

복수의 세 여신과 천사

시민과 요새를 지닌 디스라는 도시가 언급된 제8곡 중반부터 제9곡의 마지막까지 사탄의 도시로 들어가기 위한 베르길리우스와 단테의 분투는 진정한 멜로드라마(사건의 변화가 심하고 통속적인 흥미와 선정성이 있는 대중극)라 할 수 있다. 이러한 관점에서 사건을 4막으로 나누어 보자(참고로, 첫 두 막은 이미 제8곡에서 진행됐다).

1막. 타락한 천사들은 베르길리우스에게는 문을 넘도록 허용하나 단테에게는 아니다. 단테는 너무나 실망하고 심지어 되돌아가려 한다.

2막. 베르길리우스는 천사들(아니, 악마들)과 협의하려 했으나 거절당하고 그의 눈앞에서 문이 닫힌다. 2막의 마지막은 베르길리우스의 분노로 채색된다. 제8곡의 앞부분에서 단테와 베르길리우스가 필리포 아르젠티에게 표했던 것에 견줄 만큼 강력한 감정이다.

3막. 3막은 새로운 곡의 첫 3분의 1에서 일어나는데 앞부분보다 더 복잡하고 거칠다. 하지만 시작은 내향적이다. 베르길리우스와 단테 모두 내적으로 갈등한다. 디스의 입구에서 지금까지 베르길

리우스의 노력은 좌절됐지만 그는 전혀 믿음을 잃지 않는다. 도움이 왜 이리 늦는지 의아해할 뿐이다. 반면 단테는 베르길리우스의 얼굴을 가까이서 바라보며 자신과 인도자에게 의구심을 품는다. 하지만 단테는 제3의 인물을 물을 만큼 공손하다.

제1원에서 누군가 이리로 내려오는 일이 있습니까? [9:17]

제1원은 베르길리우스가 머무는 림보이다. 베르길리우스는 단테의 질문이 사실은 "당신은 이리로 내려온 적이 있습니까?"라는 뜻임을 안다. 베르길리우스는 단테를 안심시키려는 듯 긍정의 답변을 한다. "나는 전에 여기에 내려온 적이 있다. 에리톤Erichto에게 홀렸기 때문이지." 그리스 마녀에 대한 언급은 단테의 기교이거나 아니면 중세로부터 전해지는 이야기의 일부이다. 이야기 속에서 베르길리우스는 마법사였다.

그때 복수의 세 여신이 성벽 꼭대기에 나타나 메두사를 불러서 단테를 돌로 만들려 한다. 단테를 보호하려 베르길리우스는 손으로 단테의 눈을 가린다. 복수의 세 여신은 그리스 로마 신화 속 형상이다. 베르길리우스의 시에서 그들은 에리니스 또는 에우메니데스로 나오며 일가친척에 대한 범죄를 처벌한다. 아이스킬로스의 비극에서는 어머니를 살해한 오레스테스를 뒤쫓는다. 이와 같은 베르길리우스와 아이스킬로스의 글에 비해, 그들은 단테의 글에서 더욱 악하게 묘사된다. 3막의 절정은 메두사를 부르는 외침이다.

메두사를 불러라! 저놈을 돌로 만들자! [9:52]

　　단테는 디스 시로 입장하는 과정을 일련의 모험으로 표현하기 위해 매우 고심한 듯하다. 전체 곡과 비교했을 때, 디스 입장과 관련된 내용의 길이는 8곡의 중반부터 9곡의 중반까지로 평균이다. 지리적으로 그 구절은 지방에서 도시로의 전환을, 도덕적으로는 무절제에서 악의로 이행을, 심리적으로는 죄인 편에서의 소극적 태도에서 적극적 태도로의 진전을 보여준다. 결국 한 사람에게만 영향을 미치던 개인의 죄에서 고의로 계획되고 다수에게 영향을 미치는 죄로 옮겨가는 것이다. 복수의 세 여신이 메두사를 부르는 장면은 디스 시에, 또 복잡한 구조에도 매우 적절하다. 하지만 메두사는 끝까지 등장하지 않는다.

　　언급되지만 등장하지는 않는 메두사는 베르길리우스의 《아이네이드》 6권에도 나오지 않는다. 하지만 《오디세이아》 9권에서 오디세우스는 지하세계의 여왕 페르세포네가 세 고르곤 중 하나인 메두사를 보낼까 두려워한다. 이와 같이 단테와 호메로스는 약하나마 관련성을 보인다. 단테는 번역된 호메로스를 읽었거나 적어도 번역된 단편들을 읽은 듯하다.

　　3, 4막 사이로 이해하기 힘든 3행 연구("건강한 지성을 가진 이들이여, 이 신비로운 시구의 장막 아래, 감추어진 의미를 생각하라")가 나온다. 이렇게 단테는 독자들에게 직접 '내 비상한 글의 겉모습 아래 감춰진 교훈을 생각해보라' 고 촉구한다.

　　시인은 교훈이 무엇인지 절대 이야기하지 않지만 그 구절은 메

Duke University Literae humaniores lecture

두사와 고르곤의 이름에 너무 가까이 있기에 반역한 천사 또는 신에게 강퍅한 마음을 품는 어떤 죄와 관련되지 않을까 싶다. 정확한 교훈이 무엇이든 단테는 신의 도움을 염두에 뒀다. 그 3행 연구는 4막으로 넘어가는 도입부이다. 사실 이러한 결정적 순간에 신의 도움이 절실하다는 것 자체가 교훈일지 모른다. 따라서 구절 이면의 '가르침'은 그들보다 앞선 일(반역의 끔찍한 장면) 또는 이후의 일(천사의 도래)에 적용될 듯하다.

4막은 행복한 대단원이다. 위엄 있는 소리에 양쪽 강둑을 흔들리며 스틱스 강 위를 걷는 강력한 "하늘의 사자"가 등장한다. 뱀이 개구리를 흩는 것만큼이나 빨리, 그의 등장에 타락한 천사들이 흩어진다. 문으로 가서 지팡이로 건드리자 문이 열리고 그는 천국의 의지를 거역한 천사들을 꾸짖는다. 그러더니 여행자들에게는 아무 말도 없이 빠르게 떠나간다. 복수의 세 여신에서 하느님의 뜻으로의 변화에 단테와 베르길리우스의 마음에는 확신이 생긴다.

성스러운 말에 힘입어 우리는 걸음을 옮겼다. [9:105]

천국편은 지옥편의 토대이다. 천국을 뜻하는 '파라디소paradiso'의 어원이 '디스 시Dis에 대항하는para'이라는 것은 진짜가 아닌 듯하지만 그대로 표현되었다.

신곡은 민족 또는 문명의 중요한 세 신화를 토대로 하며, 단테가 디스로 입장하는 이 드라마에도 그것들이 등장한다. 역사가 시작될 때 천사들이 타락했고 그들이 하느님께 반발했다는 것은 기독교 신화이다. 복수의 세 여신과 신성한 질서에 대한 그들의 분노는 그리스 신화에서 나온다. 하느님이 그의 뜻을 행하기 위해 보낸 천사는 기독교 신화에서 나오며 여기서 그리스도의 지옥 강림을 연상하게 된다. 1막에서는 단테의 무능력과 그로 인한 무력함을 보여주었다. 2막에서는 베르길리우스의 부족함을 보여주었다. 그의 힘만으로는 디스로 들어갈 수 없다. 3막은 지옥의 노력이다. 복수의 세 여신이 메두사를 부르며 여행자들, 특히 단테를 겁주고 위협하려 했다. 4막은 천국의 해결책이다. 악마들의 어리석음을 조롱하는 천사를 통해 보여지는 신의 섭리이다.

하늘의 천사는 지옥이 단테에게 열리고 그곳에 가득한 공포와 추함을 보여주도록 한다. 이런 비범한 도움으로 단테의 죄의식은 한층 더 깊어진다. 지옥은 불청객에 반대해 20세기 공포영화에 적합한 연극적 장치를 배열한다. 이와 대비되게 천국은 아주 효과적으로 아무런 장식 없는 한 인물을 내세워 지팡이로 하부 지옥의 문을 건드렸을 뿐이다.

심약했던 순간 이후 단테는 천사의 능력에 놀란다. 단테의 마음은 이제 온통 궁금증으로 채워져 있다. 그가 디스 시와 성벽 바로 안쪽에 위치한 제6원으로 들어가자 두려움에 놀라움이 더해진다. 그곳은 온통 무덤으로 울퉁불퉁한 "들판"이다. 불꽃이 무덤 사이로 흩어져 땅 곳곳을 불태우고 그 때문에 몹시 뜨겁다. 열린 관 뚜껑 아래로 영혼들의 고통소리가 들린다. 이들이 누구냐는 단테의 물음에 베르길리우스가 대답한다.

Duke University Literae humaniores lecture

이교도 분파의 두목들과
그들의 추종자들이다. [9:127-128]

단테는 불타는 무덤 속 이교도들의 원에서 새로운 지옥을 본다. 그곳에서는 죄인들의 마음이 더욱 완강하다. 앞선 다섯 원에서는 죄인들은 도덕률을 깨뜨렸다. 그들은 그런 사실을 잘 알았지만 유혹, 충동, 습관은 불가항력적인 것이었다. 그에 비해 무덤 장면으로 시작된 이곳의 죄인들은 메두사의 얼굴을 바라보고 한층 더 완악해진다.

예로부터 이단은 하나 이상의 교리로 기독교와 대립해 왔다. 보편적인 경우 이교도는 교회를 인정하지만 일부의 교리에는 반발하고 받아들이기를 거부한다. 그리고는 이러한 다툼을 정당화하려 하는데, 그들은 그러한 행동의 결과를 충분히 인지하고 있다.

제6원에서 이교도 분파의 두목들은 훨씬 더 심각한 무언가를 의미하며 불붙은 열린 무덤이라는 두려운 상징은 그 심각성을 상징한다. 여기서 이교도는 하느님을 부인하는 사람이며 따라서 이단은 신적 질서에 대한 거부이다.

제6원의 시작 부분과 타락한 천사들은 잘 어울린다. 그들은 하느님을 거역했다. 본래 천사였던 그들에게 하느님에 대한 반역은 실상 불가능한 일이었다. 그럼에도 그들은 하느님을 대적하여 계획적이고 적극적으로 움직이는 태도를 보인다. 이런 태도 뒤에는 복수의 세 여신이 보여주는 분노와 메두사의 위협이 있다. 하지만 하늘에서 내려온 천사로 인해 모든 위협은 조용하고 신속히 지워진다. 구원이 일어났지만 이는 앞서 목격했던 것보다 더 짙은 어둠으로 들어가는 이상한 구원이다.

이렇게 해서 단테는 이곳, 디스에서 죄의 고의성과 복잡성을 더욱 분명히 이해하게 된다. "의미를 생각하라"는 충고는 어쩌면 필연적인 중단이었다. 여기서 단테의 두려움은 놀람과 호기심으로 바뀐다. 모험의 뒤악절(두 개의 작은악절로 구성된 여덟 마디의 큰악절에서, 뒷부분에 해당하는 작은악절)을 위한 준비는 이제 끝났다.

제6원에서 이단 분파의 우두머리들을 알아본 단테는 몹시 두려워한다. 하느님의 질서를 거부한 그들은 무덤에 누워있고 그 무덤들은 화염에 휩싸여 있다. 그들은 신이 실재함을 믿지 않는다. 이는 메두사의 얼굴을 지켜보았던 사람들에게 나타나는 증상이다. 묘지 장면에서 시인은 프로방스의 아를 교외에 있는 알리캉Aliscamps 묘지를 떠올린다. 십자군 전사들은 무훈시 속 영웅들과 함께 그곳에 묻히길 원했다.

제9곡의 첫 행에 등장하는 단어 '빌타vilta'는 "겁"이라는 뜻이다. 단테의 안색이 겁쟁이처럼 창백했던 듯하다. 이처럼 처음에는 두려움에 가득 차 있었던 시인은, 곡의 마지막에 이르러 요새의 내부를 보고 싶다는 희망을 드러낸다.

> 보고 싶은 마음에 사로잡힌 나는 [9:107]

디스로의 입장 과정에서 단테는 강렬한 정서를 연이어 경험했다. 큰 두려움, 베르길리우스의 능력에 관한 회의, 복수의 세 여신

Duke University Literae humaniores lecture

을 본 공포, 하늘의 천사를 향한 경이, 불타는 무덤에 대한 놀람과 몰두. 무덤의 뚜껑이 열려있는데 이에 단테가 바로 질문한다. "신음소리는 들리는데 보이지 않는 이들은 누구입니까?"

곡 전체가 제6원, 즉 디스 안에서의 첫 번째 만남을 위한 훌륭한 서막이다. 이 만남은 지옥편에서 가장 주목한 만하다. 제6원으로의 입장과 파리나타와의 만남은 고대 로마, 베르길리우스의 시, 신화를 배경으로 한다. 에리토, 복수의 세 여신, 헤카테, 메두사, 테세우스도 포함되는데 에리톤은 테살리아Thessalonica 출신의 주술사로서 베르길리우스는 전에 그녀를 위해 최하부의 지옥으로 내려간 적이 있다(이는 단테가 지어낸 이야기가 확실하다). 그리스 로마 신화에 나오는, 범죄에 보복하는 복수의 세 여신 티시포네, 메가이라, 알렉토는 제2곡에 등장하는 세 여인과 대립하는 존재이다. 헤카테 또는 페르세포네는 "영원한 통곡의 여왕"이라 언급된다. 베르길리우스는 메두사가 단테를 돌로 만들 수 있다고 생각했다. 테세우스는 친구 페이리토오스를 위해 페르세포네를 납치하려 하데스로 내려갔었다.

천사의 갑작스러운 등장으로 시작되는 제9곡의 절반은 기독교 신학을 배경으로 하는 것이다. 천사의 도착은 전통적으로 그리스도의 강림으로 알려진 (지옥으로, 매일 개인의 마음에, 마지막 심판 날에) 셋 중 하나와 비교될 수 있다. 그리스도가 지옥의 문을 열었던 것처럼 제9곡에서는 천사가 니스 시의 문을 연다. 다시 말해 제9곡에는 신화와 기독교 신학이 모두 존재한다.

이어지는 제6원은 무절제, 폭력 세 개의 중심 영역 밖에 있다.

제6원의 죄는 지적인 교만인데, 단테는 신중을 기해 이를 무절제(육신의 약함) 다음, 폭력(계획적인 죄) 이전에 배열한다. 지적인 교만에서는 죄가 되는 행동이 발생하지 않기에 특별한 위치를 고려한 것이다.

Duke University Literae humaniores lecture

제10곡

이교도 : 파리나타

제6원에서 처벌하는 죄는 제10곡의 15행에 분명히 나온다. 이교도 분파의 두목들은 살아생전 몸이 죽을 때 영혼도 죽는다고 생각했다.

몸이 죽을 때 영혼도 죽는다고 주장했던 자들

이들 영혼은 불멸성을, 즉 기독교를 부인한다. 좀 더 제한적으로 말하자면, 단테 신곡의 토대 자체를 부인하는 자들이다.

제10곡은 생각과 극적 행동이 자연스럽게 조화를 이룬다는 점에서 특별하다. 이곳에서 시인은 두 번이나 표현의 간결함을 언급한다. 또한 파리나타와의 만남, 귀도 카발칸티의 아버지와의 만남으로 인해 이번 곡은 가장 감동적이며 인간적이기도 하다. 14행에서는 특정 죄의 전형으로 그리스 철학자 에피쿠로스의 이름도 등장한다.

오늘날 사람들은 감각적 쾌락을 "에피쿠로스와 그의 제자들"에

연결시킨다. 에피쿠로스의 글을 통해 확실히 알 수 있듯 그들은 영혼의 불멸성을 부인했다. 그래서 단테는 그들에게 고유한 불 무덤을 만들어주었다. 거기서 그들의 영혼은 영원히 살며 고통받는다. 무덤의 뚜껑은 지금 열려 있지만 마지막 심판 날에는 봉해질 것이다. 이는 살아생전에 그들의 마음이 이단적 신념에 갇혀있던 것처럼 죄인들의 몸 또한 영원히 갇히게 될 것이라는 두려운 교훈을 담고 있다. 불타는 무덤은 여호사밧 골짜기에서의 히브리 선지자가 본 환상과 연결된다(구약성서 요엘서 3:2).

  단테에게 말을 건 첫 영혼은 그의 기질과 정치가로서의 경력으로 이야기를 끌어가지만 그가 불타는 무덤에 있게 된 죄가 무엇인지는 언급하지 않는다. 여기서 우리는 지옥을 선고받은 죄인이 아닌 살아 있는 정치적인 영웅 파리나타 델리 우베르티Farinata degli Uberti를 만나게 된다.

  단테는 피렌체에서의 권력 싸움과 관련된 사람들과 사건을 늘 생각했다. 파리나타는 1260년 몬타페르티 전투에서 기벨린당을 승리로 이끌었던 인물이다. 시에나 인근 마을에서 승리가 결정되었고 겔프당은 참패했다. 전쟁은 끝났으나 그날의 기록에 의하면 들판은 붉은 피로 물들었다. 승리한 기벨린당은 피렌체를 파괴하기 원했다. 하지만 파리나타는 이에 반대했고 결국 피렌체는 살아남는다. 그는 단테가 태어나기 2년 전인 1264년에 죽었다. 이렇게 자신의 일과 도시에 너무나 헌신적이던 피렌체 전사는 지옥을 향한 경멸을 얼굴에 드러내며 나타난다.

  처음에 파리나타는 단테를 토스카나 사람이라 여긴다. 아마도 그의 억양 또는 베르길리우스에게 말할 때 사용한 구절 때문인 듯하다.

> 오, 토스카나 사람이여! 정직하게 말하는 사람이여,
> 잠깐 이곳에 멈추시겠소? [10:22-23]

이어서 더욱 구체적으로 말한다.

> 당신의 말투로 보니 당신은 피렌체 출신이구려 [10:25]

여기서 우리는 베드로가 예수를 모른다면서 했던 말을 떠올리게 된다. 사람들 중 하나가 "당신의 말씨를 들으니 분명하오"(마태오 복음서 26:73)라고 하지만 베드로는 예수를 말로 부인했다. 하지만 단테의 말은 한때 그곳을 구원했던 한 사람에게 단테의 고향을 알려주었다.

단테는 제10곡의 짧은 묘사에 이 남자에 관해 아는 모든 것을 포함시켰다. 그의 능력과 위엄있는 태도, 그가 고통당하는 장소에 대한 경멸 등.

이러한 단테의 의도는 불과 관련된 묘사에서 두드러진다. 불은 벌이다. 그럼에도 파리나타는 불 속에서 일어서서 당당한 태도로 그것을 초월한다. 제6원의 불은 고대의 4원소 중 마지막 남은 하나로 해석될 수도 있다. 공기는 제2원에서 중요한 요소이다. 그곳에서는 욕망의 폭풍이 프란체스카와 파올로를 쓸어버린다. 물은 제3

Duke University Literae humaniores lecture

원의 가장 두드러지는 특징이다. 끝없는 비가 대식가 치아코에게 사정없이 쏟아졌다. 제5원에서 땅은 흙이다. 그 안에는 분노한 사람들이 산다. 이제 이교도 분파 두목들에게 영속될 요소로 불이 등장한다. 파리나타가 단테에게 인사하려고 일어서자 그의 상반신이 불 위쪽으로 드러난다. 다시 말해 그는 동향 사람과 대화하고자 육체적 고통을 이겨내고 있다. 이러한 묘사에서 동향 사람인 단테가 그의 정치적 적수, 전쟁의 원수를 향한 적대감을 이미 버렸다는 걸 알 수 있다. 단테의 구절 속에서는 파리나타를 향한 존경과 감탄이 묻어난다.

여행자의 토스카나 어투에 끌린 파리나타는 단테를 멈춰 세우고 대화를 간청한다. "황송하지만" 말이다. 그러고서는 "고귀한 고향"을 언급하는데 그것은 그의 자부심과 그다지 조화되지 않는다.

아마 너무나도 괴롭게 했던 고귀한 고향 [10:27]

"괴로웠"다고 하는 것으로 보아 그는 후회를 느끼기 시작하는 듯하다. "아마"와 짝을 이루면 약해지려는 충동에 가깝다. 19세기의 이탈리아 시인 레오파르디Leopardi는 파리나타 시구의 "아마"에 마음 뭉클해하며 연민을 자아내는 그 힘에 대해 역설했다.

단테의 시선은 파리나타에게 고정된다. 베르길리우스가 크게 당황한 단테를 그 영혼 쪽으로 밀고서야 대화가 시작된다. 기벨린당의 전사는 단테의 주의를 끌자마자 무례하다 싶은 질문을 한다.

당신의 조상은 누구인가? [10:42]

파리나타 질문의 함의는 이렇다. "너는 나와 동지인가 적인가?" 비록 영혼이 되었으되 아직도 그에게는 기벨린당과 겔프당의 권력투쟁이 중요한 것이다. 단테는 이름을 밝히는데 이로써 그의 배경도 드러난다. 파리나타는 즉시 겔프당을 크게 이겼던 그 승리의 전투를 암시한다. 즉, 1248년과 1260년의 두 격전을 말하고 싶어한다. 그러자 단테는 두 전쟁 이후에 겔프당이 재집권했음을 파리나타에게 상기시킨다. 바로 그때 파리나타 옆의 한 인물이 일어나 단테와 함께한 사람이 있는지 알아보려는 듯 주변을 둘러본다.

내 아들은 어디에 있는 거요?
왜 당신과 함께 있지 않은 거요? [10:60]

그는 귀도의 아버지 카발칸테 카발칸티이다. 귀도는 단테의 절친한 친구로, 귀도의 아버지는 당연히 아들도 그곳에 있으리라 생각한다.

카발칸테는 처음에 아들을 보겠다는 소망에 사로잡혀 "무릎을 꿇고" 있다. 그런데 단테가 무의식중에 과거형으로 귀도가 "베르길리우스를 경멸했던" 사람이라 말하자 일어선다("했던"이라는 과거형을 다른 말로 알아들은 그는 아들이 죽었다 믿는다). 결국 그는 다시 "무덤에 눕는다." 아버지 카발칸티는 슬픔에 잠겨 시야에서 사라진다.

파리나타는 잠깐 동안의 가슴 아픈 이야기에 무관심하다. 그것

Duke University Literae humaniores lecture

은 단테와의 대화를 방해하고 단테와 귀도 카발칸티 사이의 깊은 우정에 대한 회상으로 정치 이야기를 상쇄하게 만든다. 그들의 깊은 우정은 성격 차와 여러 중요한 사건으로 깨어졌다.

귀도 카발칸티는 당대 최고의 시인으로, 단테는 그에게 《신생》을 헌정한 바 있다. 단테가 지옥편을 쓸 당시 그는 이미 사망했으나, 시 속에서 단테가 지옥을 여행하는 시기인 1300년에는 아직 살아있었다. 귀도는 피렌체에서 추방당했다가 추방이 철회되었으나, 며칠 후인 1300년 8월 말라리아로 사망했다.

파리나타는 애처로운 사건에 아랑곳없이 이야기를 이어간다. 기벨린당 사람들은 전쟁에만 이겼을 뿐 복귀하는 기술을 몰랐다는 단테의 말에 대한 논평이다. 파리나타는 단테에게 동의한다. 그에게는 그 사실이 무덤에서의 고통보다 더 괴롭다. 이곳의 영혼들은 미래를 보는 능력이 있기에 파리나타는 5개월 안에 단테가 피렌체에서 추방당하리라 예언한다. 그리고 지옥의 거주자들에게 예언능력이 있음을 단테에게 설명한다. 하지만 마지막 심판 이후, 시간과 영원이 하나가 되면 미래는 닫히게 될 것이다.

대화의 마지막 구절은 파리나타의 이야기이다. 이 구절을 통해 단테는 그의 정적에게 존경과 감탄을 표한다.

> 수천의 망령들과 함께 나는 이곳에 누워있네,
> 이 안에는 프리드리히 2세도 있지 [10:118~119]

1283년, 파리타나의 사후 아내와 그는 이단자로 선고받았다. 역사가 빌라니는 파리나타, 카발칸테 카발칸티, 시칠리아의 왕 프리드리히 2세를 에피쿠로스학파 이단자들이라 말한다. 이들은 어떠한 내세도 믿지 않았다.

이제 지옥편에서 처음으로 프리드리히 2세가 언급된다. 자신도 시인이었던 그는 예술을 후원하여 13세기 시칠리아 시학파로 알려진 문예부흥에 큰 공헌을 했다. 12세기, 16세기, 19세기 초반, 그 어느 시기건 유럽의 모든 부흥기에는 종교적 믿음, 특히 초자연적 현상에 대한 믿음을 부인하려는 사상적 이론의 징후가 있었다. 일례로 괴테의 《파우스트》에는 지식인과 악마 사이의 불가사의한 계약이라는 전설적인 이야기가 등장한다. 이 이야기 속에서 인간의 내적 힘을 일깨우는 데는 신의 선함보다 악마적인 상상력이 더 힘을 발휘한다.

신곡은 12, 13세기 유럽 르네상스의 총체이며 최고봉이다. 신을 믿는 인간의 다양한 삶은 물론 당대 모든 형태의 인간 지식이 작품 속에 있다. 하지만 제10곡에서 이교도 분파 두목들의 불타는 무덤은 지식의 헛됨과 하느님 없는 인간 삶의 공허를 증명한다. 파리나타가 언급한 "미래의 문이 닫히는 순간"은 인간의 지혜가 텅 비는 순간으로 해석하는 것이 적절하다.

파리나타는 우리에게 시간이 그치면 알아야 할 것이 아무것도 없음을 깨우쳐 준다. 왕들의 흥망(프리드리히 2세), 기벨린당의 성쇠(파리나타, 카발칸테 카발칸티)는 우리에게 인간의 정치권력은 헛되며 인류 대대로 일어나는 흥망성쇠의 변화는 피할 수 없는 것임을 깨우쳐 준다.

Duke University Literae humaniores lecture

이 곡에서는 정치적 권력(파리나타)과 예술적 야망(귀도 카발칸티)이 모두 암시되는데, 이 모두를 잘 보여주는 대표적인 인물이 바로 프리드리히 2세이다. 하지만 이미 제5곡에서 프란체스카가 그랬던 것처럼, 또 회색 지대의 사람들과 대식가들이 그랬던 것처럼 여기서도 시는 죄를 형상화하는 인물들과 그들의 비애감에서 활기를 얻는다. 단테는 이러한 만남을 기록하고 죄의 배경과 처벌을 공들여 묘사하며 스스로 "잃어버린 사람들"의 삶으로 끌려들어간다. 그가 영혼들과 맺는 관계는 경우마다 다르다. 예를 들어 프란체스카에게는 큰 동정을, 파리나타에게는 큰 존경을 느끼는 식이다. 그러나 모든 사건과 인물에서 변하지 않는 한 가지가 있으니, 바로 단테와 베르길리우스의 관계이다.

두 사람은 점점 깊어지고 다양한 관계를 맺는다. 이는 단테가 지옥의 더 깊은 원을 여행하고 죄를 더 깊이 이해할 때도 계속되고 심화된다. 전체 지옥편과 대부분의 연옥편은 삶과 죽음이 지닌 모든 것과 관련해 더 현명한 연장자가 패기와 야망이 넘치는 젊은이에게 가르침을 주는 우정의 시로 해석될 수 있다.

제10곡의 끝에 이르러 파리나타는 수천 명의 사람과 함께 누워 있다고 말하고는 단테의 시야에서 무덤 속으로 사라진다. 단테는 방금 들었던 추방되리란 예언을 의심하며 베르길리우스에게로 되돌아온다.

마지막 구절에서 단테는 베르길리우스를 "옛 시인", "현인"이라 부른다. 예언에 당황해 하는 단테를 향해 베르길리우스는 여행의 끝에 다다르면 베아트리체가 단테에게 "인생의 길"을 알려주리라 말한다. 이러한 말은 그 자체가 예언인 동시에 스승의 다정함을 보여준다. 베르길리우스는 단테에게 위로를 주고 단테는 베르길리우스를 신뢰한다.

Duke University Literae humaniores lecture

제11곡

지옥 배치도

　파리나타와 귀도 카발칸티의 아버지와의 놀라운 만남을 끝맺은 단테는, 잠시 막간을 두고 지옥편의 형벌 체계를 설명할 곳으로 바로 이 지점, 제11곡을 선택한다. 제6원의 엄격한 어조는 단테가 파리나타 그리고 카발칸테 카발칸티와 이야기할 때 존칭대명사를 사용하여 더욱 강화된다. 단테는 제15곡에서 브루네토 라티니와의 만남에서만 한 번 더 이 대명사를 사용하며, 다른 모든 유령들에게는 익숙한 호칭을 사용한다.
　앞서 말했듯 제11곡은 디스 시로 내려가기 전에 잠시 멈추는 공간이다. 여기서 단테는 앞으로 벌어질 시 속의 사건을 위해 베르길리우스의 지식을 드러내며, 토마스 아퀴나스의 스콜라철학을 바탕으로 분류 체계를 자세히 설명한다. 토마스 아퀴나스는 윤리학과 관련해 아리스토텔레스와 키케로를 많이 따랐다. 이러한 설명을 통해 우리는 단테가 건너가는 사지(死者)의 영역에서 그가 만들어낸 것을 보다 온전히 이해하는 동시에 죄가 매우 체계적으로 정리된 작품의 구조를 분명히 알 수 있다.

11곡에 다다른 단테의 머릿속은 앞선 파리나타와의 논쟁, 그리고 지옥에서도 드러난 그의 자존심 강한 성품에 대한 생각으로 꽉차 있다. 위대한 기벨린당원은 어느 면에서 메두사의 머리들이 가진 냉혹함을 보여준다. 베르길리우스와 단테가 디스의 문으로 들어오려 했을 때 바로 단테를 위협하였던 그 메두사의 머리 말이다.

이번 곡을 시작하는 부분에서 보여지는 이교도 분파 두목들의 모습은 앞으로 더 깊은 지옥이 가져올 변화를 암시한다. 제6원은 무절제의 상부 지옥과 폭력, 사기, 배신의 세 원으로 구성되는 하부 지옥으로 나뉜다. 제7원의 폭력죄는 무절제의 죄보다 지옥의 더욱 아래에 존재한다. 인간 본성의 짐승 같은 면이 강조되기 때문이다. 그것은 단테가 제1곡에서 두 번째로 만났던 짐승인 사자의 죄이다 제8원의 사기와 악덕은 제1곡의 세 번째 짐승인 암늑대의 죄로서, 제8원은 모든 원 중에서 가장 복잡하다.

마지막 세 원은 어디서나 도시의 모습이 보인다. 폭력은 인간의 영혼을 파괴할 목적으로 빠르게 타오른다. 사기는 좀 더 길고 느린 과정이며, 다른 누군가의 의지를 고의로 꺾는다. 제9원의 배신 또는 배반은 모든 죄 중 가장 심각하게 여겨진다. 이로 인해 사람들이 모든 인간을 귀히 여기는 마음을 잃기 때문이다. 이처럼 제11곡은 악마의 도시 배치도를 보여준다.

베르길리우스와 단테는 지금 막 제6원의 첫 거주자 몇몇을 보았다. 하지만 단테의 의식 속 이단자들은 폭력보다 무절제와 더욱 깊이 연관된다. 즉, 이번 곡은 지옥의 전반부와 후반부 사이에 위치하는 것이다.

"스콜라철학의 곡" 또는 "아리스토텔레스의 곡"으로 다양하게 불리는 제11곡은 형법 또는 도덕법에 관한 보고서이다. 여기에는 그림도 없고 독자의 상상력을 자극하는 인물도 없다. 카론도, 분노의 세 여신도, 치아코도 없다. 하지만 독자의 마음을 사로잡을 계략은 있다. 바로 80행에서 거명된 철학 논문이다. 이는 단테 지옥편의 도덕적 뼈대 형성에 중요한 자료이다. 주요한 화자이며 선생인 베르길리우스는 그 책을 "너의 윤리학"이라 부르는데 바로 아리스토텔레스의 《니코마코스 윤리학》이다.

하늘이 원하지 않는 세 가지 성품 [11:81]

베르길리우스는 다음 두 절에서 그것들을 구체적으로 말한다.

악덕, 무절제, 수심(獸心) [11:82~83]

이 세 범주는 아리스토텔레스의 《니코마코스 윤리학》에 나온다. 단테의 시에서 "수심"으로 가장 그럴듯한 것은 제7원의 폭력이다. 무절제는 제1원부터 제6원까지 포함된다. 사기와 악덕은 제8, 9원에서 찾아볼 수 있다. 인간 중심주의에 입각한 아리스토텔레스의 윤리 체계이지만 단테는 이를 기독교 윤리의 영역으로 옮겨와 세 성품을 하늘이 원하지 않는다고 말한다.

곡이 전개되며 73, 74행에서 단테는 유도심문으로 이러한 일반적 정의를 자극한다.

Duke University Literae humaniores lecture

어째서 무절제의 죄는 불로 활활 타는 도시에서 벌 받지 않습니까?

앞선 무절제의 네 원을 언급하는 이 질문은 강렬하고 분명하다. "분노한 자"의 늪이 있는 제5원, "간통한 사람"에게 폭풍이 불어닥치는 제2원, 대식가에게 폭우가 쏟아지는 제3원, 구두쇠와 낭비하는 사람의 독설이 난무하는 제4원이 그것이다. 베르길리우스의 설명에 의하면 하느님은 디스 시 바깥의 죄에는 덜 분노한다. 물론 이러한 신의 특성은 아리스토텔레스에게서는 찾아볼 수 없는 것이다.

제11곡의 꽤 앞쪽에서 베르길리우스가 짧은 휴식을 권한 덕분에 여행자들은 깊은 구렁텅이에서 올라오는 지독한 악취에 익숙해진다. 베르길리우스는 앞에 "세 개의 비슷한 원"이 놓여있다고 알려준다. 이 세 원에는 약간 차이가 있으나 전반적으로 그들이 이미 지나왔던 원들의 연속이다. "악의"는 제7, 8, 9원의 죄에 가장 잘 부합된다. 베르길리우스는 "모든 적의는 상해를 입히며 끝난다"라고 말하며, 바로 이어서 적의의 주된 두 부류가 "폭력"과 "사기"라 말한다. 이는 키케로가 《의무론》에서 쓴 용어이다. "폭력"은 오늘날에는 일반적으로 "힘" 또는 "능력"이란 뜻으로 사용된다. "사기"는 제8원에 적용되는 죄이다. 폭력은 사람뿐만 아니라 짐승의 특성이기도 하지만, 사기는 인간에게만 고유하다. 그 때문에 하느님이 이 죄를 더욱 싫어하여 더욱 하부의 지옥으로 배치한 것이다. 누군가가 신에게, 자신에게, 이웃에게 저지를 수 있기에 이 죄는 특정한

"구역들"에서 처벌받는다.

단테가 제시하는 죄의 체계는 크게 둘로 나눌 수 있다. 무절제의 죄는 상부 지옥 또는 디스의 외부 영역에서 처벌받는다. 적의의 죄는 하부 지옥 또는 디스에서 처벌받는다. 그리고 여기에서 나아가 단테는 적의를 폭력과 사기로 분류한다.

단테는 연결 통로에서의 "나태한 사람들" 또는 회색분자들에 대해, 제1원 또는 림보의 세례 받지 않은 사람들에 대해, 제6원의 이교도 분파의 두목들에 대해서는 전혀 언급하지 않는다. 이는 그러한 죄인들이 무절제 또는 적의로 유죄를 선고받지 않았음을 암시한다. 그들은 단지 잘못된 신념을 가졌을 뿐이다. 다시 말해서 죄가 되는 행동을 하지 않았다.

앞선 시대의 스콜라 철학자들처럼 단테도 아리스토텔레스의 윤리학 체계에 의지했다. 아리스토텔레스는 앞선 그리스 신화에서 사례를 가져와 윤리적 문제가 담긴 인물, 사건, 상징을 사람들에게 이야기한다. 아리스토텔레스의 이야기는 설화 형식을 차용했지만 분명한 철학 용어를 사용했다는 점에서 신화와 큰 차이가 있다. 단테는 신곡에서 아리스토텔레스와 아퀴나스의 언어를 이야기로 중역(重譯)한다. 지옥편 원에서의 인물과 배경, 처벌과 사건은 인간 행동을 지배하는 이론과 법칙을 보여준다. 아리스토텔레스는 《시학》에서 호메로스의 작품이 그리스 로마 신화의 가장 풍부한 원천이라 주장했다. 기독교 시인인 단테는 호메로스 서사시의 신화에 성경의 신화를 덧붙인다. 단 11곡만이 예외인데, 이는 전략적으로 디스로 내려가기 전에 배치되어 있다. 이처럼 지옥편은 신화와 윤

Duke University Literae humaniores lecture

리의 조합을 배경으로 한다. 베르길리우스의 《아이네이드》로 개작된 호메로스의 서사시에 나오는 신화, 그리고 거룩한 성서 속의 신화가 아리스토텔레스와 키케로, 이교도의 도덕률, 그리고 아퀴나스의 도덕률에서 나온 스콜라철학과 통합된다. 헬레니즘 시대로부터 기독교 시대를 지나며 지옥의 개념은 상당히 변화되었다. 아리스토텔레스는 부도덕한 행위로 인간을 정죄하는 반면, 단테는 회개하지 않는 경우에만 인간에게 영벌을 선고하고 있다. 하느님의 거룩한 질서를 위반함으로써 죄인들은 스스로 가둘 감옥을 만들어낸다.

그리스인들은 부도덕을 어리석은 것으로, 지각에 반하는 것으로 생각했다. 로마인들은 불법으로, 법률을 위반하는 것으로 생각했다. 단테는 이를 죄 또는 악으로, 하느님의 율법을 어기는 것으로 여긴다.

곡의 마지막인 91행에서 115행까지는 갑작스럽다. 단테가 베르길리우스에게 모든 문제 있는 시선을 고쳐주는 "태양"이라며 감사를 표한다. 그리고 고리대금 죄에 대하여 마지막 질문을 던진다. 어떤 면에서 고리대금업이 하느님의 성덕에 반하느냐는 것이다. 이번에 베르길리우스는 아리스토텔레스의 물리학을 말하는데 이는 아마도 작품 속 "예술은 자연을 모방한다"는 말을 언급하려는 듯하다. 거기서 자연은 하느님과 인간의 예술을 연결하는 고리이다. 매일의 삶에서 인간의 지분은 일하는 것, 땀 흘리는 것이다. 구약성서에는 이렇게 나온다. "얼굴에 땀을 흘려야 양식을 먹을 수 있으리라."(창세기 3:19) 고리대금은 비싼 이자를 받는 돈놀이이다.

이는 하느님이 계획한 인간이 세상을 살아가면서 해야 할 활동에 반대된다. 고리대금업자는 인간의 노동을 착취하는 사람이다. 여기서 단테가 살던 시기에 고리대금은 너무 과도했기에 강탈의 형태로 끝이 났음을 기억해야 한다. 단테는 이를 개인의 죄로 봤다. 오늘날 독점 하에서 기업들이 공공 편의에 대한 통제권을 쥐고 자본투자로 얻는 수익을 고리대금이라 부를 수 있다.

첫 번째 폭력의 "고리"에서는 불경죄, 즉 신에게 행사된 폭력이 처벌된다. 두 번째에서는 다른 사람에게 행해진 폭력이 처벌된다. 49, 50행에 나오는 세 번째에는 소돔과 카오르의 표시가 있다. 소돔 사람들은 신의 질서를 어겼고, 카오르 사람들은 세상에 대한 신의 계획을 어겼다(중세 때 프랑스 남부에 있던 도시 카오르는 고리대금업으로 유명했다). 이탈리아어에서 카오르인Caorsino은 고리대금업자와 동의어로 여겨진다.

이번 곡에서 베르길리우스와 단테의 관계는 처음부터 끝까지 스승과 학생이다. 이동하기 전에 쉬는 동안 단테가 묻는 말을 보면 그는 배우려는 열망이 강하다. 학생도 스승도 모두 시간을 낭비하길 원치 않는다. 이전의 여행에서 단테는 사례로 보는 것에서 배웠던 반면, 여기서는 교훈을 듣는 것에서 배운다. 교훈의 끝에서 단테는 "태양"이란 단어를 사용해 가르침을 주는 베르길리우스에게 큰 경의를 표한다. 제1곡에서 베르길리우스와 만났을 때, 그를 모든 시인들의 영광이며 빛이라 불렀듯이.

Duke University Literae humaniores lecture

제12곡

폭력

제12곡에서 묘사되는 폭력적인 풍경과 행동의 강렬함에 비해, 단테는 내내 조용하다. 먼저 깨진 바윗돌로 이뤄진 지옥의 풍경이 나온다. 그리스도가 지옥으로 강림할 당시의 산사태로 비탈이 만들어졌다.

단테는 자신이 제7원의 첫 번째 고리, 미노타우로스와 켄타우로스의 고리에 있음을 알게 된다. 이곳에서는 폭력의 죄가 처벌받는다. 미노타우로스와 켄타우로스는 인간과 동물의 특성을 겸비하는 신화 속 존재들로서, 폭력과 수심의 죄가 유사함을 보여준다. 미노타우로스의 특성은 지나친 폭력과 결부되지만, 켄타우로스는 자존심을 특징으로 하며 조용하고 확실히 역할을 해낸다. 켄타우로스가 등장하는 부분에서 폭력은 피의 강에 잠긴 형상들 안에 존재한다. 그들은 "이웃"에게 폭력을 행했던 죄인들이다. 폭력적인 사람, 예컨대 살인자, 폭군, 노상강도는 이웃의 자유의지를 공격한다. 베르길리우스와 단테가 세 켄타우로스를 만난 후 짧게 이들이 언급된다.

엉망진창인 산의 모습에 이어, 단테는 깨진 바위틈 위로 펼쳐진 "크레타의 치욕"에 주목한다. 몇몇 행을 통해 우리는 그리스 로마 신화 속 미노타우로스가 제7원 전체를 지키는 괴물임을 알 수 있다. 이를 직접적으로 알려주는 부분은 바로 17행으로, 베르길리우스는 아테네의 군주인 테세우스의 이름을 들어 미노타우로스를 위협한다. 연옥편에서의 짧은 언급을 제외하고 유일하게 크레타의 미궁이 등장하는 부분이다. 크레타의 미궁이란 크레타 미노스 왕의 아내 파시파에와 흰 황소 사이에서 태어난 괴물 미노타우로스의 거처이다. 미노스 왕의 명령으로 다이달로스가 이를 설계하고 지었다.

미노타우로스는 아테네 젊은이들에게 매년 피의 제사를 요구했다. 단테가 "아테네의 군주"라 부르는 테세우스가 미노타우로스를 살해했고 미궁을 빠져나올 때에 미노타우로스의 이복남매 아리아드네의 도움을 받았다. 베르길리우스는 괴물을 가까이 오지 못하도록 막으며 테세우스뿐 아니라 그의 누이도 언급한다. 베르길리우스의 말에는 폭력의 모습이 생생하게 드러나 있다. 그 말에 미노타우로스가 길길이 날뛰며 자신을 물어뜯는다. 이 장면은 스스로 파괴하는 악에 대한 분명한 묘사이며, 기괴하다.

미노타우로스 신화는 인류의 가장 오랜 설화 중 하나일뿐더러 현대적 용어로 죄의 야수성을 보여주는 훌륭한 예이기도 하다. 단테는 신화의 주요 요소를 단편적으로 가져와 25행에 등장하는 괴물을 만들어낸다.

미노타우로스가 날뛰는 것을 보았다.

몸부림치고 있는 미노타우로스의 위협에서 도망친 후, 단테는 다시 울퉁불퉁한 내리막길을 주의하며 내려간다. 베르길리우스에 따르면 그가 처음 지옥에 내려왔을 때 바위는 아직 무너지지 않았다. 이는 그리스도가 죽어서 훌륭한 선조들을 구하고자 지옥으로 강림한 순간의 지진을 암시한다(제4곡 참조). 이로써 길의 무질서한 상태가 설명된다. 이 구절은 그리스 철학자 엠페도클레스를 참고한 것이다. 그는 세상에 번갈아 찾아오는 파괴적인 힘과 건설적인 힘을 신들과 인간 사이에 번갈아 깃드는 사랑과 미움으로 설명했다. 38행의 "그가 디스로부터 수많은 희생자들을 구해냈다"에서 "그"는 물론 지옥으로 강림한 그리스도이다. 설명을 마치며 베르길리우스는 단테에게 "피의 강"을 둘러보게 시킨다. 이곳에 폭력 죄인들이 가라앉아 있다. 제14곡에 가서야 플레게톤$_{Flegetone}$이라는 강의 이름이 등장한다.

이제 제12곡의 중반(46~99행)에 도달했다. 플레게톤 강둑의 모습이 보인다. 강둑을 따라 켄타우로스가 달리는데 하나가 "다른 하나를 뒤쫓는다." 인간의 기억 속에서 끓는 피는 영원히 폭력을 상징하는 것이다. 우리는 여전히 "피가 끓는다"라는 말을 사용하는데 이는 아마도 폭력으로 이어질 감정의 표현일 것이다. 플레게톤 강의 근원에 관한 설명은 제14곡에 나온다. 근원은 지옥의 세 번째 영역에 있으며 인간에 의해 만들어진다. 폭력 행위로 인해 세상에 흘린 피가 "노인"의 몸을 통해 지옥으로 흘러들어 형성되는 것

이다. 단테는 피의 강에 속한 이 웅덩이가 제7원을 구성하는 세 "고리" 중 첫 번째임을 깨닫는다.

화살로 무장한 켄타우로스가 이번 고리의 수호자이다. 켄타우로스는 미노타우로스와 마찬가지로 그리스 신화에서 등장한 존재이다. 반인반마(半人半馬)이기에 이들은 미노타우로스보다 더 질서 정연하다(미노타우로스는 반은 인간이고 반은 황소이다). 그들의 역할은 명명백백 죄인들을 벌주는 것이다. 그들은 수천 명씩 떼를 지어 웅덩이 주위를 맴돌다가 죄의 무게가 허용하는 이상으로 핏물에서 기어 나오는 모든 영혼에게 화살을 쏜다. 단테와 베르길리우스는 켄타우로스와 작은 마찰을 겪지만, 단테의 고귀한 임무를 탄원하여 무사히 그들을 통과하게 된다.

여기서 세 켄타우로스의 이름이 나온다. 베르길리우스에 의하면 대장격인 케이론Chiron은 아킬레스, 헤라클레스 등등의 스승이었다. 오늬(화살머리에서 활시위에 끼우고자 도려낸 부분)로 수염을 가르는 케이론은 점잖고 생각이 깊어 보인다. 네소스Nessaus는 켄타우로스 중 처음으로 단테와 베르길리우스에게 말을 건다. 이후 그는 둘을 등에 업고서 피의 강을 건넌다. 신화에 따르면 아내를 겁탈하려는 네소스를 헤라클레스가 죽였다. 하지만 숨지기 전 그는 헤라클레스의 아내 데이아네이라에게 그의 피로 젖은 옷을 주었고, 헤라클레스는 이 옷을 입는 바람에 죽게 된다. 셋 중 마지막은 폴루스Pholus이다. 페이리토스와 히포디메이아의 결혼식에서 술에 취해 신부를 겁탈하려 했다는 이야기를 제외하고는 그에 대해서 알려진 바는 거의 없다.

이번 곡에서 단테가 보았던 폭력적인 사람들은 주로 폭군, 살인자, 강도이다. 그들은 한때 세상에서 거친 켄타우로스처럼 행동했고 이제 지옥에서 켄타우로스로부터 벌을 받는다. 신곡에는 관례처럼 과거와 현재의 사례가 모두 나온다. 단테의 시대에서는 아촐리노Azollino와 오피초Obizzo의 사례가 그것이다. 프리드리히 2세의 사위인 아촐리노는 기벨린당의 폭군이었고, 오피초는 겔프당의 사나운 독재자였다. 120행의 마지막 사례는 템스 강으로 피를 떨어뜨리는 심장에 관한 것이다. 아버지 시몽 드 몽포르가 영국 왕 에드워드 1세의 손에 죽자, 그에 대한 복수로 아들 기 드 몽포르가 미사 비테르보에서 에드워드 왕의 사촌 헨리 왕자를 찔러 죽였다. 역사가 빌라니에 따르면 헨리의 심장은 컵에 담겨 런던교 위에 걸렸고, 거기서 떨어진 피가 아래의 템스 강으로 흘러들어 갔다.

제12곡에서 새로운 날이 시작되었다. 이제 새벽 3시이다. 반인반수의 켄타우로스는 냉소적인 미노스, 혐오스러운 케르베로스, 괴기스러운 미노타우로스와 분명히 대비된다. 켄타우로스의 태도, 움직임, 몸짓은 그리스의 프리즈(prieze, 방이나 건물의 윗부분에 그림이나 조각으로 띠처럼 장식한 것)에 표현된 것처럼 인상적이고 멋지다. 그들은 이전의 모든 난폭한 행동과 말을 억압해버린 듯 특이할 정도로 침착한 분위기를 풍기고, 세상에서 행하던 행동 중 오로지 피의 흔적만이 지옥에 남아있다. 단테는 경이로운 반인반마에게 더욱 끌린다. 베네데토 크로체(현대 이탈리아의 철학자)는 이 곡과 관련해 인상적인 글을 썼으며, 이 장면을 피의 강에서 군대가 야영하는 모습으로 묘사했다. 단테와 베르길리우스는 처음에 이곳의 수호자들(켄

Duke University Literae humaniores lecture

타우로스)로부터 질문과 위협을 받지만 이후 강을 건너도록 허가를 받는다.

특히 우두머리인 케이론은 누구보다 더욱 생각이 깊어 보인다. 신화에서도 케이론은 대개 지혜롭게 말하는 존재이다. 다음으로 네소스는 부대장으로 명령을 실행한다. 데이아네이라를 겁탈하려던 이야기는 아마도 이웃에 대한 인간의 폭력을 보여주려는 것일 테다. 헤라클레스를 대접하였으나 그의 독 묻은 화살을 발에 떨어뜨려 죽음을 맞이한 폴루스는 신의 모독자인가?

베르길리우스는 자신과 단테의 안전한 통행을 두고 케이론과 언쟁한다. 그는 단테가 아직 살아있는 사람이라 말하고, 단테를 이끌어 달라 도움을 청하며 베아트리체가 할렐루야 찬양을 잠시 중단하였음을 암시한다. 베르길리우스는 제3의 뱃사공 카론에게 썼던 것처럼 그를 "위대한" 케이론이라 부른다. 하늘의 뜻은 지옥편에서 계속해서 반복되는 모티프이다.

"위대한 켄타우로스"라 불린 네소스는 두 여행자에게 폭군 알렉산드로스(아마도 알렉산더 대왕이다)와 아촐리노, 살인자 기 드 몽포르, "세상의 골칫거리" 아틸라, 단테 시절의 무자비한 두 강도를 알려준다. 그리고는 마지막 행이 등장한다.

그는 돌아서서 길목을 다시 돌아갔다.

네소스는 마지막으로 단테와 베르길리우스에게 이야기하는 동안에 두 시인을 건너편 강가에 내려주고 원래의 위치로 되돌아간

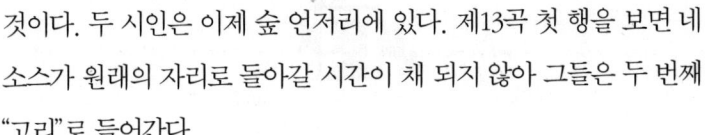

것이다. 두 시인은 이제 숲 언저리에 있다. 제13곡 첫 행을 보면 네소스가 원래의 자리로 돌아갈 시간이 채 되지 않아 그들은 두 번째 "고리"로 들어간다.

Duke University Literae humaniores lecture

제13곡

자살자 : 피에르 델라 비냐

제13곡은 두려운 장면 묘사와 단테와 피에르 델라 비냐Pierre della Vigna 사이의 애처로운 대화로 채워져 있다. 이번 곡은 자살에 대한 논의로, 지옥편에서 가장 인상적이다.

성 아우구스티누스와 교부들은 자살을 명백한 살인으로 여겨 이런 행동을 엄히 정죄했다. 그들은 의지적 행동으로 신이 정한 수명을 갑자기 끝내는 행위를 불순종의 죄로 규정했다. 그러나 초기 기독교 신학자들은 하늘의 직접 명령으로 인한 자살만은 용납했다. 예컨대 삼손은 하느님의 뜻에 따라 자멸한 것이다. 현대의 독자라면 자살에 대해 논의한 보들레르의 에세이 〈댄디Le Dandy〉를 떠올릴 것이다. 그는 스토아철학의 관점에서 자살 행위를 찬양하며 이를 금욕의 한 표지라 불렀다.

첫 "고리"에서는 피의 강이 중심 모티프였다면, 이제 제7원의 두 번째 "고리"에서는 "숲"이 등장한다. 2행의 "숲il bosco"은 현대에도 사용되는 이탈리아어이다. 제1곡 2행의 숲(어두운 숲)이 제13곡 106~107행, 124행에 재차 사용된다. 이탈리아 편집자들은 이 사건을 "비애의 숲"으로 언급하는 경향이 있는데, 우리 또한 이러한 표현을 제14곡 10행에서 찾을 수 있다.

두 번째 3행 연구의 각운에서는 음울한 숲의 부정적인 특질이 강조된다. "풀이 없었고, 곧게 뻗은 가지가 없었고, 사과가 없었다." 하르피아이(Harpies, 그리스 신화에 나오는 사람의 얼굴을 한 독수리)들이 울퉁불퉁하고 뒤틀린 가지에 둥지를 튼다. 전승에 의하면 그들은 절망의 전조로 불쾌한 존재들이다. 날개, 인간의 얼굴과 목, 날카로운 발톱이 있는 발, 깃털로 덮인 몸통을 한 그들은 나무에 앉아서 시든 잎사귀와 가지를 걸신들린 듯 먹으며 비명을 토한다. 제13곡에서 처음으로 전개된 이야기는 17~19행에 나오는 베르길리우스의 말에서 절정에 이른다.

> 더 깊이 들어가기에 앞서
> 무시무시한 모래밭에 도착하기 전까지
> 너는 여기 두 번째 고리에 있으리란 걸 알아 두어라.

피의 강에서 지옥에 떨어진 사람들은 타인에게 폭력을 행사했다. 하지만 숲에 놓인 영혼들은 스스로에게 폭력을 행사한다. 단테는 이런 자살 행위를 앞선 행위보다 더욱 심각한 범죄로 본다. 이런 행위는 더 가까운 관계, 바로 자신과의 관계를 파괴한다. 장소의 음산함은 마음의 상태를, 깊은 절망을 암시하고자 계획적으로 묘사된 것으로 효과적이다. 폭력은 첫째 강에서, 둘째 숲에서, 마지막으로 모래밭에서 드러난다. 연속되는 세 장소는 단테의 생각 속에

Duke University Literae humaniores lecture

서 서로 관련된다. 주석자들은 지옥편에서 죄의 순서와 그에 대한 처벌을 두고 끊임없이 시인의 말을 반박하며 논쟁해 왔다. 하지만 그렇게 해서는 시를 이해할 수 없다. 지옥편을 읽는 지금 이 순간, 우리는 단테의 생각 속, 그의 상상 속 지옥에 있다. 그의 시를 공부하려면 우리의 생각과 상상이 그를 따르도록 해야 한다.

단테는 이 숲 장면에서 초자연을 강조한다. 여기서 나무는 한 사람의 영혼을 담기에 신음하고, 피를 흘리고, 이야기할 수 있지만 움직일 수는 없다. 울부짖음을 들은 단테가 주위를 둘러보지만 누구도 보이지 않는다. 처음에 그는 나무 그루터기 뒤에 몸을 숨긴 사람들이 우는 소리라 생각한다. 그리고 나서 베르길리우스의 제안으로 나뭇가지를 하나 꺾는다. 여기서 극적인 장면이 시작된다. 단테는 아이네이아스가 폴리도로스를 만나는(《아이네이드》 3권) 베르길리우스의 사건을 매우 충실히 따른다. 가지를 꺾으며 단테는 엉겹결에 피에르 델라 비냐에게 고통을 주었다. 단테와 피에르 사이의 첫 대화는 31~39행의 연속되는 3연으로 압축된다. "왜 날 잡아 찢는 거요?" 피에르와의 대화 시작 부분에서 첫 질문은 놀라운 묵시로 끝난다.

우리는 사람이었으나 지금은 나무가 되었소 [13:37]

아마도 미천한 출신이었을 피에르 델라 비냐는 1249년에 죽었다. 그는 당대의 진정한 학자 중 하나였다. 볼로냐에서 공부했고 팔레르모의 대주교에 의해 프리드리히 2세에게 천거된 이후 차차

Duke University Literae humaniores lecture

황제의 최측근 참모가 되었다. 그러자 궁정의 다른 이들이 그를 시기하여 유언비어를 퍼트렸다. 주로 그가 황제보다 더욱 부유하다는 트집과 비밀을 교황에게 누설했다는 비난이었다. 성격상의 지나친 의심으로 프리드리히 2세는 피에르를 감옥에 보냈고 그의 눈알을 뽑았다. 그는 그곳 지하 감옥의 벽에 몸을 부닥쳐 자살했다고 전해진다.

제13곡에 등장하는 네 가지 자살 사례는 모두 단테의 시대에 일어난 것들이다. 그중에서도 피에르 델라 비냐의 경우만이 두드러지는 것으로 보아 단테는 그를 매우 동정하였음이 분명하다. 피에르는 시인이기도 했는데, 단테 역시 고난을 겪은 시인이란 지점도 작용했을 것이다.

피에르는 단테와 베르길리우스와의 대화에서 절대 자신의 이름을 밝히지 않는다. 그는 황제에게 공경을 표하고 자신의 명성을 회복시키며 프리드리히의 명예에 신경을 쓴다. 이미 제10곡에서 단테는 프리드리히를 이교도 분파의 두목들 사이에 두었지만 군주, 시인, 예술의 수호자, 훌륭한 기벨린당원으로서는 그를 존경했다. 단테는 피에르의 사건을 어느 인간의 군주에 대한 충성과 정절을, 그리고 거짓 혐의와 비방으로 인한 고통을 주제로 하는 애가처럼 기록한다. 지옥편에서 시인이자 참모는 반역자가 아닌 자살자로 처벌받는다. 피에르 델라 비냐의 죄목이었던 반역의 죄는 제9원, 더 아래 원에서 처벌된다.

자살 행위과 관련한 도덕적인 의문이 제기된다. 어떤 사람의 마음이 건강하다면 이런 방식을 취할까? 그는 징벌이나 역경을 받아들일까 아니면 스스로 목숨을 빼앗을까? 단테와의 만남 이후 피에르는 나폴리가 아닌 시칠리아의 궁정에서 최고의 권력을 가졌던 자신을 묘사한다.

나는 페데리코의 마음을 움직일 열쇠를 두 개
다 가졌던 사람이오. [13:58~59]

"두 개의 열쇠"는 자비와 처벌의 두 판결이다. 피에르는 황제가 원하는 모든 사건에 자문으로서 의견을 냈다. 피에르의 수호자는 물론 성 베드로였다. 그는 천국(자비)과 지옥(처벌)의 두 열쇠를 지니고 있었으나, 오명 또는 맹인 죄수라는 상황을 견디지 못해 자살했다. 단테의 지옥에서 그를 무겁게 짓누르는 한 가지는 반역의 혐의이다. 피에르는 지옥편에서 단테가 동정을 보이는 세 번째 경우이다. 프란체스카(제5곡)와 파리타나(제10곡)에게 그랬듯 단테는 피에르 델라 비냐를 연민의 대상으로 선택했다. 그로 인하여 하느님의 법도의 불변성이 강조된다. 단테의 시선으로 피에르는 군주에게 충성한 인물이다. 그는 자신을 부당하게 취급한 왕에게 여전히 헌신적인 모습을 보인다.

피에르가 등장하는 부분은 세 개로 나누어볼 수 있다. 특히 이 부분에서, 단테의 생각은 정교하고 기발하게 표현된다. 그 첫 부분에서 단테는 혼란스러움을 표현한다. "스승(베르길리우스)은 내가 우리 눈에 띄지 않으려고 몸을 숨긴 사람들이 나무 사이에 숨어서 통곡 소리를 내고 있다고 생각한다고 여긴 모양이다." 진지한 내용이지

Duke University Literae humaniores lecture

만, 동사 '생각하다credere'를 세 가지 시제로 쓰고 있는 것은 익살스럽기까지 하다. 나머지 두 부분은 단테에게 그의 몰락을 설명하는 피에르의 이야기이다. 피에르는 "타오르다"라는 동사를 써서, 질투는 모든 마음이 그를 거스르며 "불타오르게 했다"고 말한다. 그리고 67행에서 다시 이 단어를 활용해 "타오르는 그 마음이 다시 아우구스투스의 마음까지 불타게 하여"라고 말한다(피에르는 프리드리히를 아우구스투스라 부른다).

몇 행 뒤에서 그는 그의 자살을 언급하는데 이때는 "올바른"이란 단어를 사용한다. 그는 올바른 사람이었지만 구차함을 경멸하였기에 스스로에게 불의를 저질렀다는 것이다. 특별히 이 행은 자살에 관한 신학적 판단의 이유를 간결하게 요약해준다. 자살 행위를 하려는 사람은 두 인격을 가지게 된다. 한 인격은 소극적인 다른 인격을 억압하고 행위를 실행할 만큼 강하고 의지적이다. 이리하여 자살은 제7원에서 처벌받는 폭력의 행위로 분류된다.

"나는 내가 섬겼던 군주의 믿음을 깬 적이 없소." 피에르가 세상으로 자신을 데려가 달라며 단테에게 한 말은 애잔하다. 목소리가 잠잠해진다. 단테는 그를 너무 동정하기에 이야기를 계속할 수 없다. 그래서 베르길리우스가 영혼들이 어떻게 이 음울한 숲으로 오게 되는지 알고자 질문한다. 여행 중 베르길리우스가 단테의 생각과 질문을 알고 있음이 확인되는 순간이다. 라틴 시인은 잠깐 동안 단테의 분신이 된다.

베르길리우스가 묻고 피에르가 간단히 대답한다. 죽으면 영혼은 미노스에 의해 제7원으로 보내지고 숲으로 떨어진다. 하지만 숲의 특정 장소를 선택해 보내는 것은 아니다. 영혼은 떨어진 곳의 나무에서 "스펠트밀(중부 유럽 산간에서 나는 밀의 품종)처럼 싹을 틔운다." 다른 많은 씨앗처럼 스펠트밀도 처음에는 하나를, 이후에는 많은 싹을 틔운다.

식물은 자살할 수 없지만 단테의 음울한 숲 속의 식물들에게는 피, 감각, 언어가 있다. 인간이 나무로 되는 변형은 문학적 출처가 분명하다. 《아이네이드》 3권에서 아이네아스가 나뭇가지를 꺾자 가지는 피를 흘리며 이야기를 나누고 아이네아스에게 도망치라고 경고하는 부분이다. 베르길리우스의 시에서 가지는 폴리도로스였다. 하지만 그녀는 자살자가 아니었고 도덕을 어기지도 않았다. 단테는 거기에 변형을 가하고 윤리적 의미를 부여한다.

기이한 식물은 괴기한 짐승과 연결된다. 나뭇잎을 먹는 하르피아이들 때문에 자살한 영혼들은 고통을 받는 동시에 그들의 고통에 찬 소리가 새어나갈 "틈새"를 얻는다.

>   고통을 주고 또 고통을 새롭게 한다오. [13:102]

다시금 베르길리우스의 질문에 대답하며 피에르는 최후의 심판 날 자살자들에게 일어날 일을 생생히 묘사한다. 다른 영혼들처럼 그들도 세상으로 돌아와 육신을 다시 찾을 것이다. 하지만 이후 육신을 끌고 숲으로 돌아와 그것을 나무 위에 걸쳐 둘 것이다. 이와 같이 이들 영혼은 몸을 활용할 권리를 거부했기에 계속해서 벌을 받는다.

Duke University Literae humaniores lecture

피에르 델라 비냐의 이야기 다음으로 짧고 매우 폭력적인 장면이 나온다. 벌거벗은 두 영혼이 검은 개들에게 쫓겨 급히 숲을 지나간다. 이들은 "낭비하는 자들"로 제4원에 나오는 낭비하는 자들보다 더 과격하게 세상의 재물을 없앴다. 굶주린 개들은 이들 두 영혼이 행했던 폭력을 각색한 듯하다. 두 영혼 중 하나는 시에나의 라노Lano이고, 다른 하나는 파도바의 자코모 다 산토 안드레아 Giacomo da Saint' Anrea이다.

이번 장의 마지막에서 또 다른 자살자의 모습이 나온다. 그는 무명의 피렌체인으로 집에서 목매달아 죽었다. 이 영혼은 세례 요한이 아닌 전쟁의 신 마르스가 여전히 피렌체의 수호신으로 남아있다고 꼬집어 말하며 전쟁의 신이 피렌체 사람들에게 더 문제를 일으킬 것이라 예언한다. 피렌체는 4세기에 기독교 도시가 되었다. 이교도 피렌체는 미르스를 수호신으로 섬겼고 그를 위한 신전을 건립했다. 여행자들에게 이야기하는 익명의 영혼은 훈족의 아틸라가 피렌체를 파괴하며 아르노 강으로 던진 마르스의 동상을 언급한다. 이것은 실제 일어난 일이 아니지만(여기서 단테는 아틸라를 토틸라로 혼동했다) 이교도 전쟁의 신이 충동질하기에 도시에서는 분쟁이 계속된다.

피에르의 형벌은 87행의 구절로 요약되는데 거기서 그는 "갇힌 영혼"이라 불린다. 부동(不動)의 형벌은 추격자로부터 도망쳐야 하는데 움직이지 못하는, 또는 원하는 만큼 빨리 움직이지 못하는 이 숙한 꿈, 악몽의 경험이다. 극도로 좌절한 경험은 종종 13곡의 모습으로 변형된다. 변형은 매일 아침 우리가 눈뜰 때 더 온건한 형태로 일어난다. 그때마다 우리는 자신의 신분을 재발견하고, 자신이 어떤 사람이고 어디에 있는지를 기억해내야 한다.

프로이트는 이렇게 잠재의식으로 변형된 의지를 연구했다. 그에 따르면 고정화(immobilization, 어떤 상황이나 상태가 변하지 아니하고 같은 모습으로 있게 됨)는 죽음의 본능, 무생물로 회귀하려는 소망이다. 제13곡에 식물로 등장하는 피에르 델라 비냐는 카프카의 《변신》에서 벌레로 변한 그레고르 잠자, 또는 베케트의 연극 〈오, 아름다운 날들이여!〉에서 목까지 흙더미에 파묻힌 위니Winnie와 다르지 않다.

레오 스피처(오스트리아의 언어학자이자 문학연구자)는 제13곡 처음과 끝에서 단테가 보여주는 두 행동을 인상적으로 논평한다. ("나는 손을 약간 뻗었다"에서 "약간"이라는 말은 단테 쪽의 망설임을 표현하지만) 처음에 나뭇가지를 꺾는 행동은 피에르에게 고통을 가한다. 그리고 마지막 부분에서 단테는 이름 없는 자살자의 나무 둥치에 놓으려 나뭇잎을 모은다. 독일의 한 연구자는 이를 속죄의 행위로 보았다.

Duke University Literae humaniores lecture

제14곡

모래밭

이번 곡은 단테가 익명의 피렌체인의 요구에 응하며 시작된다.

> 나는 말하느라 벌써 목이 잠긴
> 그에게 흩어진 나뭇잎을 모아 돌려주었다. [14:2~3]

이번 곡에서는 폭력을 행한 사람들이 처벌받는 "고리"는 두 번째에서 세 번째로 전환된다. 제14곡은 극적인 두 곡, 피에르 델라 비냐라는 인물로 특정되는 제13곡과 브루네토 라티니가 두드러지는 제15곡 사이에 위치한다. 두 곡과 비교하면 제14곡은 평이하고 조금은 따분하다. 하지만 이 역시 중요한 세부 사항과 신성모독을 보여주는 인물로 채워진다. 독자들로서는 심리적, 심미적으로 한숨 돌릴 수 있는 곡이기도 하다.

"강"과 "숲"의 장면 다음은 "평지", 다시 말해 황무지의 장면이다. 몇 행 뒤에는 "마른 모래밭"이라 나온다. 이러한 평지에서는 어떤 식물도 자랄 수 없다. 이는 수정이 불가한 남남 또는 남녀 사이의 항문 성교 행위로 유추된다.

모든 형벌이 분명해지자 단테는 충격을 받고 외친다. "아, 하느님의 복수여." 단테에 따르면 지옥의 모든 영혼은 벌거벗고 있다. 하지만 이 경우에는 나체 상태가 고통을 증가시킨다. 모래밭 전체로 계속해서 불비가 떨어지기 때문이다. 세 무리의 죄인들이 세 번째 "고리"를 특징짓고, 각 무리의 특징은 다른 자세를 묘사하는 동사로 결정된다. 첫 무리는 바닥에 벌렁 누워있다. 두 번째 무리는 웅크리고 앉아있다. 세 번째 무리는 쉼 없이 서성인다.

단테는 불을 깔보는 듯한 "몸집 큰" 죄인에게 묻는다. 강인해 보이는 이 영혼이 자신감 넘치는 대답을 한다.

> 나는 살았을 때와 같이 죽어서도 이렇다. [14:51]

이어서 그는 제우스를 저주한다. 저주를 다른 말로 바꿔 표현하면 이와 같을 것이다. "아무리 엄청난 번개를 내게 던져도 결코 나를 데려가지 못한다!"

바로 큰 목소리에 달변인 카파네우스Capaneus이다. 그는 테베를 공격한 일곱 왕 중 하나로 지옥에서도 어깨를 쫙 펴고 신을 저주한다. 우리는 신성모독하면 기독교를 연상하지만, 단테는 영리하게도 고전 시가에서 신성모독자를 선택했다. 당대의 기독교 세상 속에서는 동시대 인물이 이런 식으로 말하는 걸 듣는 일이 더 수치스러웠을 수도 있다. 신곡에는 카파네우스와 비교할 만한 완곡한 미학적 표현의 다른 예도 있다. 신화에서 카파네우스는 체력, 능력,

Duke University Literae humaniores lecture

광기로 천국을 측정하려 했던 거인 종족의 후손이 되고자 했다.

베르길리우스가 카파네우스의 죄를 "오만"이라 말할 때, 단테의 독자들은 제10의 파리나타라는 인물을 떠올린다. 사실 두 인물은 자만심의 표현에 있어 상당한 차이가 난다. 파리나타는 자신의 고통을 언급하지 않았으며 단테와 피렌체를 두고 이야기하기를 더 좋아했다. 그는 근엄하고 고귀했다. 반면 카파네우스는 잘난 체하고, 허영심이 강하고, 말이 많다. 베르길리우스의 결론을 보면 그의 고통은 불이 아닌 분노에서 나온다.

두 시인은 말없이 길을 계속 가다가 나무에서 개울이 샘솟는 장소에 도착한다. 개울의 붉은빛은 단테를 몸서리치게 한다. 이는 피의 강 플레게톤의 지류이다. 제14곡의 나머지 부분에서는 지옥의 여러 강에 관한 베르길리우스의 설명과 이와 관련한 단테의 질문에 대한 답변이 나온다. 신곡의 주석자들은 이러한 강들에 관련해 끊임없이 문제를 제기해 왔다. 분명한 사실은 단테가 우리의 세상에서 그것들을 추론해냈다는 것이다. 지옥편에 등장하는 네 개의 강인 아케론, 스틱스, 플레게톤, 코키토스(지옥의 맨 아래를 흐른다)는 실존하지 않는다. 그것들은 순환하는 물줄기이며, 썩은 물로 불리기도 한다. 제7곡에서 스틱스를 묘사하는데 사용된 "늪지"가 바로 그 예이다. 이번 곡에서 "개울"은 뜨거운 모래밭에 수로를 낸다.

지옥에 흐르는 강들의 원천을 묻는 단테에게 베르길리우스는 시간의 눈물이 죄를 처벌하는 강을 이룬다고 대답한다. 묘사된 형상, 시간의 형상은 훌륭하다. 이는 성서와 신화를 모두 배경으로 한다. 바다 한가운데의 황무지 크레타 섬에 관한 베르길리우스의 이야기

Duke University Literae humaniores lecture

는 아리아(기악 반주가 있는 서정적인 가락의 독창곡)처럼 시작된다.

바다 한가운데에 황무지가 있다,
그곳은 크레타라 불린다. [14:94~95]

크레타 섬에 있는 이다Ida 산속에 "거대한 노인"이 우뚝 서 있다. 그의 등은 다미아타를 향하고, 눈은 로마를 향한다.

단테와 베르길리우스 모두 유럽과 아시아 사이의 중간 위치에서 크레타를 보았고 그곳을 로마인의 태곳적 기원으로 여겼다. 본문에 언급되는 다미아타는 이집트 또는 팔레스타인, 다시 말해서 동양에 해당된다. 로마는 물론 서양에 해당된다. 단테는 시간의 거대한 형상이 세 시대의 문명, 다시 말해서 동양, 그리스 로마, 기독교 문명을 포함하도록 그렸다.

조각상은 다섯 가지 재료로 만들어진다. 순금(머리), 순은(팔과 가슴), 놋쇠(복부), 무쇠(하반신), 구운 흙(오른쪽 발). 조각상의 모습은 구약성서의 다니엘서 2장에서 빌려온 것이다. 이는 추락해온 네 시대의 역사의 은유로 해석된다. 하지만 이어서 다섯 번째로 오는 그리스도와 그의 교회는 사라지지 않을 것이다. 인간의 네 시대는 오비디우스의 《변신 이야기》에 나온다. 문명화된 세상 가운데 놓인 이 조각상은 다미아타(동양)의 낡은 문명에서 로마(서양)의 새로운 문명으로 시선을 옮긴다.

크레타의 명칭은 신화와 역사에 연결되어 이번 곡 후반부의 가장 두드러진 특징이 된다. 신화 속 미노스 왕은 지옥편에서 이미 중요한 역할을 맡았다. 95행에 언급되는 크레타 왕은 태곳적 로마의 신 사투르누스이다. 그의 통치기에 세상은 순결했다. 로마인들은 사투르누스를 제우스의 아버지라 여겨지는 크로노스와 동일시했고, 그래서 제우스가 크레타 출신이라 믿었다.

단테가 크레타의 노인을 논하는 이유는 지옥의 여러 강을 설명하기 위해서이다. 조각상의 머리에서 흐르는 눈물은 없다. 하지만 깊숙한 상징적 의미로서 조각상은 지옥편 전체의 사상을 구현한다. 악행은 시간을 매개로 악행을 벌주는 수단으로 변환된다. 아케론은 상부 지옥을 에워싸고, 스틱스는 디스 시를 둘러싼다. 제7원의 플레게톤은 살인자들과 폭군들의 끓는 피이다. 코키토스는 지옥 가장 바닥의 얼어붙은 호수로 그 안에 반역자들이 머문다.

단테가 베르길리우스에게 레테Lethe에 관해 묻는 것은 자연스럽다. 고대 작가들이 하데스의 다섯 강에 포함시켜온 강이기 때문이다. 베르길리우스는 레테는 망각의 강이므로 지옥에 있지 않다고 설명한다. 단테의 구상에서 지옥의 각 영혼은 죄의 기억으로 고통받는다. 제5곡에서 프란체스카가 분명히 말했다. "비참할 때 행복했던 옛 시절을 떠올리는 일만큼 괴로운 것은 없어요." 연옥에서의 경험 이후로 영혼들은 레테에서 죄의 기억을 씻는다.

베르길리우스는 선생으로서 크레타와 "거대한 노인"의 신화 속 사건을 신중하고 뭔가 모호하게 설명하지만 여기서 얻을 수 있는 교훈만큼은 가능한 분명하게 이해시킨다. 베르길리우스는 신성모독(카파네우스에서 볼 수 있는 왜곡된 마음)을 동성애(브루네토 라티니에게서 볼 수 있는 왜곡된 감정)와 구분하기 위한 간주곡을 들려준다.

Duke University Literae humaniores lecture

제15곡

동성애자 : 브루네토 라티니

  시인은 플레게톤 강둑 위로 걸어 뜨거운 모래사장을 가로지른다. 그는 플레게톤 강둑을 플랑드르 사람들이 바다를 막아내려 쌓았던 제방과 비교한다. 항구도시 위쌍Wissant, 중세에 이탈리아와의 무역 중심지 브루제Bruges가 구체적으로 거명된다. 봄철 산에서 녹아내린 눈으로 불어난 강의 범람을 막으려 파도바 사람들 또한 브렌트Brent 강을 따라 둑을 쌓았다. 본문에서 하느님은 "거장"(또는 "장인")으로 불리며 폭력을 행한 영혼들이 머무는 세 번째 "고리"에 강둑을 만들어 두었다.

  단테는 자신을 향해 오는 한 무리의 망령들을 본다. 서둘러 강둑 가까이로 오며 단테와 베르길리우스를 바라보는 그들의 눈에는 호기심이 역력하다. 동성애자들의 두 여행자를 향한 날카로운 눈길을 강조하는 비유가 전개된다. 망령들은 이마에 주름살을 짓고서 늙은 재단사가 바늘귀를 꿰려는 것처럼 눈을 가늘게 뜨고 두 여행자에 집중한다. 그들의 강렬한 시선과 쉼 없는 뜀박질은 세상에서 다른 남자들을 성적 상대자로 가능한지 평가하는 남자들의 행위와 그런 노력의 무익함을 둘 다 반영한다. 제5곡(육욕/호색한)과 제15곡(동성애자)은 유사하다. 특히 폭풍에 따라 목적 없이 표류하는 "간음자들"과 영원하고 부산한 움직임을 보이는 "동성애자들"이 그러하다. 또한 단테의 어조에서는 양쪽 모두에 대한 동정심과 존경심이 뚜렷이 드러난다. 즉, 시인 단테는 프란체스카와 브루네토 두 사람 모두를 매우 경외하는 것이다.

"남색"은 정확한 용어가 아니지만 단테는 육체의 모든 동성애적 행동을 지칭하고자 이 단어를 사용한다. 치아코가 보여주는 대식, 또는 프란체스카와 파올로를 통한 남녀 간의 성애, 또는 제15곡의 브루네토 라티니와 제16곡의 피렌체인 트리오에서의 남색 등, 단테는 관능의 어떠한 표현에도 윤리적 혐오를 보이지 않는다. 이들은 주로 몸의 죄를 지었을 뿐, 개인을 파괴하지 않았기에 남자와 여자 본연의 특성은 그대로 남았다. 제15, 16곡의 대화에서 단테는 도덕적 암시는 약화시키고 정치적 의미는 강화시킨다.

제15곡에서 가장 중요한 브루네토 라티니는 단테의 바로 전 세대인 피렌체의 거물이었다. 그는 1220년 무렵에 태어났고 교양과 학식으로 유명해졌다. 공중인이라는 직업으로 그는 세르$_{ser}$라는 존칭을 얻었다. 이는 '선생님$_{signore}$'에서 파생된 단어이다. 그는 겔프당의 열렬한 구성원이기도 했다. 카스티야 왕국에서 대사로 일하던 1260년, 그는 몬타페르티 전에서 겔프당이 전복되었음을 알게 되었다. 정권 변화의 결과 그는 파리로 갔고 그곳에서 프랑스어로 《트레조르의 책$_{Le\ livere\ du\ trésor}$》이라는 일종의 백과사전을 썼다. 이후 그는 이탈리아어로 《테소레토$_{Tesoretto}$》라는 짧은 교훈집을 썼는데 곡의 마지막에서 단테를 향한 이야기를 마치며 이 책을 언급한다. "나의 보전(寶典)을 보아라." 1266년 기벨린당의 전복 이후, 그는 피렌체로 돌아왔고 1294년 죽기까지 여러 공직을 맡았다.

단테와 브루네토의 우정에 관련되어 제15곡을 뒷받침할 다른 자료는 없는 듯하다. 그는 피렌체에서 선생으로 라틴어 작문을 강의했지만 단테가 그러한 모임에 참여했는지 여부는 알려지지 않는다. 몇몇 역사가들의 주장에 따르면, 그는 오늘날 우리가 정치학이라 부르는 과목을 만든 사람이기도 하다.

브루네토 라티니가 동성애의 혐의를 받았는지 밝혀주는 당시의 다른 글은 없으나, 13세기의 사람들은 분명 이러한 좋지 않은 평판을 들었을 것이다. 단테가 유명하고 존경받는 인물과 관련해 특정 죄를 지어냈으리라고는 상상할 수 없기 때문이다. 단테가 시에서 제자와 스승, 신봉자와 시인 사이의 관계를 과장했을 수는 있다. 지옥에서의 만남에는 자서전의 한 페이지처럼 격양된 색채가 가득하다. 프란체스카와 피에르 델라 비냐의 경우에 이미 그랬던 것처럼 단테는 여기에도 지성과 덕성이 뛰어난 인물을 선택한다. 그리하여 말년에 속죄하지 못한 하나의 잘못만으로 충분히 지옥이 선고된다는 가혹한 교리를 강조한다.

인간의 고귀한 위엄과 죄로 인한 연약함의 뚜렷한 대조로부터 교훈이 나온다. 단테에게 이야기하는 브루네토는 고귀한 위엄을 지니고 있으나, 곡의 마지막에 무리를 따라잡으려 경주지처럼 달리는 모습에서 죄로 인한 연약함이 강조된다. 브루네토의 빠른 달음박질을 강조하려, 그리고 아마도 다음 곡에서의 경주 장면을 준

Duke University Literae humaniores lecture

비하려 단테는 브루네토를 매년 개최되던 달리기 시합에 출전한 사람에 비유한다. 13세기에 베로나에서는 사순절의 첫 일요일에 달리기 시합이 열렸고 승자에게는 상으로 "푸른색 옷을 입혔다." 브루네토 라티니가 지옥에서 그러하듯, 당시 달리기 시합에 참여한 사람들은 벌거벗은 채 달렸다. 운동 경기는 제15의 시작과 끝에 나온다. 현재와 과거의 두 시인의 대화로 달리기가 중단되기 때문에 브루네토는 아마 추가로 벌을 받을지 모른다.

단테는 둑 위를, 브루네토 라티니는 아래 모래밭을 걷던 중 브루네토가 단테를 알아보고 단테의 옷자락을 잡는다. 그의 첫 말은 과장으로 여겨지는 감탄이다. "놀랍군!"

이 말 뒤로 이어지는 세 연에서 단테와 브루네토가 일으키는 강력한 비애의 두 순간이 포착된다. 옷자락을 잡아당긴 인물의 "그을린" 모습을 자세히 보고자 몸을 숙인 단테는 그를 알아보고 말한다. 지옥살이의 비극과 이 영혼을 우려하는 시인의 감정이 함축되어 표현된 질문이다.

여기 계시나요, 브루네토 선생님?

이 행은 좀 모호할 수밖에 없다. 어느 단어를 강조하느냐에 따라 "선생님이 여기에 계시다니요?"가 될 수도 있다.

일반적으로 이탈리아어 질문에서는 마지막이 강조된다. 원문인 "Siete voi qui, ser Burnetto?"에서 voi가 강조된다면 "선생님이 계시다니요?"란 뜻이 강해지는 것이고, qui가 강조된다면 "동성애자가 있는 이곳에 계시다니요?'란 뜻이 된다. 만약 앞쪽이 강조되면 그토록 존경받던 인물 브루네토를 동성애자들 사이에서 만난 데 대한 단테의 놀라움이 강조되는 것이다. 이는 단테가 지옥에서 만난 영혼에게 격식에 얽매이지 않는 호칭 대신 정중한 존칭을 사용한 세 번째이자 마지막 경우이다. 제10곡에서 단테는 파리나타와 카발칸테 카발칸티에게도 이 표현을 사용했다. 이로써 파리나타의 군 지도자로서의 유능한 자질에 경의를, 카발칸테 카발칸티에게는 친한 친구의 아버지에게 품었던 존경하는 마음을 표했다.

짧지만 함께 이야기를 나누고자 브루네토는 그들이 반드시 걸어야 한다고 방법을 알려준다. 이 영혼은 계속해서 모래밭에 머물며 불의 형벌을 견뎌야 한다. 그러는 동안 위쪽의 단테는 그의 머리를 숙인다. 이는 존경을 표하는 자세이며 단테도 45행에서 그렇게 기록한다. 왜 지옥에 있느냐는 브루네토의 질문에 답하며 단테는 "고요한 삶"에서 길을 잃어버린 것부터 베르길리우스의 출현까지 그리고 "집" 또는 하느님께로 돌아가는 현재의 순례까지를 대략적으로 간추린다.

54행 이후의 촘촘히 짜인 시행에서 젊은이와 늙은이를 묶어주는 일련의 관계가 밝혀진다. 여기서 단테는 선생이자 고무자인 브루네토에게 예언 능력이 결부시켜 시재(詩才)로 활용한다. 브루네토는 앞날을 내다보는 능력을 부여받은 지옥의 거주자로서 먼저 말한다. "너의 별을 따라간다면 하늘의 영광에 닿을 것이다." 이 말은 단테의 영혼에도, 시에도 모두 해당될 수 있다. 그러나 곧 브루네토는 단테에게 피렌체를 구성하는 양립할 수 없는 두 구성원을 일깨

Duke University Literae humaniores lecture

운다. 악의에 찬 피에솔레 지역의 사람들(또는 에트루리아인들), 그들은 피렌체 근교의 언덕에서 내려와 도시의 고대 로마인들과 섞였다. 피에솔레 출신의 사람들은 "달콤한 무화과" 사이의 "쓰고 떫은 열매"와 같다. 단테는 피렌체에 정착한 고대 로마인들을 달콤한 무화과로 비유한다.

시인은 여기서 "인색하고 질투심에 교만까지 갖춘 사람들"이라며 피렌체 사람들을 강력히 비난한다. 피에솔레 사람들의 완고함은 그들이 내려온 곳의 산 같고 바위 같다. 이 때문에 브루네토 라티니와 단테 알리기에리 두 사람은 냉정하게 추방당했다. 도시를 분열시키는 겔프당과 기벨린당처럼, 단테가 유명해지고 존경받으면 피에솔레인들과 로마인들도 그를 원할 것이다. "쓰고 떫은 나무"의 심상은 일관된 은유 "풀"에 다시 등장한다. 이 "풀"은 로마의 거룩한 씨앗을 품었기에 피에솔레의 야수들이 건드리지 못하도록 해야 한다.

브루네토의 지혜롭고 강력한 말로 우리의 관심은 역사와 예언으로 향하게 되며 그의 비참한 상태, 불꽃으로 몸이 벗겨지는 상태는 잊어버리게 된다. 자신을 학생으로, 시인으로, 베아트리체에게 사랑을 바친 인간으로 지칭하며 감사를 표하는 단테의 말도 동일하게 강력하고 인격적이다. 베아트리체는 미래에 그를 인도하게 된다. 앞으로 그의 글을 해석할 이 여인과 관련해 단테는 다시 시의 시작과 이유를 되새긴다. 단테는 베아트리체와 브루네토 사이의 반쯤은 감추어진 관계를 분명 의식한다. 위에서 떨어지는 불은 전형적인 심상이다. 사랑을 정화하는 불, 죄를 벌하는 불, 이해를 촉

진하는 불.

　베아트리체를 구체적으로 언급하기 직전의 몇 행에서 단테는 브루네토를 향한 애정을 말로 표현하는데 이는 신곡의 다른 어느 부분보다도 감동적이다. 단테의 마음과 기억 속 브루네토는 자애롭고 친절하고 아버지 같은 모습이다.

　　　늘 제 마음에 자애롭고 친절한
　　　아버지의 모습으로 머물러 계시니 [15:82~84]

　한 남자에 대한 단테의 기억을 기록한 행은 그를 최고로 인정하며 끝난다.

　　　세상에 계셨을 때 선생님은 언제나
　　　인간이 영원해지는 법을 가르쳐 주셨지요. [15:84~85]

　전체 지옥의 다른 누구에게도, 심지어 베르길리우스에게도 단테의 감정은 이렇게 열정적이지 않다. 영원해지는 법을 가르쳤다는 구절은 놀랍도록 애매해서 사람들은 이 구절을 시인 단테의 창조적인 마음과 동시에 단테의 불멸하는 영혼에 적용하고자 한다. 단테의 불멸하는 영혼은 천국의 베아트리체가 인도하고 보호한다. 시인 단테의 창조적인 마음은 브루네토 라티니라는 한 인물로 표현되는 그에 앞선 모든 시인에게 빚지고 있다.

　수치를 당하는 스승과 영광을 받은 제자 사이의 이 장면에서 두 화자의 어조에 묻어나는 진심을 통해 이들이 감정을 주고받는 것을 느낄 수 있다. 이는 만남이 일어난 장소와 확실하게 대비된다. 피렌체에 대한 브루네토 라티니의 독설마저도 단테에 대한 사랑의 찬사로 바뀐다. 그는 단테가 제정신이 아닌 도시에 있기에는 너무 선량하다고 암시한다. 119행에서 단테에게 자신의 "보전"을 권하지만 브루네토는 제자를 통해 불후의 명성을 얻는 그런 부류의 작가이다.

앞에서 그랬던 것처럼 단테는 가장 유명한 남색자의 이름을 묻는다. 브루네토는 세 사람의 이름만 말하고 그가 함께 달리는 무리를 "성직자", "이름을 떨친 문인"이라 묘사한다. 이는 동성애에 빠진 대표적인 사람들의 부류, 즉 성직자, 작가, 학생 등 사변적인 사람들을 지명하려는 목적이다. 수세기 후, 마르셀 프루스트는 《소돔과 고모라》에서 단테의 부류와 필적하는 현대 사회의 부류를 나열한다. 프루스트의 소설 이후 반세기가 지난 오늘날 사회학자들과 심리학자들은 동성애를 특정 직종에만 제한하지 않는다. 다음 곡에서는 단테조차도 동성애의 기질과 그에 적절한 직업의 범위를 넓힌다. 브루네토로 단테의 입장을 드러내는 것은 당연한 일이다. 종교적으로 엄격한 상황에서 단테 유형의 기독교인은 겉으로는 종교에 순응하나 마음속 사고방식과 기질은 이교도적이다.

《네 개의 사중주》의 마지막 〈리틀 기딩Little Gidding〉(《네 개의 사중주》는 4편으로 이루어진 T. S. 엘리엇의 장시 작품으로 〈리틀 기딩〉은 네 번째 작품)에서 엘리엇은 단테와 브루네토 라티니의 만남에 크게 의존한다. 사중주 가운데 2부의 에피소드는 영원하게 보이는 특정 순간을 묘사한다. 엘리엇은 2부의 운율 체계로 수정된 3운구법(三韻句法, terza rima, 단테가 신곡에 쓴 시 형식)을 활용하고, 곡canto과 거의 동일한 형식을 의도적으로 시도했다.

이 대목은 제2차 세계대전 기간, 런던 공습 이후의 장면에서 나온다. 공습 때 엘리엇은 화재 감시인으로 복무했다. 하늘에서 떨어지는 불은 문자 그대로도, 은유적으로도 모두 적어도 역사와 문학의 네 순간에 접합되었다. 창세기 18장의 소돔과 고모라로 떨어지는 불, 프루스트의《잃어버린 시간을 찾아서》에서 제1차 세계대전 기간에 파리로 추락하는 비행기에서 나오는 불, 〈리틀 기딩〉에서 비행기가 런던에 떨어뜨리는 불, 단테의 지옥편에서 동성애자들에게 떨어지는 불.

제15곡의 여러 구절이 글자 그대로 번역되어 엘리엇의 시 여러 곳에 사용됐다. 어둠 속에서 무엇을 보는 어려움에 대한 구절이다.

여명 전 불분명한 시간에

이 구절을 다음과 같은 단테의 제15곡 18, 19행이 떠오른다.

초승달이 뜬 어슴푸레한 저녁에 낯선 사람을 보듯이
우리를 바라보았다.

엘리엇이 "지저귀는 입술의 검은 비둘기"라고 쓴 것은 물론 비행기의 기관총이다. 이 구절은 제14곡의 28, 29행과 일치한다.

Duke University Literae humaniores lecture

온 모래사장 위로 천천히 떨어지는 거대한 불꽃들

다음으로 엘리엇은 어둠 속에서 서두르는 인물을 묘사한다.

나는 걷고, 어정거리고 서두르는 한 사람을 만났다
나에게로 휘날린 것처럼

엘리엇은 이후 몇 행에서 단테의 작품에 나오는 구체적 단어를 사용하는데, 거절당한 "그의 얼굴"을 "눈여겨보았다"거나 "그을린 모습" 등이 그것이다. 변했지만 낯익은 유령과 이야기하며 엘리엇은 단테가 브루네토에게 썼던 것과 동일한 표현을 사용한다. "놀랍군! 당신이 여기에 있어?" 런던 거리에서의 만난 데 대한 놀라움을 표현하는 질문으로 수세기가 이어지고, 엘리엇과 단테, 학생과 스승, 시인과 유령이 짝이 된다. 시간은 과거이며 현재이다. 우리는 지옥편의 제7원에 있으며 전시 영국의 지옥에 있다.

우리는 무감각하게 순찰하며 보도를 걸었다

이런 엘리엇의 시구는 문자 그대로의 의미이기도 하고 "평지"와 세 번째 "고리"의 죽은 영혼들을 떠올리게 만들기도 한다.
　〈리틀 기딩〉에서 그려지는 것은 현세의 고통이다. 지옥편에는 시간을 초월하고 그 범위를 넘어선 세계의 고통이 그려진다. 하지만 엘리엇 역시 시간의 범위를 넘어서 세계를 언급하고, 단테 역시 이곳 세상을 언급한다. 엘리엇과 단테는 모두 각자의 책에서 각 시인이 전체 시인이고 매 순간이 영원이라는 신념을 증명한다.

  베르길리우스는? 그는 곡의 마지막에 가서 말을 나누도록 허락하며 딱 한 번, 잠깐 말한다. 단테는 여전히 "나의 스승"이란 익숙한 호칭으로 그를 부른다. 하지만 여기서 베르길리우스는 단테에게 많은 시인 중 하나일 뿐이다. 브루네토 라티니가 일시적으로 그의 역할을 대신하며 베르길리우스는 일시적으로 베아트리체의 역할을 대신한다. 사실 베아트리체는 천국에 있으며 브루네토는 지옥으로 떨어진 시인이다. 그러나 둘 다 단테에게 영원으로 가는 길을 알려준 귀중한 인물이라 하겠다. 단테의 시는 정확히 그 길에 있으며 베르길리우스는 그 길을 따라 단테를 이끈다.

Duke University Literae humaniores lecture

제16곡

빙빙 도는 피렌체인 3인조

영원한 벌과 구원이라는 엄청난 주제의 새로운 면을 시작하려 새로운 숨을 내쉬듯 단테는 보통 새 노래나 칸초네(중세 이탈리아의 서정시 형식)로 곡을 시작한다. 하지만 제16곡은 많은 부분이 극적인 제15곡의 연속이다.

단테는 세 번째 "고리"의 동일한 길에 머물며 인도자를 따라간다. 다음 원으로 떨어지는 플레게톤의 핏빛 강물 소리가 들릴 만큼 멀리 왔다. 불비가 떨어지는데 또 다른 무리의 영혼이 나타난다. 그중 세 망령이 단테와 베르길리우스에게 말을 걸고자 무리에서 나온다.

남색자들의 두 번째 이야기는 브루네토의 출현과 도시, 특히 피렌체의 죄와 관련된다.

브루네토 라티니 이야기의 여파가 남아있지만 우리는 이야기 자체보다 단테가 그 죄인에게 표한 극도의 연민을 기억한다. 또한 단테가 표현한 브루네토에게 입은 은혜, 인간관계와 인간 본성에 대한 구절들도 기억한다. 주요한 단테 연구가들은 모두 이 부분에서 인간관계, 그리고 인간 본성과 마주하였다.

우리가 추구하는 사랑은 앞서 프란체스카로 표현되었다. 필리포 아르젠티는 분노를 상징했으며, 파리나타는 이교도의 오만을 나타냈고, 피에르 델라 비냐는 자살이란 죄의 엄중함을, 브루네토 라티니는 동성애의 곤경과 예술가의 창의적 역할을 표현했다. 그중에서도 브루네토는 그가 지옥에서 겪고 있는 고난을 초월하여 단테와 잠시 이야기를 나누는데, 그 순간 단테는 존경심을 표현하며 브루네토의 형편이 변하리라는 바람을 확실히 드러낸다. 지옥편을 읽는 독자들이 가장 많은 배움을 얻는 부분 또한 브루네토가 등장하는 제16곡이다. 작시와 연구를 통하여 그는 인간 본성을 이끌어내고 과거 영혼들과 소통하는 방법을 가르쳐준다.

제16, 17곡을 통해 우리는 순서대로 신성모독, 남색, 고리대금업의 죄가 처벌되는 것을 본다. 이러한 "고리"의 죄인들은 신, 본성, 자연과 예술에 폭력을 가했다. 단테의 눈에 악한 정도에 따라 이런 분류가 이뤄진 듯하다.

동성애자의 죄가 고리대금업자의 것보다 가볍다는 이론이 정당할까? 특별히 19세기의 주석가들은 이런 분류에 반박했다. 19세기에 남색은 입에 담기도 민망한 죄였다. 한편 19세기 당시 은행 경영은 고리대금업으로 여겨지던 악습을 감추는 감탄스러운 기술이었다.

단테가 보기에 사람들은 이러한 세 유형의 죄로 하느님에게서 등을 돌린다. 그러나 하느님은 인생 자체의 자력이다. 우리는 단테의 삶에서 주된 두 특징 또는 힘이 있었음을 기억해야 한다. 여인과 도시, 베아트리체와 피렌체가 그것이다. 한 남자가 여인과 도시에 대항해 행동할 때 그 영혼의 영적인 삶과 현실적인 삶은 위험에 빠진다. 단테가 이렇게 분류한 이유를 이해하기란 그리 어렵지 않다. 그것은 남색은 베아트리체와, 고리대금업은 피렌체와 관계된 무엇이라는 믿음 때문이다.

프란체스카와 파올로의 죄는 도시의 법률을 어기는 만큼이나 그들의 삶에서 도덕을 위반하는 죄였다. 파리나타는 의문의 여지 없이 고향 피렌체를 사랑했지만 단테는 그가 도시보다 정당을 더욱 열정적으로 사랑했다고 표현했다. 곧 등장할 고리대금업자들은 사유재산으로 도시에서 사업을 하던 사람들이다. 단테는 심사숙고하여 악한 정도를 구상한다. 단테의 시를 즐기기 원한다면 그의 분류 체계를 마땅히 인정해야 한다. 그렇지 않으면 그의 글을 이해할 수 없을 것이다.

베아트리체는 단순히 단테가 현실에서 마주쳤던 포르티나리 가문의 아가씨가 아니다. 그녀는 헌신적인 사랑을 했던 모든 여인을 상징한다. 브루네토 라티니 역시 단순히 피렌체의 공증인이 아니다. 그는 남색으로 당대에 알려졌음이 분명하다. 그는 영감을 주고 특정한 시를 가르치며 사람들의 도시에서 사람들을 소명으로 이끄는 모든 시인이다.

제16곡이 시작되기 전에 단테는 (《신생》에서 베아트리체에게 하듯) 브루네토를 향한 존경과 감탄을 분명히 표현한다. 뿐만 아니라 브루네토에게 입은 은혜를 표현하는 것이 자신의 의무라는 것도 분명히 한다. 베아트리체를 향한 시인의 사랑과 브루네토 라티니를 향

Duke University Literae humaniores lecture

한 충성은 둘 다 도시 생활에 반드시 필요하다. 브루네토는 지옥을 선고받은 영혼이지만 단테의 글은 최소한 부분적으로라도 그에게서 나온 것이다. 짧은 구절로 단테는 시인의 역할을 칭송하고 그의 기원을 인정한다. 베드로가 그리스도에게 그랬던 것보다 단테는 더욱 브루네토에게 충성한다. 베드로는 "나는 그 사람을 알지 못합니다"라고 말하지 않았던가.

제16곡의 시작 부분에서는 원형(바퀴)의 심상이 두드러진다. 저명한 세 피렌체인이 단테의 옷 때문에 그를 알아본다. 그들은 동성애자 무리에서 나와서 단테와 베르길리우스를 향해 온다. 라틴 시인은 그들에게 예의를 갖추어야 한다고 충고한다. 단테는 그들의 몸에서 불에 덴 상처를 보고 괴로워하고 눈물 흘린다. 그들은 다가와 셋이서 원을 이루고는 단테 주위를 빙빙 돈다.

단테는 처음 그들을 보고서 벌거벗고 서로가 상대가 되어 연습하는 운동선수를 떠올린다. 원을 형성하였기에 그들은 차례대로 단테를 보고 이야기할 수 있다. 그들은 끊임없이 움직이면서 불똥을 피한다. 불비가 내리기에 멈춰 설 수는 없되, 원의 심상은 죄인들이 안팎으로 쉴 수 없음을 적절히 보여준다.

이들 영혼은 세상에서 학자나 성직자가 아닌 전사와 정치인이었다. 이들은 강인하고 활동적이고 공공의 이익을 먼저 생각하는 사람들로, 어떤 기질이나 직업도 동성애의 특징이 되지 못함을 지적하며 단테는 고통을 느낀다.

세 피렌체인의 대변자는 루스티쿠치로 그는 아내의 사나운 성격 때문에 동성애에 빠졌음을 암시한다. 그는 자신과 나머지 두 사람,

겔프당의 골수분자 귀도 궤라와 아디마리 가문의 겔프당 지도자 테기아이오 알도브란디의 이름을 말한다. 앞서 대식가들의 원에서 단테는 이미 치아코에게 테기아이오와 루스티쿠치에 관한 소식을 물은 바 있다.

단테는 아래쪽 평지에서 그들을 만나야 하지만 불 때문에 그리로 내려갈 수 없다. 그래서 그들에게 자신 역시 피렌체인이며 그들의 업적을 알고 있다고 말한다. 단테는 이들 영혼들에게 또다시 여행을 간략히 설명한다. 그는 지옥의 "쓴맛"에서 벗어나 인도자가 약속한 천국의 "달콤한 열매"을 얻기 전에 먼저 중심(세상의 중심 또는 토기토스)에 닿아야 한다.

이어지는 잠깐의 대화는 피렌체에 관한 것이다. 여기서 도시의 쇠퇴를 말하는 단테는 고발자이다. 피렌체의 방종에 관한 이야기가 끝나자, 세 망령은 원형을 깨뜨리고 달아난다. 그들은 "아멘"이라 말할 시간도 겨를도 없이 황급히 사라진다.

세 피렌체인은 브루네토보다 더욱 어렴풋이 그려지며 인사, 예의바른 질문, 작별 인사 후에 만남은 끝난다. 67행에서 자코포 루스티쿠치는 피렌체에 옛날처럼 "예의"가 남아있는지 묻는데, 이 "예의"라는 말이 전체 사건의 특징을 가장 잘 보여준다. 이 단어는 성품의 고귀함, 정중함, 교양, 공손함 등 여러 의미를 지닌다. 적어도 이번 곡에서 단테와 빙빙 도는 세 남색자들은 서로에 대한 존중과 "예의"를 보인다.

고리대금업자를 생각하기도 전, 피렌체인 3인조가 시야에서 사라진 후, 단테는 연속적으로 새롭고 강렬한 인상을 받는다. 실상

Duke University Literae humaniores lecture

고리대금업자는 다음 곡에서야 등장한다. 단테는 플레게톤 폭포가 제8원으로 떨어지며 내는 굉음을 듣는다. 이 곡의 1행에서 "물이 울리는 소리"를 말하는 데 "굉음"이라는 명사가 쓰이고, 그것은 100행 뒤 "그 강의 울림이 크게 울려퍼졌다"는 대목에서는 동사로 다시 쓰인다.

마지막 단락은 106행에서 시작된다.

나는 끈을 하나 허리에 두르고 있었다.

베르길리우스가 단테에게 끈을 풀도록 요구한다. 그리고 그것을 취하여 깊은 심연으로 던진다. 단테는 이것이 도움을 구하는 신호이며, 그 도움으로 말미암아 그들이 제8원으로 내려갈 수 있으리라 생각한다.

제16곡의 마지막의 여러 행은 "놀라운 형상"을 본 시인의 감정으로 연결된다. 그 형상은 공기를 헤엄쳐 올라온 것처럼 보인다. 제17곡에서 그 괴물의 이름이 밝혀지고 특징이 설명된다.

특이한 점은 앞선 부분에 이 끈과 관련된 암시가 없었다는 것이다. 하지만 단테는 108행에서 한때 이 끈으로 "얼룩 가죽의 표범"을 잡아볼까 생각해본 적이 있다고 말한다. 그것은 "화사한 가죽에 가볍고 민첩하다"고 묘사되었던 제1곡의 표범이 분명하다.

이 끈은 무엇을 뜻하는 것일까? 이제 단테가 무절제(표범)와 폭력(사자)이라는 죄의 범위를 벗어나 배신과 악의의 죄(늑대)로 들어갔다는 의미일까? 어떤 주석가들은 이를 단테가 프란체스코 수도회에 속했다가 환속했다는 증거라 믿는다. 128행에서 단테가 독자들에게 직접 "희극"이라는 그의 시 제목을 말하는 것은 일종의 힌트가 될 수 있다.

Duke University Literae humaniores lecture

제17곡

게리온, 고리대금업자, 그리고 제8원으로의 하강

이번 곡은 세 부분으로 확실히 나뉜다. 괴물 게리온Geryon 형상의 사기로 시작해, 제7원의 고리대금업자에 관한 짤막한 단락이 이어지고, 제8원으로의 인상적인 하강으로 끝난다. 제17곡은 폭력에서 사기로의 이행을 보여준다. 단테의 생각에 따르면 폭력의 마지막 고리 속 고리대금업자들은 의심의 여지 없이 사기와 관련된다. 그들을 만나기 전, 1행에서 우리는 "뾰족한 꼬리를 가진 짐승"에 관한 무시무시한 묘사를 읽는다.

이번 곡은 아리아 같은 행으로 시작된다. 단테가 묘사하듯 게리온은 "사기의 심상"이다. 그리스 신화 속 게리온은 헤라클레스에게 살해당한 스페인 왕으로, 베르길리우스는 《아이네이드》 제8권에서 그를 몸통이 셋인 괴물로 표현한다. 게리온은 사기를 상징하는데 중세 전승에 의하면 이방인을 그의 영역 안으로 꾀어낸 이후 죽였기 때문이다.

단테 역시 그를 악마로 묘사한다. 아마도 단테의 묘사는 신약성서 요한계시록 9장을 토대로 한 듯하다. 게리온은 제8원 전체에서 중요한 상징이다. 제8원은 10개의 구역을 지니는데 이 구역은 구렁 또는 구덩이다. 제7원의 시작에 미노타우로스, 제8원의 시작에 게리온은 중세풍의 기괴한 괴물로 폭력과 사기의 죄를 묘사한다. 단테는 게리온에 인간과 똑같은 얼굴, 파충류의 몸, 짐승의 털북숭이 발 등 삼위일체의 특성을 부여한다. 여기서 에덴동산의 뱀, 이브에게 최고로 대단한 거짓을 말했던 바로 그 뱀이 보인다. "너희가 선악을 아는 신들처럼 될 것이다."

베르길리우스가 심연의 가장자리에 몸을 뻗고 누운 게리온과 담판을 지으러 떠난다. 그러면서 그는 단테에게 불타는 모래 위에 앉아있는 고리대금업자들과 이야기를 나누라 재촉한다. 모래 위에 있는 그들은 불똥을 손으로 막아보려 최대한 노력하고 있다. 그들은 주둥이나 발로 벼룩이나 파리를 막으려는 여름철 개처럼 버둥거린다. 그들은 마지막 폭력범들이다. 앞의 여러 곡에서도 고리대금업을 짧게 살펴보았다.

주석가들은 시에서 고리대금업이 강력히 비난받는 데 자주 궁금증을 품었다. 지옥에서 단테가 알아보는 고리대금업자는 하나도 없으며, 각각의 목에는 일종의 주머니 또는 지갑이 달려있다. 그것은 가문과 이름을 나타내는 문장(紋章)을 지닌다. 세 가지 색깔과 문장이 묘사되는데 학자들은 이러한 표식으로부터 특정 이름을 밝혀내려 노력해 왔다. 망령들은 쭈그린 모습으로 모래 위에 있다. 그들의 몸은 쇳조각 형태를 띠었다.

고리대금업자의 기술은 돈으로 돈을 낳는 것이다. 단테는 우리가 이 불모(不毛)의 성격을 분명히 느끼기 원한다. 고리대금업은 산

Duke University Literae humaniores lecture

업과 예술에 맞서는 죄이다. 단테의 강한 표현에 따르면 자연과 하느님께 맞서는 죄이다. 오늘의 세계에서 고리대금업은 독점으로 대체되었다. 이 짧은 장면에서 단테는 관찰자일 뿐이다. 그는 어떤 영혼과도 이야기를 나누지 않는다.

제17곡은 특히 후반부가 극적인데 이때 괴물 게리온이 실제적이고 중요한 역할을 맡는다. 단테는 베르길리우스를 찾고자 고리대금업자들로부터 뒤돌아서는데 그는 이미 괴물의 등에 올라타 있다. 여기서부터 곡의 끝까지 베르길리우스와 단테의 마음 상태는 전혀 반대로 표현된다. 베르길리우스는 평온하다. 그는 게리온의 등에 앉아 내려가기를 자신한다. 반면 단테는 처음 베르길리우스 앞으로 올라앉아야 할 때 겁을 낸다. 그리고 내려감이 시작되자 더욱 두려워한다. 베르길리우스는 자신보다 앞쪽에 단테가 앉도록 한다. 때문에 고물의 꼬리가 단테에게 상처를 입힐 수 없다. 단테가 자리를 잡자 베르길리우스가 그를 양팔로 안아 쓰러지지 않도록 지탱해 준다. 게리온을 계단 삼아 내려가야 한다고 베르길리우스는 이미 말했다.

그리고 이류을 상세히 명시한다. 베르길리우스는 내려가기 시작하라고 명령하며, 공중에 원을 크게 그리며 천천히 움직이라 권한다. 게리온은 뱀장어처럼 꼬리를 죽 펴고 발을 앞으로 모은다. 내려간다는 데 대한 큰 두려움으로 단테는 높은 하늘에서 추락한 전설 속 두 인물을 끌어낸다. 아폴로의 아들 파이톤은 어느 날 태양마차를 끌도록 허락받았는데 경험이 없었기에 하늘의 일부를 태워버렸다. 지구가 불타지 않도록 구하려 제우스가 번개로 맞혀 그

Duke University Literae humaniores lecture

를 죽였다. 이카루스 역시 비행 중 태양열로 날개의 밀랍이 녹아버리는 재난을 당한다. 괴물이 천천히 아래로 내려가는 동안 단테는 이러한 두 사례를 생각한다. 이번 곡의 처음과 끝에는 물의 심상이 나온다. 아래 소용돌이의 굉음은 단테의 두려움을 경감시키지 않는다.

게리온은 새를 잡도록 풀어주었으나 그렇게 하지 못하고 지친 몸으로 매잡이에게 돌아온 매와 비교된다. 두 시인을 아래로 내려다 주며 게리온이 단테에게 조롱과 냉소를 보낸다. 하지만 짐을 내려놓자마자 "활시위를 떠난 화살처럼 사라진다."

이 곡의 어디에나 공기와 물이란 두 요소가 나온다. 두 시인은 허공을 통해 제8원으로 내려온다. 허공은 파이톤과 이카루스가 죽음을 맞이하는 곳이다. 계속되는 물 떨어지는 소리가 끈으로 신호를 받고서 아래서 위로 헤엄치는 게리온의 모습과 합쳐진다. 물에서 수영하는 심상은 게리온이 하강하는 동안 변한다. 이때 그는 거대한 새처럼, 하늘에서의 아무것도 사냥하지 못하고 땅으로 불러들인 매처럼 보인다. 구덩이의 바닥에 짐을 내려놓고 자유롭게 되었을 때 게리온의 심상은 다시 변화된다. 임무를 완수하고 날아오르는 그의 속력을 보여주는 것은 화살이다. 이처럼 인간, 파충류, 동물, 괴물이 물고기, 배, 새, 활에 비유되었다. 이번 곡에서 단테가 낯선 것을 뭔가 알려진 것으로 바꾸려 노력하며 단테의 두려움이 계속해서 커지는 것은 놀랍지 않다.

이 곡은 특별히 중력 현상을 정교히 활용한다. 강과 폭포는 아래로 떨어진다. 마찬가지로 게리온도 복종하고 내려가야 한다. 단테가 만든 지옥, 더욱 악해지는 지옥에서 전체적으로 그러하다. 여기서 기억할 것이 있다. 지옥편의 특성 때문에 또 단테 여행의 숙명 때문에, 지옥의 바닥 또는 지구의 중심에 도달해야 한다는 사실이다. 진리의 두 친구가 거짓을 상징하는 괴물의 등에 올라탄다. 괴물의 꼬리는 폭력과 사기의 두 죄와 연결된다. 신화 속 인물 파이톤과 이카루스는 중세 시대에 자만의 예로 해석되었다. 우리는 그들 뒤로 높이 천국에서 떨어진 원형인 루시퍼의 심상을 느낀다.

　이번 곡 내내 베르길리우스는 적극적인 지도자이다. 단테의 두려움이 커지면 베르길리우스의 조언도 많아진다. 제자의 행동을 지도하고 야해지는 마음을 다독이며, 그는 천천히 내려가는 내내 단테를 안고 있다. 독자들은 그의 침착함에 모든 것이 계획된 것이며 결국에는 다 잘되리라 안심한다.

Duke University Literae humaniores lecture

제18곡

말레볼제 : 뚜쟁이와 색마, 아첨꾼

제8원은 엄숙한 행으로 시작된다. 여기에 말레볼제Malebolge 또는 "악의 구덩이"가 나온다.

지옥에 말레볼제라고 불리는 곳이 있다

게리온의 등에서 내려온 단테는 지옥 최하부의 형태를 주의하여 관찰한다. 단테가 사용하는 일반적 심상은 "웅덩이"(이 단어는 사뮈엘 베케트의 연극 〈고도를 기다리며〉에서 등장인물의 이름으로도 쓰인다)이다. 첫 21행을 요약하여 묘사하면, 말레볼제는 열 개의 둥그런 구덩이로 바위를 깎아 만들었고 각 구덩이는 돌출된 돌로 연결된다.

이번 곡의 대부분은 첫 번째 동굴 또는 구덩이에 할애된다. 여기에는 뚜쟁이들과 누워있는 색마들이 거주한다. 곡의 마지막에서 우리는 짧게 두 번째 구렁을 보는데 그곳에서는 아첨꾼들이 벌을 받는다.

상부의 무절제 원에서처럼 여기 말레볼제도 성에 관련된 인물들로 시작된다. 죄인의 두 짝, "뚜쟁이"와 "색마"가 반대방향으로 빠르게 움직이다. 여기서 제4원 구두쇠와 낭비자의 반대되는 움직임이 떠오른다. 첫 번째 구렁의 죄인들은 끊임없이 달린다. 제2원에서 등장하는 폭풍이 아니라, 악마들이 행하는 채찍질 때문이다. 뚜쟁이와 색마의 두 부류는 둘 다 죄를 행하며 여자의 명예를 더럽히는 까닭에 한 구렁에 함께 있다. 뚜쟁이는 돈을 위해서("구두쇠"를 떠오르게 한다), 색마는 방종과 자기만족을 위해서("낭비하는 자"를 떠오르게 한다) 죄를 지었다. 뚜쟁이도 색마도 모두 그들이 파괴하거나 명예를 더럽힌 데서 이득을 얻으려 머리를 쓴다. 이제부터 지옥에서 모든 인간관계는 왜곡되고 비뚤어져 나타나기 시작한다.

단테는 먼저 뚜쟁이들(매춘부 주선자, 포주, 중개인)에 관심을 갖는다. 뿔난 "악마들이 사정없이 그들을 내려치는" 모습이 보이기 때문이다. 지옥편에서 악마가 뿔이 있는 경우는 여기뿐이다. 이탈리아어 "뿔난 자"는 프랑스어와 영어로 "오쟁이 진 남편"을 의미한다. 전설에 의하면 부정한 짓을 저지른 아내의 남편의 머리에서 뿔이 나온다고 한다. 이 곡은 성적 함축이 강하다. 시인은 여기서 "죄인들이 벌거벗은 상태"를 강조하며 벌거벗었기에 채찍질이 더욱 고통스러우리란 것을 암시한다.

또한 시인은 죄인들의 수가 많다는 것도 강조한다. 그들이 두 줄로 서서 걷는 모습은 1299~1300년의 희년 기간의 로마 모습을 떠오르게 한다. 당시 어마어마한 숫자의 군중이 모인 결과 산탄젤로 다리를 따라 장벽이 세워졌다고 한다. 그 결과 성 베드로 성당으로 들어가고 나오는 순례자들은 서로 마주 보고 지나쳐야 했다.

단테가 한 뚜쟁이를 알아본다. 하지만 그는 고개를 숙이고 얼굴을 숨기려 한다. 베네디코 카치아네미코라는 이름을 부른 단테는 그에게 어째서 이곳으로 왔는지 묻는다. 이 남자는 볼로냐의 유력한 집안 출신이다. 그의 아버지는 과거 볼로냐의 겔프당 수장이었다. 그는 누이를 에스테 후작에게 넘기며 뚜쟁이 노릇을 했다. 여기서 단테는 뚜쟁이의 예로 극단적인 사례를 선택했다. 악마가 베네디코를 채찍질하듯, 단테는 볼로냐를 혹평한다. 단테는 그 도시를 알았고(아마도 그곳의 대학에서 공부한 듯하다), 그곳에 매춘부를 주선하는 일이 만연해 있음을 알았다. 수천 명의 남학생이 한 지역에 살았던 것이 큰 이유였다. 볼로냐는 단테가 특정 죄와 연결지어 생각하는 대여섯 도시 중 하나였다. 나머지 도시는 피사, 제노바, 시에나, 루카, 피렌체이다.

이 곡에서는 단 한 명의 뚜쟁이 이름만 거론되고 묘사된다. 여자를 유혹한 한 사람의 이름도 나오지만 그와 이야기하지는 않는다. 베르길리우스는 그를 지목한다.

이리로 오는 저 대단한 영혼을 보아라 [18:83]

그는 그리스 영웅 이아손Jason으로, 렘노스의 가장 강인한 여성을 만나서 유혹하고 떠난 색마로 유명하다. 렘노스 섬은 대담하고 잔인한 여성들이 거주하는 곳이었다. 그리스 신화는 유혹의 능력으로 의기양양한 이아손을 찬양하는 반면 단테는 지옥에서 그를 벌한다. 렘노스 섬의 사건 이후 이아손은 콜키스에서 출항했다. 콜키

스에서 그는 황금 양털을 얻었고 메데이아Medea를 유혹했다. 단테는 이아손의 용기와 지혜에 얼마간 "경의를 표한다." 하지만 그는 그보다 많은 시간을 그의 부정한 행위에 할애한다. 브루네토 라티니와의 만남 이후로, 시인은 죄인의 인격적으로 고상한 측면보다 그의 특정한 죄를 강조하여 보여주는 데 치중한다.

곡의 마지막 서른여섯 행은 두 번째 "구렁"을 묘사하는 데 할애된다. 아첨꾼들은 혐오스럽게도 배설물에 잠겨 있다. 단테는 루카 출신의 한 사람을 알아본다. 그는 자신의 혓바닥이 지칠 줄 모르고 알랑거렸음을 인정한다. 이번에 베르길리우스가 창녀 타이데를 지목하며 그녀가 고객들에게 하던 말을 인용한다. 단테는 그 말을 알랑거리는 예로 활용한다. 133행의 타이데에게 쓰이는 단어 '푸투나puttuna'는 이탈리아에서 여전히 창녀를 의미하는 강렬한 단어이다. 사실 타이데는 아테네의 유명한 창녀가 아닌 테렌티우스Terence의 희극 〈환관〉에 나오는 등장인물이다. 희극에서 기둥서방이 "내게 감사하는가?"라고 묻자 135행에 단테의 언급처럼 타이데가 "정말 기가 막히네요"라고 대답한다. 키케로는 《우정에 관하여》에서 아첨의 예로서 타이데의 이 대답을 인용했다. 단테는 테렌티우스가 아닌 키케로의 글에서 이 문장을 인용했음이 틀림없다.

단테가 쓴 "아첨"이라는 단어는 루카의 알레시오Alessio의 입을 통해 말해진다. 두 번째 "구렁"에는 악마가 없다. 아첨꾼들에게 벌은 시궁창의 악취와 오물이다. 이런 식으로 단테는 아첨꾼들이 비위에 거슬리는 인물들이란 걸 그려냈다. 한편, 오늘날 우리는 아첨이라고 하면 입에 발린 말을 하는 구애자 아니면 더욱 진지하게 연설을 통해 민중과 유권자의 비유를 맞추는 선동 정치인을 떠올리기 쉽다.

아첨을 설명하고자 단테가 사용한 "이득을 위해 거짓"을 쓴다는 표현이 흥미롭다. 타이데는 직업상 이득을 위해 터무니없는 말을 내뱉는데, 이것은 오늘날 광고와 영업에 사용되는 지나친 문구와 비교될 수 있다. 첫 두 "구렁"은 사기, 특히 개인의 이득을 위해 행해진 악의적 기만을 벌한다. 여기서의 벌은 "똥"인데, 단테는 이를 통해 아첨이 열매 맺지 못하는 배설물임을 표현한다. 인간의 감정은 아첨이 아닌 말로도 충분히 정직하게 표현될 수 있다. 수학과 건축에서는 정확성이 가장 중요하지만 예컨대 사랑, 철학, 도덕, 소설 창작에서는 감정과 마음 역시 중요하다. 그러나 이것은 아첨과는 구별된다.

타이데는 지옥의 존재들 중 성적 심상을 지닌 마지막 인물이다. 제2, 5, 18곡은 가장 고귀한 인물에서 가장 천한 인물로 옮겨간다. 제2곡은 베아트리체의 중재와 《신생》에서보다 훨씬 정화된 사랑을 보여준다. 제5곡은 다정하고 감미롭지만 어리석고 비극적 죽음을 야기하는 프란체스카의 성애를 그린다. 제18곡은 사랑 없는 성행위인데 단테는 그것의 불결함을 강조한다. 여기서 여성들은 모두 이중적 역할을 한다. 베아트리체는 연인이며 영적 인도자이다. 프란체스카는 애인이며 상간자이다. 타이데는 창녀이며 아첨꾼이다. 타이데에게 부여된 몇 행에서 그녀는 사랑을 사기 치는 사람임이 드러난다. 성을 직업으로 삼고서 사랑의 의미를 완전히 왜곡하는 사람이라는 것이다.

이득을 위한 거짓이라는 표현은 이 곡의 끝에서 두 번째 행에 나온다. 마지막 행은 베르길리우스의 짧은 경고로, 그는 단테에게 우리가 보았던 것에 만족하라고, 더는 이런 장면을 보지 않을 것이라고 말한다.

이제 우리가 본 것만으로도 진절머리가 나는구나.

이는 심리학자이며 신학자로서 베르길리우스의 말이다. 그의 가르침은 분명하다. 우리는 이러한 장면에 병적으로, 심지어 성적으로 말려들었을지 모른다. 단테는 과도한 훔쳐보기에서 이러한 경향을 보인다. 그는 때로 얼을 빼앗기고 또 때로는 죄인들을 향한 잔인한 충동을 보여준다. 베르길리우스는 그곳에서 시인의 내면에 깃든 연약함을 교정한다.

아퀴나스의 가르침에 따르면 인간의 자유의지가 모든 인류의 자유의지를 보호하고자 윤리적 제도를 만들어냈다. 이러한 제도는 가정, 사회의 예절, 국가의 법률 그리고 교회이다. 아퀴나스의 가르침에 따라 단테는 인간의 자유의지에 반대되는 가능성이 존재함을 알았다. 제8원의 열 구렁에서 다뤄지는 방대한 사안인 사기는 물리력이 아닌 누군가의 자유의지를 훼손하는 지적인 힘이다. 한 인간의 교활함과 거짓으로 다른 누군가는 자유의지를 잃어버릴 수 있다. 제8원은 지옥편 중 죄를 가장 길게 다룬다. 개인 간 일반적인 신뢰가 어떻게 깨어지는지를 검토하기 때문이다. 제9원은 친구, 가족, 사제 간에 보이는 특별한 유형의 신뢰를 깨뜨리는 죄인들을 벌

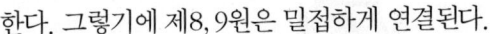

한다. 그렇기에 제8, 9원은 밀접하게 연결된다.

말레볼제의 열 구덩이는 13곡에 걸쳐 나온다. 이들 죄의 공통점은 무엇일까? 사기와 악덕의 죄는 점차 진전된다. 그 과정에서 개인과 제도는 거짓된 개인으로 인해 진리로부터 벗어난다. 각각의 경우 죄인은 사기꾼이다.

Duke University Literae humaniores lecture

제19곡

성직을 사고파는 자 : 세 교황

단테에게는 세 번째 "구렁"의 성직 매매자들이 뚜쟁이와 색마보다 더 혐오스럽다. 단테가 첫 행에서 부르는 이름에서 그들의 정체가 드러난다.

아, 마술사 시몬이여! 불쌍한 추종자들이여!

성 베드로가 사마리아의 시몬을 저주했다(사도행전 8장). 그가 성령의 은사를 돈으로 살 수 있다고 생각했기 때문이다. 베드로가 시몬을 꾸짖었던 1세기 이후로 교회 역사 내내 동일한 저주 소리가 계속 이어졌다. 한정된 자원으로 무한한 가치를 구입할 수 있다고 믿는 성직 매매의 죄는 끊임없이 로마 교회를 괴롭혔다.

성직 매매에 관한 이번 곡은 여자의 정절을 돈으로 사고팔 수 있다는 앞의 곡과 밀접하게 연관된다. 전통적으로 "그리스도의 신부"라 불리던 교회는 "금과 은에 팔렸다." 또한 사마리아의 시몬이 마술을 행했다고도 여겨졌다.

세 번째 구렁에서 죄와 벌의 관계가 분명히 펼쳐진다. 현세에서 영적인 가치를 물질적인 것보다 아래에 두고서 질서를 어지럽혔던 성직 매매자들은 머리를 아래로 하여 바위 구멍에 "박혀" 있다. 죄인들의 발바닥은 가장 위에 놓이고 불꽃이 기름 흐르듯 발바닥 언저리로 오락가락한다. 이처럼 이번 곡은 단테가 뱉어내는 분노로 시작된다. 단테가 부패한 성직자들을, 특히 교황의 패악한 권한을 혐오하기 때문이다. 제19곡에서는 로마 교황의 이름을 분명하게 밝히고 책망하기까지 한다.

　모든 성직자들은 성별(聖別)되었기에 그들이 행하는 성례는 타당하다. 이는 성스럽지 못한 성직자에게도 적용되는 교리이다. 성직을 매매하는 성직자들은 사욕을 채우기 위해 성례와 교회의 직무를 밀거래하는 사람들이다. 제18곡에서 보았던 성으로 돈벌이를 하는 창녀의 모습이 제19곡의 성직 매매를 하는 최고위자의 모습으로 재현된다. 바로 대주교이다. 대주교는 몸을 파는 여성의 형상으로, 다시 말해 교회를 파는 "그리스도의 신부"이다.

　단테는 말레볼제의 앞쪽 구덩이에 단계적으로 들어갈 죄를 고심하여 결정했다. 같은 곡에 등장하는 첫 두 구렁에서는 돈과 연관된 성범죄를 벌한다. 세 번째 구렁에서는 성직 매매자들 또는 성물을 판매한 자들을 벌한다. 다섯 번째 구렁에서는 탐관오리들, 때로는 수뢰자라 불리는 이들을 벌한다. 세 번째와 다섯 번째 구렁 사이에서 점쟁이들을 보게 된다. 한 웅덩이에서 다른 데로 옮겨가며 단테의 태도는 상당히 달라진다. 첫 두 구렁에서 그는 관찰자와 해설자 이상이다. 색마 이아손과 마주한 단테는 황금 양털을 찾아 항해

Duke University Literae humaniores lecture

한 영웅을 기억하며 그에게 얼마간 감탄한다. 세 번째 구렁에서 그는 화를 내며 도덕적 울분이 가득하다. 이러한 긴장은 탐관오리들의 다섯 번째 구렁에서 표출된다. 그곳의 분위기는 확실히 희극적이다. 점쟁이들이 있는 네 번째 구렁에서는 역사적 신화적 인물들을 재현해낸다. 뚜쟁이와 창녀에게, 아첨꾼과 점쟁이에게, 성직 매매자에 대한 단테의 어조는 꽤 근엄하다. 그러나 다섯 번째 구덩이에서는 조금 관대해진다.

세 번째 구렁의 구멍을 본 단테는 자신의 일화를 떠올린다. 그 일은 성 요한 성당이라 불렸던 피렌체 성당의 세례반에서 벌어졌다. 그 자신 역시 이곳에서 세례를 받았던 시인은 17행에 이에 대한 애정 넘치는 구절을 쓴다. 당시 다수의 세례반에는 주위로 돌 칸막이 또는 구멍이 있었다. 많은 아기들이 한꺼번에 세례를 받는 날, 사제들은 그곳에 서서 거세게 밀치는 군중들로부터 자신들의 몸을 보호했다. 하루는 한 소년이 구멍에 끼였고 단테는 소년을 꺼내기 위해 돌의 일부를 부숴야만 했다. 시인은 성물을 부순 행위로 신성모독자라 불렸을 것이다. 16~21행의 짧은 구절을 통해 단테는 자신이 무죄임을 밝히고 기록을 바로잡기 원했던 듯하다.

죄인들의 떨리는 다리를 보던 단테는 한 영혼이 다른 영혼들보다 세차게 떠는 것을 발견하고 베르길리우스에게 그가 누구인지 묻는다. 베르길리우스는 단테를 낮은 둔덕으로 인도한다. 거기서 단테의 눈높이는 그 영혼의 사타구니 정도이다. 죄인의 머리와 몸통은 구멍 안에 있어 보이지 않는다. 일찍이 피렌체에서는 살인자를 산 채로 땅에 꽂은 다음 구멍을 메웠는데, 사제가 사형수의 마지

Duke University Literae humaniores lecture

막 말을 듣고자 몸을 숙였던 것처럼 단테는 그 영혼의 이야기를 듣고자 몸을 숙인다.

여기서 단테는 기발한 방식으로 그의 큰 적인 교황 보니파키우스 8세에게 유죄를 선고한다. 단테는 그 영혼에게 질문하며 그를 "말뚝"이라 부른다. 이 영혼은 교황 니콜라우스 3세로 그는 1280년에 사망했다. 니콜라우스 3세는 자신에게 이야기하는 사람이 보니파키우스라 믿고 어리둥절해한다. 왜냐하면 보니파키우스는 1303년에야 지옥에 오는데 지금은 1300년이기 때문이다. 베르길리우스는 이름을 알리고 오해를 바로잡으라고 단테를 재촉한다. 그렇게 오해가 풀어지자 그제야 망령은 말한다. 한때는 위대한 망토를 걸쳤다고(위대한 망토는 교황의 법의를 뜻한다), 사실 암곰의 아들이었다고 말이다. 암곰(오르사, orsa)이라는 단어는 니콜라우스가 오르시니 Orsini 가문 출신임을 알려준다. 죄의 고백은 몇 줄 되지 않는다. 그는 말한다. "새끼 곰들"을 잘 자라게 하고자 "세상에서 돈을 긁어모아 주머니에 넣었고 여기서는 나 자신을 주머니에 처박았소." 니콜라우스 3세는 "조카들"을 부유하게 만들고자 성직을 매매했다.

72행은 생략과 은유 때문에 특별하다. "윗자리에서는" "돈을 주머니에 넣고" "여기서는" "나 자신을 주머니에 넣었다." 니콜라우스는 돈을 얻느라 (그리고 그것을 가문의 사람들에게 주느라) 그 자신은 특정한 세 번째 웅덩이의 곤경에 처하게 됐노라고 말한다. 하지만 단테는 니콜라우스를 보니파키우스만큼은 공격하지 않는다. 보니파키우스는 1294년부터 1303년까지 교황으로 군림했다. 니콜라우스는 다음 계승자의 이름도 말한다. 아비뇽의 첫 교황 클레멘스 5세로 그 또한 성직을 매매했던 것으로 알려진다. 성직 매매를 한 세 교황은 결국 같은 구멍에 머리로부터 거꾸로 꽂혀 있게 될 것이다. 보니파키우스 8세는 오리시니 가문만큼이나 귀족 가문인 카에타니 가문에 속했다. 그는 1300년에 아직 살아있었다. 그 해는 그가 선포한 성년(聖年, 성서에 의거해 7년마다 안식년이 있고, 7년이 다시 7번 지나는 50년째의 해)이었다. 이 구절에서 단테는 말을 삼가려 노력한다. 아마도 교황의 높은 지위에 대한 존경 때문일 것이다.

성직 매매는 로마 교회의 가장 괴로운 시련 중 하나였다. 교회 건물은 유지 보수되어야 하며 성직자들도 살아가야 한다. 성직 매매가 시작되는 시점과 교회의 재산 관계를 정확히 알 수는 없다. 그러나 교회사를 보면 시간과 장소 그리고 성직자에 따라 성직 매매가 다르게 이루어졌다는 사실은 분명하다.

단테는 그의 시대에 살았던 세 교황을 고발하지만 곡의 어조는 불손하지 않다. 지옥편에서 단테의 여행이 이뤄진 것은 1300년으로 보니파키우스와 클레멘스가 아직 지옥에 없기 때문이다. 이 장면에는 비극뿐 아니라 예언도 나온다. 오리시니 가문 출신 니콜라우스 3세는 단테에게 자신의 신분을 밝히고, 죄를 고백하고, 자신이 받는 벌을 설명한다. 그는 스스로가 아닌 가문의 유익을 위해 성직 매매를 행했다.

여기서 단테는 지옥 영혼의 예언하는 능력이란 장치를 사용한다. 그리고 니콜라우스의 예언에 이어 88행부터는 단테 자신이 통렬한 비난을 가한다. 일부는 역사적인, 일부는 신학적인 판단에서 나온 비난이다. 초대교회에서 성 베드로에 관련된 인상적인 두 이야기로 단테는 과거 성직 매매의 죄를 어떻게 막았는지 알려준다. 그리스도는 천국의 열쇠를 베드로에게 주며 돈을 요구하지 않았다. 베드로 역시 배반자 유다의 자결로 생긴 열두 제자의 빈자리에 마티아라는 사람을 뽑을 때 돈을 바라지 않았다. 니콜라우스에게 건네는 말로 단테는 이야기를 마무리한다.

거기 그대로 있으시오, 온당한 벌을 받고 있으니 [19:97]

다섯 행 아래에서 단테는 일반적인 호칭을 사용해 니콜라우스에게 다시 이야기한다.

당신이 쥐고 있던
고귀한 열쇠에 대한 존경심이 아니라면 [19:101~102]

그리고 두 행 아래 104행에서 단테는 복수형 "당신들의 탐욕"이라는 말로 모든 교황을 공격한다.

다음으로 시인이 요한계시록과 교회를 언급할 때, 바빌론의 큰 음녀를 언급할 때 성직 매매에 대한 비난은 점점 엄격해진다. 단테는 금을 원하는 교황의 탐욕을 금송아지를 예배하는 유대인에 비교한다. 단테의 점증하던 격렬함은 "아, 콘스탄티누스여!" 하는 외침으로 끝난다. 313년 콘스탄티누스의 기증 또는 선물에 대한 암시이다. 오늘날 위조 서류로 여겨지는 문서에서 최초의 기독교도 황제 콘스탄티누스는 교황에게 이탈리아를 통치할 세속적 권력을 부여했다. 단테는 그러한 행위를 명백히 개탄하며 그러한 행위의 결과 황제의 권력이 쇠퇴되고 교회의 타락이 시작되었다 믿었다.

제20곡에 단테의 외침에 대한 두 반응이 나온다. 분노 또는 부끄러움으로 니콜라우스는 다리를 전보다 더욱 사납게 흔들고, 베르길리우스는 학생의 (또는 아들의) 말에 만족한 스승처럼 (또는 아버지처럼) 만족한 표정을 짓는다. 단테가 "진정한 말"을 했고 베르길리우스는 이를 인정했다. 이제 베르길리우스는 단테를 안고 꽉 잡아 네 번째에서 다섯 번째로 건너는 사이 길을 지나도록 돕는다. 산양에게조차 험한 길이다. 베르길리우스는 단테를 들어서 다음 골짜기가 보이는 장소에 두는 신체적인 힘과 민첩함을 보인다. 마지막 열세 행에서 베르길리우스는 사랑 넘치는 지도자로서 전면으로 되돌아온다. 131행에는 "관대함"과 "감사함"의 두 단어가 쓰인다. 단테의 변화에 감사하며 베르길리우스는 관대히 단테를 들어 옮긴다.

제1, 2곡 이후로 베르길리우스는 시인이며 로마제국의 찬미자로 명시적으로 표현되지 않았다. 그는 제19곡에서 제자가 성직을 매매하는 교황의 세속성을 맹렬히 비난하게 됨에 기뻐한다. 이 문단에는 황제와 교회 사이의 힘의 균형이 세상에 평화를 보장한다는 단테의 중요한 정치 이론이 암시되어 있다. 그 생각은 14세기의 이상향이었고 단테는 그 주요한 해설자였다. 이에 따르면 교황의 세속 지배권은 고통을 주는 교회 악의 원인으로 신자들의 영혼을 위협했다.

Duke University Literae humaniores lecture

제20곡

예언자 : 테이레시아스

성직 매매자들에게 그랬듯 단테는 네 번째 "구렁"에 거주하는 점쟁이들과 예언자들에게 강한 반감, 심지어 혐오감을 보인다. 단테는 중세 시기 때때로 베르길리우스가 마법사로 여겨졌음을 분명히 알고 있었다. 단테 자신이 마술을 받아들여 비난받았다는 이야기도 믿을 만하다. 제20곡의 점쟁이들을 향한 강력한 비난은 베르길리우스와 단테 자신에 관한 모든 의혹을 쫓으려는 소망으로 해석하면 부분적으로는 맞을 것이다.

이번 곡에는 예외적으로 말을 하는 죄인이 아무도 없다. 시인은 전설과 과거 현재 양편의 신화적 인물들을 상기시킨다. 대부분의 독자는 이번 곡에서 테이레시아스Tiresias 이야기와 만토바Mantua의 기원에 대한 이상한 설명을 기억하게 될 것이다. 끝 부분 아스덴테Asdente의 언급에는 약간 희극적 어조가 묻어난다.

베르길리우스가 내려준 돌다리 위에서 단테는 지금 복술가와 점쟁이들의 새로운 세계를 내려다보고 있다. 죄인들은 아주 천천히 걸으면서 소리 없이 운다. 목이 완전히 돌아갔기에 그들의 몸은 앞쪽으로 움직이지만 그들의 시선은 뒤쪽을 향한다. 이 모습은 죄와 그에 적합한 벌로서 가장 인상적이다. 만약 미래를 안다면 그것은 현재의 행동에 방해가 될 것이다. 즉 미래에 대한 지식이 현재의 몸을 마비시킨다.

단테는 이 모습을 하고 있는 남녀에 연민을 느끼고 흐느낀다. 그들은 얼굴이 돌아가 있기에, 눈물이 엉덩이를 적신다. 예언에 대한 처벌은 단테의 고유한 창작이다. 호메로스나 베르길리우스에게서는 찾아볼 수 없고 구약성서에서는 약간의 암시만 나온다. 지혜로운 자들을 '물리쳐'(backward, '뒤를 향한'과 '뒤떨어진'의 두 가지 뜻을 모두 가진다) 그들의 지식을 어리석은 것으로 만든다는 부분이다(이사야서 44:25).

베르길리우스는 곧장 단테의 "눈물"을 핀잔한다. "넌 여전히 다른 멍청이들과 다를 것이 없구나." 베르길리우스가 사용한 단어 "멍청이sciocco"는 오늘날 이탈리아에서 여전히 사용된다. 베르길리우스가 꾸지람의 이유를 설명하는 행에서 단테는 앞의 제19곡에서 쓴 "주머니"와 마찬가지로 생략과 이중적 의미를 훌륭히 활용한다. '신앙심piety'과 '연민pity' 두 가지 모두를 뜻하는 '피에타pietà'를 이중적 의미로 썼기 때문에 그 행은 이렇게 풀어쓸 수 있다.

> (인간을 향한) 연민이 죽어야만 이곳에서
> (하느님을 향한) 신앙심이 살아난다. [20:38]

베르길리우스는, 만약 죄인들에게 동정을 느끼고 표현한다면 그

Duke University Literae humaniores lecture

것은 하느님의 정의에 의문을 제기하는 것이라고 단테에게 말하고 있다. 이 행은 사뮈엘 베케트는 단편소설 〈단테와 가재〉에서도 언급된다. 소설 속 영웅 벨라쿠아 수아Belacqua Shuah는 이 말의 의미와 하느님의 자비라는 문제 전체를 염려한다.

베르길리우스가 고대의 예언자와 점쟁이 몇 명을 말하기 시작한다. 그중 그리스 비극에 등장하는 유명한 테베의 예언자 테이레시아스가 있다. 오비디우스의 《변신 이야기》 3권에는 그의 이야기가 전부 나온다. 소년 테이레시아스는 뒤엉겨 교미하는 뱀 두 마리를 보았다. 그것들을 떼어놓으려 막대기로 때리자 그의 몸이 소녀로 변했다. 7년이 지나 테이레시아스는 교미하는 동일한 뱀을 발견했고, 그것들을 막대기로 때리자 몸이 다시 남자로 돌아왔다. 남녀 중 누가 사랑에 탐닉하는지에 대해 주피터와 주노가 언쟁을 벌였다. 그들은 답을 결정하고자 양성을 경험한 테이레시아스에게 의지했다. 그가 여성이라고 대답하자 주노는 그를 쳐서 장님으로 만들었다. 주피터는 보상으로 그에게 예언의 능력을 주었다. 그리스 로마 신화 속에는 점쟁이들이 많이 있었지만 단테는 초기 유대와 기독교 시대의 예언만이 참이라 확신했다.

77~99행에서는 만토바의 기원을 자세히 설명하는데 그곳은 베르길리우스의 고향이다. 이 문단도 단테의 창작으로 여겨진다. 화자는 베르길리우스로, 그는 테이레시아스의 딸 만토Manto의 이야기를 들려준다. 무녀인 만토는 도시와 주거지에서 약간 떨어져 마술을 행하기에 적합한 장소를 선택했다. 문자 그대로 만토가 만토바를 세운 것은 아니지만 그녀는 미래의 장소에서 살다가 죽었다.

Duke University Literae humaniores lecture

만토바란 도시명은 93행에 나온다. 만토바는 남부 롬바르디아의 주도 밀라노 근처에 있다. 이곳 만토바는 늪지의 섬으로 묘사되며 지옥의 도시 디스와 어느 정도 유사하다. 혹자는 단테가 지옥 풍경의 특징을 이탈리아의 이 도시에서 가져왔다고 믿는다. "만토바 사람"이라는 말은 제2곡의 58행에 사용되었는데, 이 단어는 여전히 이탈리아에서 라틴 시인을 지칭하는 데 사용된다. 단테는 만토바와 관련된 이야기가 사실임을 강조하며 우리에게 이야기한다. 만토바는 만토와 그녀의 하인들 유골 위에 세워졌다는 것이다.

> 그들은 죽은 그녀의 유골 위에 도시를 세웠다 [20:91]

이번 곡의 마지막 서른 행에는 당대의 다른 예언자들도 등장한다. 예컨대 마이클 스콧은 주술사이자 프리드리히 2세의 점성술사였다.

이번 곡에는 죄인의 입을 통한 어떤 이야기도 없으며 점술에 대한 생각과 단테의 견해만 강조된다. 단테는 돈을 위해 신의 생각을 파는 것은 성직 매매보다 더한 죄라 생각했고 따라서 이들을 그들보다 더욱 낮은 지옥에 배치했다.

예언은 참된 은사이다. 하지만 돌팔이들이 예언자인 척하고 그들이 소유하지 않은 은사를 사칭한다. 지금 마녀들은 점쟁이라 불리고 그들의 기술은 가벼운 믿음 위에서 번창한다. 단테는 점치는 행위를 타락한 언어, 아첨꾼과 색마의 언어가 다음에, 성직을 매매하는 교회의 변절 다음에 둔다. 신은 미래를 알고 있기에 점을 치는 것은 신을 생각을 판매하는 것이나 마찬가지이다. 종교가 신용을 잃은 시대에 사람들은 주술사, 거짓 선지자, 점성술사, 영매에게로 간다. 단테의 눈에 뒤틀린 인간은 뒤틀린 미래의 결과이다. 그래서 단테는 뒤틀어진 인간의 몸에 눈물을 흘린다.

단테의 물터터짐을 책망한 후, 베르길리우스는 많은 설명과 풍부한 사례를 들려준다. 그의 웅변은 두 시인이 보는 말 없는 유령들과 뚜렷이 대조된다. 베르길리우스는 마법의 사라진 세계를 재현하고 독자들은 섬뜩한 장면에서 빠져나와 전설과 역사 이야기를 따라간다.

네 번째 "구렁"에서 단테는 미래를 들여다보려는 인간의 모든 노력을 정죄하는가? 만약 그렇다면 그는 이 시 자체를 비난할 것이다. 이들 죄인 중에는 주술사나 마술사 또는 기적을 행하는 사람, 이교도 예언자, 중세의 점쟁이와 예언자가 섞여 있다. 네 번째 구렁과 앞선 구렁은 마술사 시몬의 이름으로 연결된다. 즉 제19곡은 "아, 마술사 시몬이여!"로 시작된다. 시몬은 별 볼 일 없는 마술사 또는 주술사였지만 "성직 매매"와 "마법"은 밀접한 관련이 있다.

교회의 이적(異蹟)에 대응하는 주술적 의식을 사탄이 통제한다는 것은 중세 시대의 오랜 믿음이었다. 파문된 사제가 미사를 행하면 성례는 그대로라도 예식은 주술 의식이 되어 버린다. 사탄의 가장 오래된 호칭은 "천생의 바보" 또는 "기적을 행하는 자"이다.

점은 전통적으로 금지되었다. 하느님의 생각이 무엇인지 알아내기 위해 미래를 들여다보기 때문이다. 하느님의 신성은 물론 기본적 교리이다. 하지만 점 또는 신이 아는 미래를 추측하는 것은 심

Duke University Literae humaniores lecture

각하게 잘못된 자만이다. 그리고 단테는 점이나 추측이 돈에 팔리는 것을 성직 매매보다 더 사악하게 보았다.

그럼에도 불구하고 인간이 알 수 있고, 알아서 도움이 되도록 활용해야 하는 미래의 보편적 요소가 있다. 기근의 예측이나 일기예보, 생태계를 함부로 하면 초래될 결과에 대한 예언은 인간에게 선하다.

어떤 주석가들은 만토바의 토대에 대한 이야기를 여담이라며 비평한다. 하지만 그 이야기를 통해서 베르길리우스가 과거의 잘못 또는 신념을 교정하기를 원했음은 분명하다. 그래서 그는 사실이라 소개한 것을 공들여 설명하는데 이는 이번 곡에 담긴 마술과 속임수의 요소를 무력화시킨다.

이곳, 점쟁이들의 네 번째 구렁은 단테의 여행에 전환점이 된다. 단테가 지옥의 영혼들을 동정하는 마지막 장소이기 때문이다. 베르길리우스가 "피에타"에 대해 말하며 동정은 지옥 바깥의 일이라고 조언한다. 죄 받을 행동은 영혼의 질서를 깨뜨린다. 시는 단테에게 실례를 들어 하느님의 정의를 보여주는 것으로 구성된다. 이 때문에 제20곡에서 베르길리우스의 웅변과 점쟁이들의 말 못할 고통은 확연한 대비를 이룬다. 베르길리우스는 프란체스카, 치아코, 피에르 델라 비냐, 브루네토 라티니를 향해 표현된 단테의 감정은 비난하지 않았다. 하지만 이곳의 테이레시아스, 만토, 마이클 스콧에게는 신학 이론이 강조된다. 123행에서 약초와 인형을 언급하는 것은 위험한 주술과 관련되는데, 약초는 다른 사람의 의지를 지배할 능력을 얻고자 사용되며 누군가의 죽음을 초래하려 밀랍으로 만든 인형을 찌르기 때문이다.

곡의 마지막 일곱 행은 현세의 시간을 알려주는 결정적 암시이다. 앞서 성 금요일에는 보름달이 떴고 이제는 달이 기운다. "카인과 가시"는 "달 속에 있는 인간"을 가리키는데, 이때의 달이 빛과 가시를 동시에 갖고 있기 때문이다. 중세 이탈리아에서는 달에 있는 검은 반점이 성서에서 동생 아벨을 죽인 카인이 가시를 짊어진 모습이라 보았다. 즉, 이야기가 펼쳐지는 시간은 토요일 새벽이다.

Duke University Literae humaniores lecture

제21곡

탐관오리 : 말라코다

성직 매매자와 점쟁이 아래 다섯 번째 구렁에 탐관오리가 있다. 그들 때문에 도시나 국가의 유기적 조직은 비정상적으로 보인다. 성직 매매자들이 교회에 행하는 것을 탐관오리들은 국가에 행한다. 그들은 국가의 일을 밀거래한다. 하느님의 일들을 학대한 이후로 카이사르의 일들을 학대한다. 성직 매매자보다 탐관오리를 더욱 낮은 지옥에 배치함으로써 단테는 하느님 일을 팔아넘기는 것보다 카이사르의 일을 팔아넘기는 것이 더욱 나쁜 죄임을 암시하고 있다.

단테 철학에 의하면 교회처럼 국가의 권위도 하느님으로부터 나온다. 국가는 교회의 더 심오한 단계이다. 국가는 황제로 대표되며 황제는 인간의 자연적 질서에서 가장 높이 있다. 한편 교회는 교황으로 대표되고 인간의 영적 질서에서 가장 높이 있다. 단테의 철학은 먼저 세상의 재산에 정직할 필요가 있으며, 그런 훈련을 통해 종교적 재산과 관련해서도 정직해질 수 있다는 것이다. 단테는 이를 정당화하려 그리스도의 말을 자주 인용한다. "보는 바 그 형제를 사랑하지 아니하는 자는 보지 못하는바 하느님을 사랑할 수 없느니라."

다섯 번째 "구렁"이 제21, 22곡과 제23곡의 첫 73행을 차지한다. 여기서 관직 매매는 얽히고설킨 인생 드라마로 지옥편에서 가장 복잡하다. 이번 곡의 새로운 분위기를 알리고자 단테는 2행에서 전체 시를 말하며 '코메디아'(희극, comedia)라는 단어를 사용한다. 앞의 곡 끝 부분 113행에서 베르길리우스는 그의 시를 '비극'(트레제디아, tragedia)이라 언급했다. 단테는 〈속어론〉과 칸 그란데에게 보낸 편지에서 두 단어를 정의한다. "비극"은 사건이 불행으로 끝나고 문체가 고양되는 시인 반면 "희극"은 행복하게 끝나고 문체도 덜 고상하고 더 구어체적인 시이다. 다섯 번째 구렁은 문학 장르에 대한 이론을 설명하고, 기괴한 요소는 멀리 밀려난다.

영어에서 "관직 매매barratry"와 "탐관오리barrator"는 쓰지 않는 말이 되었고 대신에 "수뢰graft"와 "수뢰자grafter", 공무와 연관된 사기에는 "사기꾼swindler"이 쓰인다. 단테는 "국가의 타락La barratteria"이라고 표현하는데, 이 말은 고대 프랑스어 "속이다barater"를 어원으로 한다. 현대 프랑스어로는, 듣는 사람을 속이려는 장황한 이야기를 나타내는 말로도 쓰인다.

탐관오리가 받는 벌은 끓는 역청이다. 단테는 "역청"으로 "라 페골라la pegola"와 "라 페카la peca"의 두 단어를 사용한다. 오늘날 이탈리아어에서 전자는 쓰이지 않지만 후자는 여전히 쓰인다. 단테가 베니스의 병기창에서 선박의 틈을 메우며 사용하는 역청을 보았음은 분명하다. 베니스의 해군력이 매우 강했던 중세에 병기창은 중

Duke University Literae humaniores lecture

요한 조선소였다. 역청의 특징은 붙이거나 더럽히거나 무엇이든 닿는 것을 들러붙게 만드는 것이다. 검고 오래 지속되며 "끈적이는" 역청에는 접착성뿐 아니라 악의 기본적 속성도 함축돼 있다.

성직 매매 그리고 점술과 비교할 때 관직 매매는 확실히 매우 복잡하다. 성직 매매 행위는 사제나 주교를 타락시키지만 교구민이나 교구의 구성원은 타락시키지 않는다. 점은 점쟁이나 예언가에게 해롭지만 하느님께는 해롭지 않다. 제19곡의 성직 매매자는 각자 따로 구멍에서 벌을 받는다. 제20곡의 점쟁이는 목이 돌아간 채 각자 따로 걷는다. 그러나 관직 매매는 역청의 특성에 맞게 도시나 시민 제도 전체를 더럽히고, 도시를 다스리는 관련 원칙을 무너뜨린다. 그곳은 "어두워야" 맞다. 왜냐하면 탐관오리는 숨어지내며 어둠 속에서 행동하기 때문이다. 다섯 번째 구렁에서 예전에 그들의 악한 책략 뒤에 숨었던 것처럼 그들은 역청 아래에 숨겨진다.

탐관오리들은 역청뿐만 아니라 악마들에게도 괴롭힘을 당한다. 그들은 둔덕에 머물며 역청이 허용된 것보다 많이 나오는 영혼들에게 갈퀴로 상처를 낸다. 시커먼 악마들은 뾰족한 어깨에 날개를 갖고 있다. 그들은 갈퀴를 들고서 영혼들을 고문한다. 이 장면은 전반적으로 제12곡의 장면과 비슷하다. 거기서 폭군과 살인자들은 끓는 피에 처박혀 있다. 화살로 무장한 켄타우로스가 적당한 깊이에 머물도록 그들을 감시하고 통제한다. 다섯 번째 구렁의 악마는 더욱 잔인하고 가학적이며 희극적이다. 관직 매매 장면의 주된 볼거리인 그들은 죄인들을 괴롭히며 어릿광대짓을 한다. 그들은 지옥편에서 디스 입구의 타락한 천사(제8곡)와 폭력 영역의 많은 켄타

우로스(제12곡)를 연상시키며 악마에 대해 더 알려준다. 이곳의 장면은 신화를 토대로 하지 않는다. 다른 사건에서의 우리가 보았던 괴물과는 달리 고딕, 중세풍, 그로테스크, 북쪽 지방 스타일이다.

여러 이야기가 펼쳐지며 우리는 고통당하는 죄인들과 속임을 당하는 고문자들을 본다. 악이 펼쳐지는 광경은 부조리하고 우스꽝스럽다. 악마, 저주받은 영혼, 방관자 베르길리우스와 단테, 세 역할의 조합이 확실히 그려지는데 모두의 역할이 똑같이 중요하다.

제21곡은 완전히 반반으로 나뉘며 다섯 번째 구렁 전체에서의 첫 두 사건을 구성한다. 첫 번째 사건은 세 곡 속 사건의 서곡이다. 단테와 베르길리우스는 다리에서 아래의 장면을 내려다본다. 시꺼먼 악마가 날카롭고 억센 어깨로 지금 막 죽어서 역청으로 배정되었음이 분명한 루카의 한 관리를 운반한다. 이로써 단테는 투스카니의 피렌체 근처의 도시 루카를 관직 매매로 혹평한다. 41행에는 이런 구절이 나온다. "본투로Bonturo 말고는 다 도둑놈들이야." 마지막 구절은 역설적이다. 본투로가 그 도시에서 최악의 탐관오리로 알려졌기 때문이다.

그 관리를 역청 속에 처박은 후, 악마는 둔덕으로 급히 올라가 그를 감시한다. 악마는 마치 도둑을 쫓는 개 같다. 죄인들은 기도하는 듯한 자세로 "구부정하게" 표면으로 올라온다. 경건해 보이는 이 자세를 악마가 조롱한다. "경건한 모습에 이만한 장소도 없지." 이는 루카 성당의 숭배 받던 고대 그리스도의 형상을 암시한다. 악마는 루카의 강 세르키오Serchio와 역청에서 수영하는 것은 다르다며 그 관리를 향한 조롱을 계속한다. 그는 말레브란케

Malebranche 또는 "사악한 앞발"이란 말로 동료 악마들을 불러들여 죄인들을 역청 아래로 쑤셔 박는다. 악마들은 백 개도 넘는 갈퀴로 그를 찌르고 잡아당긴다. 단테는 그들의 행동을 요리사 조수들이 가마솥에 넣은 고기가 떠오르지 않도록 갈고랑쇠로 밀어 넣은 것에 비유한다.

두 번째 사건에서는 먼저 베르길리우스가 움직이고 단테가 따라간다. 베르길리우스는 담판을 짓기 위해 악마들 사이로 내려가고 바위 뒤로 숨은 단테는 평소보다 더욱 겁에 질렸다. 악마들이 베르길리우스에게 "폭풍처럼 돌진한다." 용맹한 베르길리우스는 그들을 멈춰 세우고 여섯 번째 "구렁"으로 가는 길을 묻는다. 그리고 다시금 그가 단테의 길잡이가 되는 것이 하늘의 뜻이라 주장한다. 악마들 지도자이며 그들 무리에서 가장 교활한 말라코다를 부른다. 말라코다는 '사악한 꼬리'라는 뜻이다. 여기서는 불분명하지만 앞으로 우리는 말라코다에게서 사기의 작동방식을 볼 것이다. 말라코다는 다른 모든 다리는 무너졌다며 어디로도 갈 수 없는 다리로 두 여행자를 인도한다.

악마의 우두머리 말라코다가 이 거짓말을 하기 전에 스카르밀리오네라는 악마가 단테의 엉덩이에 상처를 내겠다고 위협하자 말라코다가 그 악마에게 몸을 홱 돌리며 말한다.

가만, 가만있어! [21:105]

이는 "잠잠해라, 잠잠해" 또는 "내려놔라, 내려놔"로 번역될 수 있는데 우리가 개에 명령할 때 하는 말과 같다.

그리고 말라코다는 단테와 베르길리우스를 호위하도록 선택된 악마들의 이름을 부른다. 악마는 전부 열인데 각 이름의 발음은 우스꽝스럽고 의미는 모호하다. 알리키노, 칼카브리나, 치리아토, 그라피아카네 등이다. 단테는 스카르밀리오네의 위협에 더욱 두려워한다. 단테는 베르길리우스에게 안내 없이 그들끼리 가자고 제안하지만 괴기스러운 괴물 군단, 악마들의 10인대(la decina, 고대 로마에서 10명으로 이뤄진 무리)가 준비된다. 각자는 그들의 지도자에게 신호를 보내고 혀를 이에 부딪치는 소리를 낸다. 그러자 말라코다가 방귀로 대답한다. "그는 궁둥이로 나팔을 불었다." 몇몇 이탈리아 학자들 말로는, 이탈리아 학생들은 이 마지막 행을 가장 확실히 기억한다고 한다.

여기서 우리는 사뮈엘 베케트Samuel Beckett를 떠올리게 된다. 그는 1933~1935년 사이에 〈에코의 본질과 잔재Echo's Bones〉라 불리는 13편의 시를 썼다. 적어도 4편의 시에서 단테의 존재가 분명히 느껴지는데, 그중 하나가 〈말라코다〉라는 제목의 시이다. 지옥편에서 말라코다는 악마 대열의 우두머리로 (단테에게는) 두려움을, (독자에게는) 해학을 준다. 베케트의 시에서 말라코다는 장의사의 조수로 세 차례 (아마도 베케트의) 집으로 온다. 첫 번째는 죽은 남편의 관을 재기 위해서이다. 두 번째는 시체를 관에 넣기 위해서이다. 세 번째는 관 뚜껑을 덮기 위해서이다.

여기서 말라코다는 사후 세계로 떠나는 대열의 우두머리이다. (비록 살아있는 사람이 여행자 단테 알리기에리를 통해 구체화했지만) 단테의 대열은 죽은 자들의 세계 속에 있다. 베케트의 대열은 죽은 사람을 저편의 영원한 세상으로 보내려 행동하며, 그 이름이 알려주듯 말라코다는 인생의 맨 마지막을 주재한다.

제21곡에서 베르길리우스는 지옥을 통과하는 인도자로서 사명이 하늘로부터 비롯되었음을 결코 잊지 않는다. 마찬가지로 베케트의 시에도 화자의 방심하지 않는 침착함 속에, 미망인의 슬픔 속에 생각이 분명히 드러난다. 화자는 아마도 망인의 아들로 미망인을 말라코다로부터, 관과 장례의 준비로부터 보호하기를 원한다.

베르길리우스, 단테, 말라코다의 원형 모두가 베케트의 〈말라코다〉에 복제되어 나타난다. 제21, 22곡의 유머, 두려움, 진지함도 마찬가지다. 이탈리아의 에피소드와 베케트 시를 결부시키는 가장 중요한 특징은 상당한 섬뜩함과 비현실성이다. 단테 글에서 죄인들은 역청에 잠겨 악마들로부터 할퀴는 괴롭힘을 당한다. 인간의 형체는 끈끈한 막에 덮여 엉망이고 알아볼 수 없다. 베케트의 시에서 살아있는 사람들은 화자, 어머니, 그리고 아마도 장의사의 조수이다. 이들은 슬픔과, 더는 인간이 아닌 송장과 일시적으로 가까이 있다는 사실에 압도당한다. 망자는 집에서 이미 신체적 변화를 겪고 있다. 살아있는 자들은 거기서 인간의 연약함을 배운다. 이러한 변화는 몸에 대한 부정이다. 이는 근대 시인이 단음절 "nay"로 시를 끝마치게 만든다. 장례 준비는 여행의 준비인 듯하나 사실 여행은 없으며, 아무것도 실재하지 않는다. "nay"는 마지막 행으로 앞의 세 연과 분리된다. 그 단어는 시인이 독자들의 마음에 만들어 낸 바를 단번에 거부한다.

Duke University Literae humaniores lecture

아주 오래전 여행을 원형으로 쓰여진 신곡은 수세기에 걸쳐 사람들의 마음을 움직였다. 다양함, 극적 긴장감, 가지각색의 끊임없는 사건들이 100곡 속에 펼쳐지며 저세상의 세 영역을 통과하는 여행이 이 모든 것을 정당화한다. 〈말라코다〉는 베케트의 초기 작품으로, 이 시 역시 여행을 원형으로 구상되었다. 하지만 시의 골자를 실행하기란 불가능하다.

내세에서 원조 말라코다와 악마 동료들, 즉 말레브란케가 죄인들을 감독했던 것처럼, 베케트의 시 1연에서 장의사의 조수는 관을 짜려 시체를 측정한다. 현관(연결 통로)에서 그는 "무릎까지 백합에 잠긴" 것처럼 보인다. (단테의 시 속에서 한패인 악마들이 실제로 그러하듯) 말라코다도 역청 안으로 빠지면 무릎까지 잠길 것이다. 장의사의 조수는 "불멸의 몸을 재려" 그곳에 있다. 신학적 용어 "불멸"에 이 생에서의 장례 준비 이유가, 단테에 대한 문학적 암시가 압축되어 있다. 지옥편뿐 아니라 신곡의 세 영역은 모두 인간 신체의 불멸성이라는 신념을 토대로 한다. 단테의 말라코다와 관련되는 부분에서, 베케트는 문자 그대로 소리를 잦아들게 하며 언어학적으로 덜 과장된 단어를 선택한다.

<blockquote>회음에서 방귀가 잦아듦이 느껴진다.</blockquote>

둘째 연에는 말라코다의 이름이 나오지 않지만 조수를 설명하며 "유제류"(척추동물 포유류 중 발끝에 발굽이 있는 동물)라는 단어를 쓴다. 동물을 말하는 이 단어로 조수는 악마의 형상으로 바뀐다.

조수 유제류의 손으로 입관하기 위하여

셋째 연은 장례 준비를 마치고 망자의 공덕을 기린다. 다섯 번째 구렁에 대한 새로운 언급이 영혼의 변형에 뒤섞인다. 장의사가 조수에게 말한다. "가만있어, 스카르밀리오네! 가만있어!" 이는 지옥편 제21곡의 105행의 구절과 같다. 베케트는 다음 행을 이렇게 잇는다. "하위쉼을 관에 뉘여라."

관을 덮는 고통을 줄이려 말라코다는 보조원에게 관 위에 꽃그림을 두도록 부탁한다. 얀 반 하위쉼Jan Van Huysum은 18세기 네덜란드 사람으로 꽃의 화가였다. 드디어 망자를 대신하여 "이마고" (상상 속 완벽한 모습으로 새겨진 인물상으로 본인도 모르게 사람의 행동에 영향을 미친다)란 단어가 사용된다. "그의 이마고를 마음에 담아라."

망자의 모습은 죽음 이후에도 오랫동안 화자(와 미망인)의 마음에 남을 것이다. 꽃이 그림 속에 영원히 남는 것처럼 말이다.

베케트는 인체의 비실존성에 계속 집착한다. 인체의 비실존성은 〈말라코다〉의 주제 배후에 있는 주제이다. 이후의 글에서 베케트는 다양한 방식으로 동일한 질문을 던진다. 이러한 비실존성에서 구원받을 수 있는 것은 무엇일까? 예술가는 죽음으로 이어지는 삶, 그리고 삶으로 이어지는 죽음의 애매함에서 무언가를 구조할 유일한 사람일까? 단테의 시는 둘 중 어느 쪽을 증명하는 것일까?

Duke University Literae humaniores lecture

제22곡

탐관오리

역청 속 죄인들의 괴기함은 제22곡에서도 계속된다. 단테는 앞서 말라코다의 신호(제21곡)를 군대의 신호와 비교하며 제22곡을 시작한다. 그것은 시인 자신이 캄팔디노 전투(1289년)에서 직접 목격한 모습이었다. 캄팔디노 전투에서 아레초 사람들은 피렌체와 루카의 군대에 패배했다.

단테와 베르길리우스는 악마 10인대와 함께 움직인다. 희극적 분위기가 유지되며, 이러한 구절이 흥을 더한다.

교회에는 성인과, 술집에는 술꾼과
함께 간다고 하지 않는가! [22:13~15]

단테의 말은 현재 장면 속 모든 인물의 참여와 관련을 알려준다. 등장인물의 세 번째 무리, 즉 역청 속에 있는 죄인들은 눈에 띄게 모습을 드러낸다. 그들의 등이 표면 위로 올라오고, 단테는 그들을 유쾌하게 바다에서 튀어 오르는 돌고래에 비유한다. 얼마 되지 않는 행에서 단테는 수뢰자를 돌고래, 개구리, 수달, 쥐, 들오리에 비유한다.

처음에 돌고래처럼 보이는 수뢰자들은 우두머리 악마 바르바리치아가 다가오자 번개보다 빠르게 아래로 뛰어든다. 94행에서 바르바리치아는 "두목"이라 불린다. 이제 죄인들은 코끝만 역청 밖에 내밀고 있다. 단테는 이를 낯선 사람이 다가오면 동시에 물속으로 뛰어드는 도랑 기슭의 개구리에 비유한다. 너무 늦게까지 남아있던 한 죄인(개구리)이 그라피아카네(할퀴는 개)에게 움켜잡히면서 이야기가 시작된다. 그라피아카네의 갈고리에 걸린 그는 수달에 비유된다.

단테는 그가 누구인지 궁금해하며 베르길리우스에게 묻는다. 악마가 그의 가죽을 벗길 때 그는 자신이 나바르 왕국 출신이라 밝힌다. 때로 "치암폴로"라 여겨지기도 하는 이 사람은 나바르의 왕 테오발도를 섬기며 탐관오리가 되었다. 이야기하고 있는 그를 다른 악마 치리아토가 어금니로 물어뜯는다. 이번 곡에서 장면은 더욱 야만스럽고 더욱 악화되었다.

치암폴로(그의 이름이 맞다면)의 말에 의하면 저 아래 역청에서 프라 고미타가 돈 미켈레 찬케와 이야기하고 있다. 사르데냐의 수사 고미타는 이탈리아의 탐관오리로 사리사욕을 채우다 교수형 당했다. 미켈레 찬케는 사르데냐 섬의 한 관할구인 로구도로의 영주로 여겨진다. 프리드리히 2세의 아들인 사르데냐 왕 엔조를 사모했고 그는 사위 브랑카 도리아에게 살해당했다(미켈레 찬케의 사위 브랑카 도리아는 제33곡에 등장한다).

앞서 부정 수뢰의 구렁에서 말라코다는 첫 번째 거짓말을 했다. 그는 무너진 다리를 두고서 다음 구렁으로 건너가기 적합하다고 설명했는데, 여기서는 치암폴로가 두 번째 거짓말을 한다. 그는 이 거짓말로 괴롭히고자 덤벼드는 악마들의 손아귀에서 벗어난다. 그는 악마들에게 잠시 숨어준다면 자신이 휘파람을 불어 토스카나와 롬바르디아 출신의 일곱 동료를 불러내 그들이 즐길 수 있게 하겠다며 "새로운 게임"을 그들에게 약속한다.

여기서 지옥편 최초로 죄인은 자신에게 지옥을 선고한 바로 그 죄를 행한다. 처음 치암폴로가 말할 때, 우리는 그가 사실을 말한다고 틀림없이 믿었을 것이다. 이후 악마 알키리노에게 의심받지만 그는 탐관오리들을 속이겠다는 그럴듯한 계략을 거짓으로 말한다.

악마들이 몸을 돌리자마자 기회를 엿보던 치암폴로는 눈앞에서 역청 속으로 뛰어든다. 알리키노가 급히 뒤따르지만 그를 잡기에는 역부족이다. 시인은 날개를 가진 악마를 달아난 "들오리"를 쫓아 공중에서 급강하한 매에 비유한다. 실망한 매는 화를 내며 다시 위로 날아오른다. 말레브란케가 당한 속임수에 화가 치민 칼카브리나가 알리키노의 뒤를 따른다. 그들은 역청 위에서 부딪히고 서로가 발톱으로 할퀴고 결국은 끓는 수렁으로 떨어진다. 뜨거워서 화들짝 둘이 떨어졌지만 일어설 수가 없다. 역청이 날개에 엉긴다. 바르바리치아가 갈퀴를 든 네 악마를 보내서 끈적이는 한 쌍을 구할 때, 베르길리우스와 단테는 그곳을 떠난다.

제22곡의 마지막은 두 가지 탈출에 초점을 맞춘다. 죄인들이 거짓말로 괴롭히는 자들의 손아귀를 벗어난다. 이 사례는 사기의 징

Duke University Literae humaniores lecture

벌자를 기만하는 사기이다. 다음으로 두 여행자의 침착하고 은밀스런 탈출이다. 여기서 두 여행자는 악마들이 내부의 다툼에 휘말린 순간을 택한다.

제21, 22곡에서 우리는 야단스런 광대놀이를 본다. 독자들은 의식하지 못하지만 이 가학적 광대극에서 네 유형의 행위자는 네 유형의 뚜렷한 특징을 지닌다. 악마들은 거칠고 난폭하다. 묘사에 따르면 그들에게는 날개와 갈퀴가 있다. 탐관오리들은 끈적이는 역청 속에서 계속 진저리친다. 그들은 역청에서 벗어나려 끊임없이 노력하는 동시에 악마들의 갈퀴를 피해야 한다. 괄시와 학대를 당하는 그들은 희극적이게도 개구리나 들오리와 닮았다. 극도로 두려워하며 움츠러든 단테 역시 본의 아니게 희극적이다. 베르길리우스는 단테와 매우 대조적으로 위엄을 지킨다. 하지만 기괴한 고딕풍 악마들 앞에서 베르길리우스가 보이는 심각함에는 웃음이 터진다. 여기에 더해 네 유형의 등장인물들이 얽히고설키는 빠른 움직임도 희극적 요소이다.

성향에 따라 어떤 독자에게는 제23곡의 앞부분을 포함하여 제21, 22곡에 담긴 해학이 너무 복잡하고 가학적으로 느껴질지 모른다. 시에서 윤리 원칙이 사라졌다고 생각할 수도 있다. 펠리니(이탈리아의 영화감독이자 작가, 바로크양식과 환상이 혼합된 독특한 스타일이 특징)의 영화에서처럼 주어진 장면의 괴기함에 너무 집중하면 그것이 영화 전체에서 필요 이상으로 분리되어 보일 수 있다. 그래서 단테는 여기 다섯 번째 "구렁"에서 두려움에 두려움을 덮어씌운다. 시인이 모든 동정심을 확실히 없애버리려 한다고 주장할 수도 있다. 단테는 점쟁이들의 네 번째 구렁에서 망령들에게 마지막으로 경의를 표했다. 베르길리우스가 "피에타"에 대해 말하는 행의 바로 앞이다. 관직 매매 구렁과 열 번째 구렁 사이에는 품위 있는 순간이 거의 없다. 율리시스가 있는 제8원과 우골리노가 있는 제9원에서 죄인들은 고귀함을 지니고, 단테는 감지하기 어려울 만큼 순간적으로 동정심을 비친다.

Duke University Literae humaniores lecture

제23곡

위선자

새로운 곡의 첫 오십칠 행에 걸쳐 악마가 주연인 연극의 대단원이 펼쳐진다. 두 여행자는 겸손한 "프란체스코 수사"들처럼 조용히 앞뒤로 서서 걷는다. 더 이상 동행자는 없다. 엄숙한 행렬이 제22곡에서 최초 악마 10인대의 행렬과 대비된다. 지금 막 목격한 장면에서 단테는 쥐와 개구리의 우화를 떠올리는데 사기꾼이 자기의 꾀에 넘어가는 이야기이다.

"쥐"가 강을 건너기 원한다. 이에 "개구리"가 서로의 다리를 묶자고 제안한다. 강을 건너던 도중 개구리가 물속으로 들어가기 시작한다. 하지만 쥐가 허우적거리는 바람에 이들은 매의 눈에 띈다. 그러자 매가 급강하하여 쥐와 개구리를 모두 잡아가 버린다. 나바르의 치암폴로는 개구리, 알리키노는 쥐, 칼카브리나는 매에 해당된다. 물론 이것이 본문에 딱 들어맞는 것은 아니다. 우리는 흔히 이 이야기를 이솝우화로 알지만, 실상은 단테 시대가 지난 후 17세기에 라퐁텐이 프랑스어로 이를 펴내며 이솝 우화 넷째 권에 실린 것이다.

단테는 우화를 통해 자신과 베르길리우스가 지금 격분한 말레브란케에게서 도망친 위험한 상태임을 다시 떠올린다. 베르길리우스는 거울의 형상을 활용해 단테의 생각이 자신과 같다고 말한다. 잠에서 깬 어머니가 집에 불이 난 것을 알고서 아들을 꽉 잡고 피하듯 베르길리우스는 단테를 꽉 잡고서 둔덕의 가장자리로 달린다. 그들은 경사면의 바위 위로 미끄러져 "물레방아의 바퀴를 돌리려 떨어지는 물보다도 빠르게" 여섯 번째 구렁으로 내려간다. 그 순간에 말레브란케가 둔덕 꼭대기에 도착하지만 고유한 구덩이에 갇혀 있기 때문에 더 이상 오지는 못한다.

베르길리우스가 단데를 붙잡고 바위를 등으로 미끄러지며 악마들에게서 도망치는 우스꽝스러운 행동으로써 희극은 끝이 난다. 여기서 괴기함은 자연히 캐리커처가 된다. 중세 고딕풍은 단테에게서 변형되어 독자로 하여금 종교극, 인형극, 이탈리아 무언극을 연상하게 한다. 이는 북쪽 게르만 민족의 사조로서 그리스 로마 신화와는 관련이 없다. 예를 들어 칼카브리나라는 이름은 "눈을 짓밟는 사람"이란 의미이다. 관직 매매는 정치적 매춘이기 때문에, 다섯 번째 구렁에서의 이러한 장면은 겔프당과 기벨린당 간의, 백당과 흑당 간의 빈번했던 권력 다툼에 비견될지 모른다. 단테 역시 작은 수도원의 장으로 있을 당시 관직 매매로 고소당했었다.

단테와 베르길리우스에게 여섯 번째 구렁의 위선자들이 보이기 시작하면서 곡은 다시 윤리적 특성을 띠며 윤리와 종교의 혼합으로 만들어지는 정서를 지닌다. 그리고 피렌체의 역사로 다시 돌아온다. 세 번째 구렁에서 단테의 마음에는 성직 매매자들에 대한 혐오감이 일었다. 네 번째 구렁에서 점쟁이들의 틀어진 머리를 보았을 때 그는 동정심으로 울었다. 다섯 번째 구렁에서 단테의 두려움은 독자에게 거의 잊히거나 치암폴로의 속임수와 칼브리나와 알키노의 끈적이는 날개를 보고 웃다가 사라진다.

하지만 제8원의 나머지 구덩이에서 단테는 확연히 바뀐 모습을 보인다. 그는 이제 동정도 덜하고 화도 덜 낸다. 단테의 묘사는 더욱 분명하고 객관적이 되며, 제9원에 도착할 무렵 단테의 설명은 얼음 영역으로 들어가기에 적당히 차분해진다. 시 역시 단순히 보고하는 형식에 가까워진다. 다섯 번째 구렁의 소음과 폭력은 윤리적 강조로 약화되고, 위선자들이 등장함으로써 시의 도덕적 의도가 다시금 중요해진다.

지옥에서는 겉모습을 통해 위선자들을 알아볼 수 있다. 한때 거짓된 본성이 세상에 드러나지 않도록 억누르던 기술은 사라지고, 이곳에서 그들 각자는 납으로 된 무거운 망토 아래서 신음하며 서서히 고통스럽게 움직인다. 시 속에서 그들 자체는 중요치 않다. 중요한 것은 모든 행동을 지연되게 만드는 그들의 상황이다. 그들은 몸도 영혼도 실제적으로 진보할 수 없다.

위선자들은 성서의 영향을 받은 구절과 함께 등장한다.

> 그 아래서 우리는 채색된 사람들을 발견했다 [23:58]

마태오의 복음서 23장 27절이 생각난다. "불행하여라, 너희 위선자 율법 학자들과 바리사이들아! 너희가 겉은 아름답게 보이지만

Duke University Literae humaniores lecture

속은 죽은 이들의 뼈와 온갖 더러운 것으로 가득 차 있는 회칠한 무덤 같기 때문이다."

이곳에는 위선자들을 지키는 괴물도, 그들을 벌하는 자연 요소도 없다. 그들을 덮은 납 외투와 느린 걸음걸이란 겉모습의 상징은 분명하다. 세상에서 그들은 거짓된 모습을 보이며 종교적 위선을 행했다. 종교적 위선자들은 실제가 아닌 허위가 자신인 척했다.

문단의 시작에 종교적 위선을 언급하며 단테는 죄인 "눈까지 내리덮는 모자"가 달린 망토를 지목한다. 이는 "쾰른의 수도사들"이 입었던 것과 비슷하다. 어떤 편집자들은 쾰른을 "클루니Cluny"로 이해하고 이것이 베네딕트 수도사들에 대한 언급이라 믿는다. 베네딕트 수도사들은 점잖은 예복으로 유명했다. 단테의 작품 속 위선자들의 외투는 겉으로는 금도금이 되어 황금빛으로 빛난다. 하지만 안은 납으로 만들어져 굉장히 무거워서 프리드리히가 입히던 외투는 차라리 지푸라기 같다(프리드리히 2세는 반역자들에게 납 외투를 입힌 채 불을 지펴 몸과 함께 녹였다).

벌에 대한 간결한 묘사는 느리고 인상적이다. 여기서 "아"는 무거운 장음이다.

아, 영원토록 지겨운 망토여! [23:67]

"위선자hypocrite"란 단어는 그리스어로 '배우'라는 뜻이다. 배우는 직업상 그가 지니지 않은 미덕과 악덕을 연기한다. 여섯 번째 구렁에서의 사기는 선량한 척하는 가식이다.

단테는 늘 그랬듯 죄인들과 이야기를 나누기를 원하며 알아볼 수 있는 얼굴들을 찾는다. 단테의 토스카나 방언 때문인지 죄인 중 두 명이 애써 다가온다. 그들은 "목을 움직이는" 단테에게 놀란다. 살아있는 듯 보이기 때문이다. 둘 중 하나가 단테에게 누구냐고 묻는다. 단테는 고향이 피렌체라고 대답하고 자신이 아직 살아있음을 인정한다.

> 내가 태어나 자란 곳은
> 아름다운 아르노 강가에 있는 대도시였소.
> 거기서 가졌던 육신을 지금도 갖고 있지요. [23:94~96]

두 망령은 "볼로냐 출신의 향락을 즐기는 교단"의 수도사 카탈라노와 로데린고라고 자신들을 소개한다. 단테는 이들과 세상에서 행했던 이들의 중재 역할을 익히 알고 있었다. '영광의 동정녀 마리아 기사단' 또는 '향락을 즐기는 교단'이라 불렸던 이 수도회는 당파의 분쟁 중재와 약자와 빈자의 보호를 목적으로 1261년 볼로냐에서 창설되었다. 규정이 자유로웠고, 조직이 허술하게 운영되었기에 속한 구성원들은 "향락을 즐기는 수도사들"로 불렸다. 겔프당 카탈라노와 기벨린당 로데린고는 두 정당의 화합을 도우려 피렌체의 공동 대표로 선출되었다. 단테에게 이야기하며 두 수사는 가르딘고를 언급한다. 피렌체 베키오 궁전 주변의 지명이다. 베키오 궁전은 우베르티 가문의 대저택으로 1266년에 파괴되었다.

"아! 당신네 수도사들의 죄는." 이야기를 시작하던 단테는 낯선

Duke University Literae humaniores lecture

광경에 말을 멈춘다. 땅 위 십자가에 못 박힌 가야바의 망령을 본 것이다. 다른 위선자들은 어쩔 수 없이 그를 발로 밟아야 한다. 그리스도의 십자가 처형에 관련된 유대인 대제사장 가야바는 지옥에서 십자가에 못 박혀 그곳의 모든 위선자들의 무게를 견디고 있다. 이는 지옥편에 등장하는 중 가장 극단적인 인과응보의 사례이다. 이 장면의 도덕적, 교훈적 의미는 분명하다. 가야바는 자신의 편의를 위해 양심을 저버린 유형의 사람으로 진리에서 추방되어 고통을 선고받는다. 요한의 복음서 11장에서 가야바는 한 사람이 백성을 위하여 죽어서 온 민족이 망하지 않게 되는 것이 낫다고 말한다. 가야바의 장인 안나스를 포함한 공의회의 다른 구성원들도 여섯 번째 구렁에서 동일한 방식으로 고통당하고 있다. 이들은 위선자이며 또한 악한 상담자이다. 베르길리우스는 무시무시한 십자가 처형 모습에서 인과응보의 특성을 보며 놀란다.

깨어지지 않은 다리가 없음을 알고서 베르길리우스는 말라코다의 거짓말을 알아차린다. 그러면서 다섯 번째와 여섯 번째 구렁에서의 사건은 같은 문단에서 끝이 난다. 여기서 단테는 수사들의 입을 빌려 악마를 "거짓의 아비"라 부르는 방식으로 관직 매매와 위선의 밀접성을 보여준다. 말라코다와 말레브란케는 단테와 베르길리우스를 속였다. 치암폴로는 악마들이 괴롭히도록 다른 죄인들을 역청에서 불러내겠다는 말로 말레브란케를 속였다. 결국 위선의 죄는 모든 거짓과 속임수를 반영하는 것으로 비춰진다.

위선자들의 지겨운 망토, 우울한 피로, 느린 걸음걸이는 관직 매매 구렁에서의 희극적 움직임과 확연히 비교된다. 앞에서는 훌륭한 영혼들이 머무는 림보의 "고귀한 성"과 "음란한 자들"이 벌을 받던 제2원의 폭풍을 비교했다. 지옥편은 연옥편과 천국편보다 글의 분위기와 이야기의 진전이 다양하다. 단테의 의도에 따르면 위선자의 죄는 뚜쟁이, 색마, 성직 매매자, 마술사, 탐관오리보다 더 악하다. 하지만 단테는 여섯 번째 구렁에서 어떠한 경멸도 표하지 않는다. 대신 제23곡에는 여행자인 단테의 피로와 비애만이 드러난다. 단테에게 누구냐고 물으며 죄인들은 제10곡에서 파리나타가 말했던 동일한 구절을 사용한다. "오! 토스카나 사람이여." 하지만 여기서 그들의 어조는 파리나타보다 더 기도조이다. 단테는 즉시 피렌체와 아르노를 떠올리다.

이번 곡은 주로 "슬픈" 분위기를 띤다. "슬픈 위선자들"은 마태오의 복음서 6장 16절을 떠오르게 만든다. "너희는 단식할 때에 위선자들처럼 침통한 표정을 짓지 마라. 그들은 단식한다는 것을 사람들에게 드러내 보이려고 얼굴을 찌푸린다."

이번 곡의 끝에서 단테의 마음은 피렌체에 대한 기억으로 가득하고, 여섯 번째 구렁에서 나가고자 길을 인도하는 베르길리우스의 얼굴에는 분노가 보인다. "이라Ira"라는 강한 단어를 쓰며 분노하는 베르길리우스의 이런 분노는 다소 예상치 못한 바이다. 악마가 앞서 그를 속였지만 지금 위선자들이 그러한 거짓을 지적하며 사실을 알려주었다. 그는 연약하기에 분노하는 것일까? 아니면 인도자로서 역할에 약속된 거룩한 보호를 잊은 것일까?

Duke University Literae humaniores lecture

제24곡

도둑 : 반니 푸치

제24, 25곡은 도둑들이 벌 받는 일곱 번째 구덩이, 말레볼제를 묘사한다. 두 곡은 동일한 사건과 사상을 보여준다. 베르길리우스와 단테의 눈앞에 펼쳐지는 이야기는 매우 극적이며, 탐관오리와 악마의 다툼도 떠오르게 만든다. 일곱 번째 구렁에서 죄인들의 모습은 뱀에서 인간으로, 인간에서 뱀으로 끊임없이 바뀌는데, 에덴동산에서 사탄이 최초의 장물로 인간의 타락을 가져온 것과 마찬가지로 지옥편의 도둑들은 사탄과 관련이 있다.

창세기는 이렇게 기록한다. "들짐승 중에 뱀이 가장 간교하다." 라틴어로 "간교하다subtilis"는 말은 '정교하게 짜인'이란 뜻으로, 넓게는 '독창적인, 교묘한'으로도 해석된다. 이는 사탄을 인류의 천진함과 결백함을 앗아간 근원적 속임수의 가해자로 규정하는 중요한 형용사이다. 성서적 언급에 더하여 단테는 아프리카에 있는 뱀의 땅, 즉 홍해 주변의 리비아, 에티오피아, 아라비아를 묘사한다. 85~87행에 열거된 다섯 가지 파충류 괴물은 루카누스의 《파살리아Phasalia》 5권에 등장하는 것이다. 그들은 쉘리드리, 자쿨리, 파리애, 센크레, 앰피스바에나이다. 단테는 루카누스가 묘사한 괴물을 여기에 활용한다. 제4곡에서 나왔듯 단테에게 루카누스는 세상에서 가장 뛰어난 시인 중 하나이다. 한편, 도둑들에 대한 단테의 묘사에서 가장 지배적인 원칙은 변신으로, 이는 의심의 여지 없이 오비디우스의 《변신 이야기》 4권을 토대로 한다. 이처럼 도둑들의 구렁에서 히브리와 고전 자료들은 서로 정교하게 뒤섞인다.

제24곡의 주요 사건 앞에는 유독 긴 도입부가 나온다. 이는 자체로 매우 빼어난 구절이지만 비평가들은 의문을 제기한다. "이 도입부는 상당한 길이를 정당화할 만큼 뒤에 이어지는 이야기와 밀접히 연관되는가?" 서곡의 첫 부분은 일곱 개의 3행 연구로 이루어진 긴 은유이다. 단테가 지금 막 경험한 개인적인 공포는 베르길리우스의 분노와 당황으로 이어진다. 하지만 부서진 다리에 이르자 베르길리우스에게 변화가 일어난다. 그의 "부드러운 표정"에서 단테는 제1의 산기슭에서 보았던 베르길리우스의 첫 모습을 떠올린다. 16행에 나타나는 단어 "이렇게" 앞에서 베르길리우스의 모습을 비유한다. 서리가 내린 초봄의 이른 아침 "소작농"은 여전히 땅을 뒤덮고 있는 서리에 어쩔 수 없이 집으로 되돌아간다. 얼마 뒤 다시 밖으로 나온 그는 바뀐 세상을 보고 희망에 부풀어 지팡이를 쥐고 양 떼를 몰고 풀을 먹이러 나간다.

유독 길고 정교한 수사 속에서도 시골의 계절 변화와 도둑들의 급작스런 변신 사이의 관련성은 쉽게 눈에 띈다. 서리가 녹는다는 비유로 제24곡의 사건이 일어나기 전, 두 시인의 변화된 태도 역시 강조한다. 한편, 이 곡에는 "상응하는 각운"이 나온다. 예컨대 11행에서 '하다'를 의미하는 "파시아faccia"와 13행에서 '얼굴'을 뜻하는 "파시아"가 함께 나오는 식이다.

도입부의 둘째 부분은 여섯 번째 구렁의 바닥에서 일곱 번째의 아치문을 향해 오르는 힘겨운 여정이다. 베르길리우스는 뒤처진 단테를 떠밀면서 연약함을 모두 벗어던지라고 촉구하며 오직 노력하는 자만이 명성(fama, 24:48)을 얻을 수 있다고 강조한다. 55행에서는 이렇게 말한다.

더 높은 계단까지 올라가야 한다

베르길리우스는 아마도 루시퍼의 다리(제34곡)나 심지어 연옥에 이르는 험난한 오르막에 대해 이야기하는 듯하다. 베아트리체와 다시 만나려면 먼저 단테가 정결해져야 한다. 신곡 전체에서 암시되는 도덕적 노력이 여기서 다시 이야기된다. 단테는 인도자의 조언에 힘을 얻어 이렇게 대응한다.

가시지요, 저는 강하고 의연합니다 [24:60]

절벽을 오르던 두 사람은 아치 문에 멈춰서 구렁의 어두운 심연을 내려다본다. 그곳은 공포에 질린 죄인들이 벌거벗은 채 이리저리 뛰어다니는 뱀의 거대한 소굴이다. 도둑들이 당하는 고통의 광경을 묘사하기에 앞서 단테는 이집트를 둘러싼 리비아, 에티오피아, 아라비아의 세 거대한 사막을 언급한다.

Duke University Literae humaniores lecture

도둑의 손을 뱀이 포승줄처럼 묶고 있다. 매듭이 앞쪽으로 보이기도 한다. 첫 장면에서 이곳의 특징이 드러난다. 사람과 뱀은 하나면서 동시에 둘이다. 특유의 유연함(간교하다는 단어와 같다) 덕분에 뱀은 몸을 여러 가지 모양으로 구부릴 수 있으며, 단테는 환상과 해석에서 도둑의 몸과 내면이 모두 구불구불하다고 말한다. 97행에서는 매우 눈에 띄는 두 사건이 펼쳐진다. 거기에는 구체적인 인물이 등장하며, 각 사건은 세 단계로 구분된다.

첫 번째 단계에서 도둑을 향해 달려든 뱀은 그의 목을 휘감아 꼼짝 못 하게 만든다. 영혼에 불이 붙어 재가 되어버리고, 재가 다시 모여 이전의 형상이 된다. 단테는 이를 동양적 불멸의 상징인 "불사조"와 비교한다. 신곡 전체에는 영혼이 결코 소멸하지 않으며 죽음 후에 새로운 육체를 입게 된다는 믿음이 흐른다. 가야바의 십자가형에 관한 짧은 묘사에 이어 바로 등장하는 이 부분에서 불사조는 부활의 모조품처럼 느껴진다.

여기서 단테는 분명 오비디우스의 《변신 이야기》를 도입하고 있다. 고대와 중세의 많은 작가들이 넌지시 언급하곤 했던 불사조는, 500년을 살며 감송이나 몰약 같은 향내 나는 식물의 가지, 뿌리, 잎을 모아 둥지를 만든다. 그다음 둥지에 몸을 숨긴 채 햇빛을 향해 격렬한 날갯짓을 하는데 날갯짓이 얼마나 센지 둥지에 불이 붙고 새는 그렇게 자신을 불태운다.

도둑의 이름을 알려주기 전, 단테는 고통스러운 변신을 목격하고 당혹해하는 동시에 그러한 형벌을 내린 "신의 능력"에 경외를 금치 못한다. 베르길리우스가 영혼에게 이름을 묻자 그가 답한다.

나는 토스카나에서 이곳으로 떨어졌습니다 [24:122]

그는 단도직입적으로 스스로 짐승이라 부르며 피렌체 근처의 도시 피스토이아Pistoia에 관해 이렇게 말한다.

내게 어울리는 소굴이었습니다 [24:126]

곡의 마지막 대목에서는 단테와 도둑 반니 푸치Vanni Fucci의 성격이 충돌한다. 단테는 그를 "피와 분노의 사나이"로 알고 있다. 단테는 반니 푸치가 일곱 번째 구렁으로 오게 된 구체적인 이유를 알아내도록 베르길리우스에게 부탁한다. 반니 푸치의 이야기에서는 죄의 심각성을 나타내는 구덩이의 깊이가 강조된다. 반니 푸치는 단테가 지옥에 있는 그를 찾아낸 데 고통스러워하며, 단테에게 장래 피렌체 정치에 닥칠 음울한 소식을 알려주어 단테 또한 고통스럽게 만든다.

산 제노San Zeno 성당의 성물을 훔친 반니 푸치는 뉘우치지 않는 죄인의 대표적인 예이다. 그에게서는 회개의 흔적을 찾기 힘든데 그는 지옥의 고통을 통해 오히려 더욱 신랄해진다. 그는 피스토이아에서 온 흑당으로 토스카나 출신의 백당인 단테를 미워한다. 이번 곡은, 흑당은 피스토이아에서 추방될 것이요, 백당은 피렌체에서 쫓겨날 것이라는 반니 푸치의 예언으로 마무리된다.

Duke University Literae humaniores lecture

제25곡

도둑

제24곡에서 우리는 반니 푸치의 폭력성을 감지하고 그의 폭력적 도둑질에 관한 이야기를 들었다. 제25곡의 도입부에서 그는 신에게 직접적으로 폭력을 행사한다. 푸치는 신에게 불경한 욕설을 뜻하는 주먹질을 한다.

> 신이여, 엿이나 먹어라! [25:3]

그는 명백하고 고의적인 불경을 행한다. "엿"이라고 된 말은 원래 이탈리아어로 "무화과"라는 뜻이지만, 여기서는 여성 성기를 뜻하는 외설적인 단어, 첫 번째 손가락과 두 번째 손가락 사이에 엄지 손가락을 끼우는 것을 의미한다. 이것은 성행위를 본뜬 것으로 이러한 제스처는 특히 남부 유럽에서 흔히 볼 수 있다.

신을 향해 엄청난 욕설을 던지는 반니 푸치의 오만함은 세 번째 "구렁"에 등장했던 카파네우스와 비교된다. 반니 푸치는 지옥편에서 자만심을 지닌 세 번째 인물이다. 첫 인물은 제10곡의 파리나타

Duke University Literae humaniores lecture

로 그는 불타는 무덤 위로 몸을 일으키며 음침한 오만함을 보여주었다. 제14곡의 카파네우스는 신에게 끊임없이 조롱과 반항의 울음을 토해냈다. 제24, 25곡에 나오는 반니 푸치의 특성은 외설성이다. 단테는 13~15행에서 반니 푸치가 지옥에서 가장 오만한 자라 칭한다.

 욕설을 하는 죄인의 목을 첫 번째 뱀이, 두 팔을 두 번째 뱀이 감는다. 첫 번째 뱀으로 반니 푸치의 욕설이 중단되고 두 번째 뱀으로 불경한 손동작 역시 멈춰진다. 단테는 이 모습에 안도한다. 뱀이 마치 친구처럼 여겨지는 순간이었다.

<blockquote>뱀들은 나의 친구가 되었다 [25:4]</blockquote>

 시인은 피스토이아를 책망하며, 그 도시의 "악의 씨앗"과 "대대로 이어지는 범죄의 족보"를 이야기한다. 이는 피스토이아가 카탈리네 군대의 잔여 세력에 의해 세워졌다는 사실을 이야기하는 듯하다.

 반니 푸치가 뱀에게서 도망치자, 이번엔 켄타우로스라 불리는 카쿠스가 그를 쫓는다. 그리스 신화에서 카쿠스는 헤라클레스의 도끼를 훔친 거대한 괴물이다. 베르길리우스의 시에서 그는 "반인"이라 불리는데, 이 때문에 단테가 켄타우로스의 이미지를 떠올린 게 아닐까 싶다. "카쿠스의 동료"라 불리는 또 다른 켄타우로스는 제7원의 첫 번째 "구렁"의 문지기이다(제12곡). 살인죄에 더해 도둑질을 했기 때문에 카쿠스는 일곱 번째 구렁에 머문다. 쏜살같이 달려가는 그를 바라보는 단테의 눈에 말의 둔부가 들어온다. 그곳은 뱀들로 덮여 있고, 어깨에는 불을 내뿜는 용이 매달려 있다. 이것은 무엇을 암시할까? 카쿠스는 반니 푸치를 좇을 것이며 둘이 만나는 순간에 푸치는 다시 재가 될 것이다. 그럼에도 그는 결코 죽을 수 없다.

그리하여 카쿠스는 여기서 죄인이자 형벌을 내리는 자의 두 가지 역할을 맡는다. 뒤쪽에 붙은 수많은 뱀을 보면서 단테는 바다 근처 지역인 마렘마Maremma(마리티마maritima의 변형)를 떠올린다. 토스카나 아랫부분인 이 지역에는 한때 뱀이 들끓었다.

반니 푸치 이야기가 끝나고 단테는 이곳의 나머지 부분을 관찰한다. 그러자 다섯 명의 피렌체 귀족이 등장한다. 약간의 어려움 끝에 단테는 그들의 이름을 알아낸다. 그중 셋은 처음에 인간의 모습으로 나타나며 둘은 이미 파충류로 바뀌었다.

"세 영혼"은 기벨린당의 아그넬로 데 브루넬레치, 부오소 델리 아바티(제30곡에 다시 나온다), 푸치오 시안카토("절름발이") 데 갈리가이(148행)이다. 50행에 나오는 "뱀"은 시안파 데 도나티로, 아그넬로와 합쳐진다. 83행의 "새끼 뱀"은 프란체스코 데 카발칸티로, 부오소가 뱀으로 변할 때 그의 모습을 취한다.

곡의 도입부에서 단테는 연속되는 세 가지 비유로 죄인들이 다른 형상과 뒤섞여 자기 모습을 잃어버리는 사건을 묘사한다. "담쟁이덩굴"이 떡갈나무에 뿌리 내린다, 들러붙는 "뜨거운 밀랍"처럼 엉겨 붙는다, 불타며 색이 변하는 "종이"처럼 죽는다! 이 도둑들은 살아생전 다른 사람의 소유물과 자신의 것을 구별하지 않았다. 이

Duke University Literae humaniores lecture

로 인해 그들은 지옥에서 그들의 몸과 성정을 자신의 것이라 부를 수 없게 되었다. 이번 곡에서는 몸이 변신을 거듭하여 사라지는 그러한 변화를 풍자한다.

약간은 뽐내듯, 단테는 사람은 뱀이 되고 뱀은 사람이 되는 쌍방향 탈바꿈의 기술을 루카누스(《파르살리아》9권)와 오비디우스(《변신이야기》4권)의 한 방향으로만 전개되는 변화와 비교한다. 단테는 눈앞에 펼쳐진 광경에 충격을 받고서 피렌체 도둑들의 정체에 대해 약간 혼란스러워한다. 처음 세 도둑 중 오직 푸치오 시안카토만이 새로운 모습으로 바뀌지 않는다. 갈리가이 가문의 기벨린당원인 그는 1268년 피렌체에서 추방되었다.

곡의 마지막 행에 프란체스코 데이 카발칸티가 언급된다. 그는 아르노 골짜기 위에 위치한 가빌레 사람들에게 살해당했다. 카발칸티 가문이 복수를 위해 가빌레 주민들을 살해했기 때문에 가빌레 사람은 크게 슬퍼하며 애통해한다.

탐관오리들의 구렁이 기괴했다면 도둑들의 구렁은 역겨울 지경이다. 단테 지옥의 풍경을 묘사한 그림 중 가장 오래된 것은 보티첼리의 작품인데, 그의 작품은 텍스트에 충실하여 그곳의 형벌이 얼마나 혐오스러운 것인지 강조하여 보여준다.

이 곡을 쓸 당시 단테가 염두에 둔 로마의 법은 도둑질을 세 가지로 구별한다. 가장 심각한 도둑질은 성물을 훔치는 것으로, 이는 세속의 물품을 훔치는 것과는 달리 취급된다. 반니 푸치는 성물보관소에서 신성한 물품(보석이나 가구였을 것이다)을 훔쳤다. 다음으로 심각한 도둑질은 공공의 물품을 훔치는 것으로 시안파와 아그넬로가 여기에 해당한다. 세 번째 범주는 개인이 소유한 물건이나 재산에 대한 도둑질이다.

제25곡에서는 도시 피렌체가 부각된다. 변신과 상호 탈바꿈의 심상으로 도시의 유혹과 변태성이 강조된다. 신곡 전체에 되풀이되어 언급되는 피렌체는, 단테 알리기에리가 태어난 토스카나의 도시일 뿐 아니라 제국 전체의 축소판을 상징한다. 모든 곡에서 피렌체인을 통해 피렌체의 도덕적 모습이 분명히 드러나는데, 피렌체는 윤리적 규범이 방어되고 보호되며 지켜질 때에만 유지될 수 있기 때문이다. 제25곡 속 다섯 명의 피렌체인이 지옥에 있는 이유는 명확하다. 그들은 도시의 윤리를 저버렸다. 그리고 이러한 네 측면의 해석을 통해 피렌체는 영적으로 거룩한 도시, 신의 도시와 관련된다.

일곱 번째 구렁의 깊은 구덩이와 여러 특징들, 그곳에서 펼쳐지는 특이한 변신들을 통해 단테는 거듭하여 시에 생명력을 부여한다. 인간의 비애와 고통은 다양한 장면의 인물로도 구현되지만, 한 원에서 다른 원으로 내려가는 여행자 또한 이러한 것들을 보여준다. 제24, 25곡에서 도둑들에 대한 단테의 반응은 중요하다. 단테는 시 전체에서 신의 형벌과 관련해 여러 반응을 보인다. 프란체스카에 대한 형벌은 지지하지 않은 반면에 이곳에서는 뱀을 지지하며 친구라 부르는 식이다.

그는 때로 잃어버린 영혼들에게 감정적으로 대응한다. 제5곡의 프란체스카, 제10곡의 파리나타, 제13곡의 피에르 델라 비냐, 제15곡의 브루네토 라티니, 제26곡의 율리시스에게 그렇다. 그 순간들

Duke University Literae humaniores lecture

은 시에서 감동적으로 기억된다. 그렇다면 도둑에게는 어떻게 반응할까? 제25곡의 끝을 보면 단테는 자신이 쓴 글에 대해 사과하는 듯하다.

> 나의 글이 새로운 주제를
> 잘 표현하지 못했다 해도 용서하기를 [25:142~144]

바로 앞의 행은 전체를 간결히 묘사한다.

> 이 일곱 번째 구렁의 망령들은 서로 바꿔
> 변하고 또 변했다 [25:142~143]

'밸러스트'(화물의 양이 적어 배의 균형을 유지하기 어려울 때 안전을 위하여 배의 바닥에 싣는 자갈이나 물 따위의 무거운 물건) 또는 '짐'을 의미하는 "자보라zavorra"는 다음 곡의 바다와 율리시스의 배를 보여주는 서곡이다.

제25곡의 핵심은 인간이 뱀으로 변신하는 데서 주로 드러나며 이 탈바꿈은 도둑질이라는 죄와 긴밀히 연관된다. 서로의 형상을 훔치는 도둑들의 행위는 도둑질인 동시에 형벌이다. 이 곡은 "콘트라파소"(contrapasso, 지옥에서 받는 벌은 현세에서의 죄에 대응된다는 발상)의 탁월한 예가 된다. 현세에서 이들은 물권법을 거역했다. 어쩌면 그들이 도둑질을 한 이유는 돈에 대한 사랑보다 법에 대한 증오가 더 컸을지 모른다. 단테는 도둑들의 짐승 같은 이러한 증오를 독자들에게 알려주려 한다. 그리하여 그는 이 죄의 놀랍고 끔찍한 측면을 생생하게 그린다.

부오소와 프란체스코가 몸을 바꾸는 긴 구절에서 단테는 마치 공포감을 주는 이야기꾼처럼 보인다. 그는 죄와 형벌에 면역된 척 하며 이번 곡에서 자신이 본 것을 상술할 뿐 다른 곡에서처럼 감정을 드러내지 않는다. 이런 분위기는 괴테와 만조니Manzoni를 불쾌하게 한다. 그들은 이 곡을 윤리적 증오가 아닌 광신적 표현이라 느꼈다.

Duke University Literae humaniores lecture

제26곡

모사꾼 : 율리시스와 디오메데스

제25곡이 피렌체의 다섯 도둑의 정체를 밝히며 조용히 마무리된 반면 제26곡은 피렌체에 대한 울부짖는 반어적 경의로 시작된다.

기뻐하라, 피렌체여!

이는 그 도시를 사랑하며 그 도시의 멸망을 아는 사람의 욕설 또는 비난이다. 단테의 환상 속 도시는 새의 형상을 하고 있다. 새는 날개로 바다와 땅을 덮고 지옥 전체에 이름을 떨친다. 이것은 도시의 위대함에 대한 반어적 표현으로, 단테는 폭발적으로 크고 새된 목소리로 새 곡의 첫 3행을 읊는다. 이 문맥에서 피렌체는 제34곡에 등장할 루시퍼 날개의 출현을 예시하며, 더욱 가까이는 배의 노가 마치 날개처럼 보이는 율리시스의 미친 항해를 보여준다.

미친 듯 파닥거리는 노를 저어서 [26:125]

광활한 바다, 항해자의 거대한 야망과 연결되는 서두의 심상은 곡 전체에서 계속 유지된다. 첫 3행에는 "지옥에까지" 이름을 떨치는 피렌체, 다시 말해 인간 야망의 비극성도 나온다.

그런 다음 이렇다 할 어떤 과정도 없이 단테는 방금 떠나온 곳에서 만났던 비극적인 피렌체의 다섯 도둑을 생각하며 이렇게 고백한다. "나는 부끄러움을 느낀다." 이는 단테의 감정이 강하게 드러난 지옥편의 대여섯 부분 중 하나다. 다른 어디서도 피렌체와 단테의 관계가 이토록 생생하게 기록되지 않는다.

프라토와 피렌체에 대한 예언적 저주로 보이는 이러한 구절의 출처는 정확하지 않다. 1304년 교황 베네딕트 11세는 정치적 반대파와의 화해를 목적으로 추기경인 프라토의 니콜라스를 피렌체로 보냈다. 그러나 노력은 실패로 돌아갔고 교황은 그 도시를 저주했다. 얼마 지나지 않아 피렌체에 갖가지 재앙이 일어났는데, 교황의 저주가 원인으로 여겨졌다. 또 다른 해석에서는 토스카나의 작은 마을인 프라토를 피렌체의 통치에 반역을 일으키는 여러 도시의 대표로 본다.

여덟 번째 구렁의 엄청난 광경을 소개하며 단테는 감정의 섬세한 분석에 많은 부분을 할애한다. 그는 피렌체를 향한 사랑과 그곳에서 자행되는 일들을 자세히 묘사한다. 여기서 베르길리우스의 역할은 안내자에 불과하다. 단테가 돌계단을 오르도록 밀어주며 도울 뿐이다. 구렁을 보고 시인은 슬픔에 휩싸였으며 거듭 떠올려도 여전히 슬픔이 밀려온다고 토로한다.

나는 고통스러웠다.
다시 생각해도 여전히 고통스럽다. [26:19]

예컨대 여름날 해 질 녘 농부가 언덕에서 보는 수많은 반딧불의 모습과 같은 눈앞의 광경은 묘사하는 시인을 힘들게 한다.

이 비유는 여덟 번째 구렁에 등장하는 불길과 관련된다. 각각의 불길에는 사기와 모략을 행한 자들이 숨겨져 있다. 현세에서 그들의 혀는 거짓을 말했기 때문에 이곳에서 그들은 혀 대신 불길만을 가진다. 단테는 구약성서의 엘리사를 떠올리는데 그는 불마차를 타고 하늘로 오른다. 엘리사를 조롱하던 아이들은 그에 대한 벌로 곰에게 잡혀먹힌다(열왕기 하권 2장). 수많은 불길이 타오르는 광경에 압도된 단테는 정신을 잃지 않으려 바위를 꽉 붙잡는다. 베르길리우스는 불길 안에 영혼들이 있다고 설명한다.

각각의 영혼은 자기들을 태우는 불에 휩싸여 있다. [26:48]

갈라진 불길을 보고서 단테가 오이디푸스의 두 아들 에테오클레스와 폴리니세스를 떠올리며 묻는다. "저 속에 있는 자는 누구입니까?" 베르길리우스는 "율리시스와 디오메데스이다"라고 답한다. 이제 단테의 시 가운데서 가장 유명한 모사꾼과 그의 죽음에 관한 이야기가 등장할 차례다.

율리시스는 63행의 팔라디움 때문에 여덟 번째 구렁에서 벌을 받는다. 팔라디움은 아테네의 수호여신상으로 트로이의 안전을 보

Duke University Literae humaniores lecture

장했다. 율리시스와 디오메데스는 이것을 훔쳤고 덕분에 그리스는 트로이와의 전쟁에서 승리할 수 있었다. 그리스인들은 팔라디움에 대한 거짓 보상으로 트로이의 외부에 목마를 만들어 놓아두었다.

단테가 그토록 율리시스와 이야기하기를 원한 이유는 무엇일까? 그는 트로이의 멸망이 이탈리아의 건국과 직접적으로 연관된다고 믿는다. 베르길리우스 역시 같은 생각이다. 율리시스는 두말할 나위 없이 트로이 전쟁의 중심인물이었으며, 또 다른 중심인물 디오메데스 역시 율리시스의 공적과 밀접히 관련된다. 율리시스가 행한 가장 유명한 속임수이자 사악한 모략은 "목마 속 매복"이다. 단테는 이를 "로마의 고귀한 씨앗이 나가도록 만든 운명"으로 표현하다. 트로이의 멸망으로 아이네아스와 그를 따르는 자("귀족의 씨앗")가 이동했고 여기서 로마 제국의 중심부가 되는 새로운 나라, 즉 이탈리아가 건립됐다.

단테는 율리시스와 이야기하고 싶은 열망을 표현한다. 그러나 제26곡에서 사건을 이끌고 대화를 시작하는 이는 단테의 열망에 찬사를 보내던 베르길리우스이다. 그는 율리시스와 디오메데스가 그리스인이기 때문에 이탈리아 시인의 말에 코웃음 치리라 설명한다. 그리하여 《아이네아드》의 저자인 베르길리우스가 율리시스에게 그가 과연 어디서, 어떻게 죽었는지를 묻는다. 단테가 베르길리우스만큼 이 만남에서 권리를 주장할 수 있는지는 논쟁의 대상이 된다. 그는 로마의 후손이며 로마인들은 아이네아스의 후손이므로 트로이의 계보에 속한다. 율리시스와 디오메데스는 트로이의 정복자였으므로 이들은 우연한 만남은 매우 극적이며 장황하게 이야기할 만하다.

　그리하여 베르길리우스가 말한다. "내가 말하겠다." 단테는 독자에게 말한다. "나는 그가 이런 식으로 말하는 것을 들었다." "이런 식으로"는 "이러한 형식으로", 또는 "이러한 문구로"라고 이해될 수 있다. 어쨌든 베르길리우스는 하늘이 부여한 임무를 띠며 단테는 '포르마forma'라는 단어를 "주술"의 동의어로 사용한 듯하다. 신학적으로 베르길리우스는 예수의 은혜는 아니지만 신의 호의를 받는 존재이다. 질문을 잘 표현하기 위해 베르길리우스는 자신이 쓴 "고귀한 시구들"을 언급한다. 이로써 그는 자신의 유리한 입장을 상기시킨다. 베르길리우스와의 대화로 율리시스와 디오메데스는 현세에서의 기억을 유지할 수 있다.

　곡의 중반을 지나서 율리시스는 "거대한 불길처럼 크게 요동치기 시작하며" 말을 한다. 율리시스의 목소리는 곧장 이야기를 시작하는데, 이 부분은 신화에 가깝게 그려진다. 전통적으로 신화는 사상과 환상이 결합된 이야기이다. 정신적, 지적 장치와 감각세계가 대응되는 신화는 인간 정신이 자연스럽고도 친숙하게 작용한 결과이다. 인간 정신의 최고의 형태가 철학과 시라는 것을 감안할 때 창조적인 영혼이 만들어낸 신화는 모든 형태의 예술과 연관된다.

　현대 작가들은 아이디어나 개념에서 시작해 이미지와 신화로 이어지는 경향이 있다. 예를 들어 알베르 카뮈는 인간 노력의 무용성과 불합리성이라는 아이디어에서 시작해 시시포스와 바위의 이미지를 사용했다. 앙드레 지드는 자신의 계율 중 하나를 전달하기 위해 탕자 아들의 우화를 활용했다. 말라르메는 시적 무력감이라는

Duke University Literae humaniores lecture

주제를 다룬 소네트에서 얼어붙은 호수에 날개가 끼인 백조를 묘사한다.

이에 비해, 고전 작가인 단테는 주로 인물이나 이미지 또는 신화에서 출발한 다음에 아이디어를 발견한다. 베아트리체는 처음에는 단순히 피렌체 여인이었으나 나중에는 사랑과 구원의 동의어가 된다. 첫 곡에서 베르길리우스는 위대한 라틴어 시인이었다가 이어지는 곡들에서 점차 안내자요, 인간 지혜의 모범으로 확대된다. 단테에게 이타카의 왕이자 트로이의 정복자 율리시스는 결국 집으로 돌아오지 못할 여정을 떠난 야심만만한 모험가이자 항해자이다.

호메로스의 서사시에서 오디세우스(율리시스)는 전사, 현자, 용자, 식자로 그려지며 정교한 속임수는 멋지게 보인다. 베르길리우스와 1세기의 다른 라틴 시인 스타티우스Statius의 작품에서 단테는 율리시스의 중세적 초상을 보았다. 여기서 율리시스는 거짓과 속임 그리고 교활함으로 전쟁에서 승리한 전사이다. 그는 집으로 돌아가기 원하는 남편이자 아버지가 아니라, 모험을 찾아 헤매는 항해자이다.

여덟 번째 구렁에서 율리시스와 디오메데스는 하나의 불길이다. 살아생전 둘이 하나가 되어 모험과 속임수를 감행했기 때문이다. 그리하여 그들은 영원히 함께 묶인 채 형벌을 받는다. 단테는 율리시스가 어떻게 죽었는지 몹시 궁금해한다. 호메로스, 베르길리우스, 스타티우스는 율리시스의 죽음을 언급하지 않으며 대부분의 이야기에서 율리시스는 모험 이후 이타카로 돌아와 가족과 머문다. 그러므로 제26곡의 후반부는 분명 단테의 창작이다.

율리시스는 먼저 지식에 대한 사랑을 이야기한다. 배움에 대한 그의 열정은 절대적이며 때문에 그는 영웅적으로 심지어 비인간적으로 보인다. 이 영웅은 어떤 인간적인 관계나 감정 때문에 뒤로 물러서지 않는다. 사랑하는 아들 텔레마코스, 나이 든 아버지 라에르테스, 아내 페넬로페 등 그 누구도 그를 막을 수 없다. 그의 "열정"은 인간적 덕목과 가치를 배우려는 압도적인 열망이다. 단테는 율리시스를 움직이는 힘을 "열정"으로 풀어내는데 여기에는 형벌을 가하는 불길도 함축돼 있다. 이 때문에 율리시스는 이타카로 돌아가기보다 깊은 대양으로 배를 돌린다.

하지만 나는 깊은 대양을 향해 나왔소 [26:100]

율리시스와 소수의 동료들은 스페인과 모로코, 사르데냐, 헤라클레스의 기둥(그리스 신화에서 헤라클레스가 갈라놓았다고 함)을 지나 항해한다. 헤라클레스의 기둥은 지브롤터 해협으로 서구 세계에서 사람이 살 수 있는 경계로 여겨졌다.

자신을 따르는 이들을 향한 연설에서 율리시스는 사악한 모사꾼처럼 보인다. 그는 허락된 것 이상으로 세계를 더 많이 알아내자며 동료들을 설득한다. 130~142행에서 단테는 이 무모한 모험을 이야기한다. 5개월에 걸친 대항해 끝에('바다의 고속도로'로 번역될 수 있는 알토 파소를 지나) 율리시스와 선원들은 육지를 발견한다. 어둠 속 먼 거리에서 그곳은 산 같았다. 그들은 이에 기뻐했지만 곧 폭풍이 몰아쳐 세 차례나 배가 소용돌이에 휩싸인다. 그러곤 뱃머리부터

Duke University Literae humaniores lecture

침몰해 결국 바다 속에 수장된다.

소용돌이에 휩싸여 침몰한 배의 비극 뒤에 지식의 탐험가, 파우스트적 인물, 가장 용감무쌍한 항해자인 율리시스의 비극이 있다. 단테의 율리시스는 어떤 인간도 보지 못한 것을 보았다. 랭보의 시 〈취선〉에도 똑같은 생각이 표현된다.

나는 사람들이 보았다고 믿는 바를 실제로 보았다

지식을 향한 목마름으로 우리 세대는 율리시스를 영웅이라 여기지만, 단테의 시에서 율리시스는 "제3자"로 지시되는 신의 형벌을 받는다. 이 곡에서 율리시스는 바로 다른 세계의 삶을 알고자 하는 단테 자신이다. 어떤 의미에서 단테는 지옥편을 씀으로써 스스로 벌을 가하고 있다. 연옥의 산을 보는 것은 인간에게 금지된다. 이는 그 자체로 단테가 자신의 일부를 정죄하고 있다는 표지이다. 단테에게 율리시스는 지식에 대한 목마름으로 가족에 대한 사랑과 백성과 나라에 대한 의무를 저버린 인간이다.

율리시스의 배가 침몰한 후 바다는 다시 평온해진다. 이것은 지옥편에 나타나는 물의 여러 심상 중 하나이다. 차가운 물의 심상은, 대양의 소금기를 머금은 율리시스의 항해는 죄의 무엇을 의미할까? 여기서 율리시스는 광기의 지략가, 어리석은 인간이다. 그는 자신의 능력을 다른 사람의 판단력을 흐리는 데 사용한다. 단테는 고대 그리스 전설 속 율리시스를 교묘하게 변형시키는데, 여기서 우리는 트로이와의 전쟁에 관련해 로마인인 단테는 그리스에 적대적이었다는 사실을 잊지 말아야 한다. 아이네아스는 베르길리우스의 영웅이며 트로이인이다. 단테는 베르길리우스에 대한 충성심으로 아이네아스를 모범이 되는 인물로 남긴다. 기독교 시인 단테는 다른 많은 곡에서처럼 여기서도 유명한 그리스 영웅을 악마로 묘사한다.

율리시스의 결말을 재창조한 단테는 기독교 세계의 시작으로 그리스 세계가 끝났음을 말하고 싶었던 듯하다. 율리시스와 선원들은 죽음 직전에 멀리 산을 보며 구원의 표징을 받는다. 이는 고난에 뒤따르는 희망의 순간, 즉 모세가 약속의 땅에 다가갔지만 결국 들어가지 못했던 순간과 같다.

단테에게 율리시스는 음모 자체를 즐기는 음모자로 마키아벨리즘을 예술로 승화했던 사람이다. 단테에게 율리시스의 대범함은 정죄의 대상이다. 단테는 인간의 지식에는 한계가 있어야 한다는 교회의 가르침을 따른다. 겸손은 지식 또는 적어도 공허한 지식의 자랑보다 더 찬양할 만하다. 제26곡의 "소용돌이"는 신의 판결을 행하는 자연의 힘을 상징한다. 그러나 단테는 율리시스의 자세와 지식에 깃든 위대함에 경외심을 표하기도 한다. 즉, 신학적으로는 그를 정죄하지만 이 위대한 죄인을 향한 감탄 또한 감추지 않는다.

신학에서 단테는 율리시스의 끝없는 지식욕에 주목한다. 모사로 인해 여덟 번째 구렁의 영혼들은 "지성의 선을 잃는다." 단테는 여기서 독자에게 세상은 인간 정신이 아니라, 인간의 힘으로 도저히 알 수 없는 신의 능력으로 지배됨을 상기시킨다. 불길에 온통 휩싸인 율리시스의 영혼은 자신을 둘러싼 모든 것으로부터 그를 격리시킨다. 거칠 것 없던 항해자 율리시스는 이렇게 모든 친밀한 인간관계로부터 분리된다.

베르길리우스가 단테에게 한 말에서 중심 단어는 "혀"이다.

> 그러나 그만 너의 혀를 삼가라 [26:72]

문자 상으로는 단테의 성급한 말을 가리키는 듯 보인다. 하지만 깊이 들어가면, "혀"는 동료들을 광기 어린 일에 동참하도록 설득한 율리시스의 논쟁적 말을 지적하는 것이다. 시각적으로는 영혼을 감싼 갈라진 불길을 의미한다.

제2원에 등장하는 프란체스카의 욕망이 감각을 향한다면, 여덟 번째 구렁에서 율리시스의 욕망은 정신을 향한다. 남녀 모두 절정과 재앙을 향해 가면서 자신의 욕망을 이야기한다. 제26곡에 나오는 이 멸망의 이야기 뒤로 단테의 기분은 네댓 차례 변한다. 첫 행에 나타난 피렌체를 향한 분노는 슬픔으로, 도시를 향한 수치로 바뀐다. 그다음 반딧불이로 빛나는 언덕의 심상에서 목가적 평온으로 변하고, 평온함은 율리시스의 이야기를 들을 수 있다는 흥분 앞에 무너진다. 곡의 마지막에 율리시스의 이야기를 경청하는 단테의 모습은 전적으로 수용적이다.

율리시스와 그를 따르는 이들이 목격한 산의 이미지는 지옥편과 천국편의 연결고리라 할 수 있다. 천국편 제27곡에서 베아트리체는 율리시스의 항해를 "율리시스의 거친 항해"로 기억한다. 제8원의 여덟 번째 구렁에서 들려준 이야기가 여덟 번째 낙원의 8~83행에서 기억된다는 사실은 주목할 만하다.

지식을 좇는 구도자인 단테의 율리시스는 호메로스의 율리시스로부터 급진적으로 변화했다. 이 전통은 19세기 테니슨의《율리시스》, 20세기 그리스 시인 카잔차키스의 장시《오디세이아, 현대편》까지 이어진다. 더 짧은 형식으로 단테의 율리시스는 두 명의 현대 그리스 시인, 세페리스Seferis와 카바피Cavafy의 작품에서도 찾아볼 수 있다. 제임스 조이스의《율리시스》에서, 블룸이 집으로 돌아오는, 다시 말해 삶을 받아들이는 인물이라면 카잔차키스의 영웅은 집으로 돌아오지 않는, 즉 삶을 저버리는 인물이다.

Duke University Literae humaniores lecture

제27곡

모사꾼 : 귀도 다 몬테펠트로

여덟 번째 구렁에는 극단적 상황의 두 죄인이 있다. 한 명은 고대인인 제26곡의 율리시스이며, 다른 한 명은 당대인으로 제27곡의 귀도 다 몬테펠트로Guido da Montefeltro이다. 전자가 국가 또는 정부와 관련이 있다면 후자는 교회와 관련된다. 교회와 국가의 지배자는 사악한 지략가에게 가장 많이 노출된 취약한 존재다. 두 곡은 합쳐져 두드러진 이중적 유형을 보여준다. 이 둘은 이방인과 기독교인, 고대인과 현대인, 신화와 역사, 국가와 교회를 대표한다.

새로운 곡에서 단테가 자연스럽게 대화를 이끈다. 이번에는 동포를 만났기 때문이다. 역사가 빌라니는 귀도 다 몬테펠트로를 "이탈리아 전체를 통틀어 동시대인 중 가장 지혜롭고 교활한 자"라고 평가했다. 그는 백작이자 기벨린당 지도자로 용기와 지혜, 정중한 태도와 뛰어난 전략으로 유명했다. 사람들은 그를 "여우"라 불렀다. 14세기에 유명한 인물이었기에 단테는 제27곡에서 그의 이름을 물을 필요가 없다. 이미 그에 관한 이야기를 모두 읽어 알았기 때문이다. 귀도 다 몬테펠트로는 군인에서 수도사로 마지막에는 교황 보니파키우스 8세의 사악한 조언자로 활약한다. 단테는 교황 보니파키우스 8세를 적그리스도로 여겼다.

다음과 같은 귀도의 요청으로 단테는 로마냐Romagna의 상황을 들려준다.

> 로마냐가 평온한지 아니면 전쟁 중인지 알려주오 [27:28]

단테는 여러 군소 폭군들 치하의 로마냐를 간단하게 묘사한다. 귀족들, 강들, 사건들이 거론되는 이야기는 향수에 젖어 구슬프다. 로마냐는 아드리아 위 북동쪽에 위치한 교황령이다. 단테가 라벤나 같은 위대한 도시 내부의 알력에 관해 이야기하자, 귀도는 군인이자 수도자로서의 경력을 알리는 말로 자기 이야기를 시작한다.

> 나는 군인이었다가 프란체스코 수사가 되었소 [27:67]

귀도는 "가장 위대한 사제"인 교황 보니파키우스 8세의 강력한 의지로 이러한 극적인 변화는 끝났다고 설명한다. 교황은 회개한 듯한 그를 원래의 죄로 돌아오게 만든다. 그의 죄는 과연 무엇이었을까? 귀도는 자신이 사자가 아닌 여우처럼 행동했다고 설명한다.

> 나의 행동은 사자가 아닌 여우 같았소 [27:74~75]

율리시스처럼 귀도 역시 "모사와 열정"으로 이름을 떨쳤지만 그

Duke University Literae humaniores lecture

는 율리시스와 달리 부끄러워하며 고통으로 얼마간 위대함도 가진다. 그렇다면 교황은 어째서 그에게 관심을 가졌을까? 이유는 간단하다. 그가 기만술로 이름을 떨쳤기 때문이다. 단테가 85행에서 조롱하듯 "바리사이파의 새로운 왕"이라 부른 보니파키우스 8세는 교황의 거주지인 라테른 궁전 근처의 콜로나 가문과 공개적으로 갈등 관계에 있었다. 교황에 의해 출교된 이 가문은 로마에서 동쪽으로 40킬로미터 떨어진 그들의 요새 팔레스트리나(당시엔 페네스트리노라 불렀다)로 피했다. 귀도는 콜로나 가문의 사면을 제안해야 한다고 조언했다. 하지만 1298년 콜로나 가문이 항복하자 그들의 성을 파괴해버렸다.

처음 보니파키우스의 조언 요청에 귀도는 침묵했다. 하지만 교황이 죄 사함을 약속하자 그는 교황에게 짧게 조언했다. "용서한다고 약속하십시오. 그러나 용서하지 마십시오." 귀도는 뉘우치지 않았기에 교황조차 그의 죄를 씻을 수 없었다.

이 사악한 지략가의 이야기는 단테의 창작물이 아니지만 귀도의 영혼을 건 천국과 지옥의 다툼은 그의 창작물이다(그 사건은 112~126행에 나온다). 단테는 귀도의 죽음을 이렇게 그린다. 성 프란체스카가 그의 영혼을 찾아오고, 동시에 검은 천사 케루빔도 나타나 하인으로 데려가겠다고 주장한다. 결국 케루빔은 "인간보다 악마가 자기 재산을 더 잘 지킨다"는 영리한 논리로 귀도를 데려간다. 이 이야기는 영혼의 영원한 운명은 죽는 순간에 결정된다는 기독교 교리를 특히 강조한다. 교황의 사면을 받았지만 귀도는 자신의 행위를 진정으로 뉘우치지 않았기에 용서받지 못한다.

단테의 《향연》에서 귀도 몬테펠트로는 도덕적인 위인이다. 제27곡은 이 사실과 상반되는 듯 보이지만 단테는 적어도 타락한 위인이 삶에서의 과오를 애통해하는 감정을 보여준다. 귀도는 이야기를 꺼린다. 그의 변치 않는 소망은 세상에서 잊히는 것이다. 이와 같은 고귀한 소망으로 그는 율리시스보다 조금 열등한 위치에 있게 된다. 단테는 아마도 완결성을 위해 여덟 번째 구렁에 이탈리아판 율리시스를 두기 원했을 것이다. 감정과 통찰력 면에서 귀도는 단테보다 고귀하고 위대한 듯하다. 고뇌도 율리시스보다 깊다.

T. S. 엘리엇이 〈J. 알프레드 프루프록의 연가〉에서 61~66행 속 귀도의 말을 묘비명으로 사용했기 때문에 이 구절은 오늘날까지 면밀히 연구된다. 이름을 묻는 단테에게 귀도의 불길은 이야기하겠다는 의사를 보인다. 살아서 지옥을 나간 사람은 지금껏 한 명도 없었기에 단테가 세상에 나가 자신의 악행을 다시 말할 수 없을 거라는 생각에서이다. 즉, 귀도의 첫 번째 실수는 단테를 살아있는 사람이 아니라 영혼이라 믿은 것이다. 독자들은 이제 "세상 사람들에게 기억되길 원한다"는 지옥 영혼의 말이 익숙할 것이다. 이런 바람을 표현한 마지막 영혼은 제16곡에 나오는 세 명의 피렌체 귀족이었다. 무절제와 폭력의 원 속 망령들은 자신들이 기억되기를 원한다. 하지만 사기의 원 속 영혼들은 잊히기를 바란다.

엘리엇의 시는 종종 현재와 과거 간의 대비로 해석된다. 지옥편 전체에 걸쳐, 과거를 대하는 죄인들의 태도는 주요한 주제이다. 〈프루프록〉에서는 과거를 대하는 인물의 태도로 현재가 비판받는다. 미켈란젤로에게 오고 가는 여인들은 경외 대상이 전혀 아니다.

Duke University Literae humaniores lecture

현재의 전형인 프루프록은 극심한 사회 공포증을 갖고 있는데, 이는 지옥의 영혼들이 처한 상황과 다르지 않다. 모든 것을 말하려 죽음 가운데서 살아 돌아온 나사로라고 말하는 프루프록을 보며 독자들은 그와 똑같은 말을 한 몬테펠트로를 연상하게 된다. 프루프록이 두 자아, 즉 사적 자아와 공적 자아에 그랬던 것처럼 귀도는 단테에게 모든 것을 털어놓는다.

귀도 다 몬테펠트로의 이야기와 이름은 두 가지 다 엘리엇의 시 제목에 관련된다. '몬테펠트로'와 '프루프록'의 이름을 생각해보라. '펠트로'는 "펠트felt" 또는 "필터filter"를 의미하며 라틴어 "펠트룸feltrum"에서 유래한다. 펠트는 액체의 필터로 사용된다. 몬테는 "산mountain" 또는 "바위rock"이다. "필터"는 트리스탄 이야기에 나오는 "필터"(philter, philtre, 묘약)를 의미하기도 한다.

제27곡에서 귀도가 이야기하는 사건은 그가 교회를 시험한 일과 연관된다. 귀도는 사악한 보니파키우스에게 콜로나 가문을 속이고 파괴하라고 조언한 후 사면을 보장하는 교황의 능력에 의지한다. (만일 첫 행을 이런 식으로 해석한다면) 프루프록의 사악한 조언자는 자기 자신이다. 그는 오직 독백을 통해서만 이야기할 수 있다.

그렇다면 가자, 너와 나,
저녁이 하늘에 대항해 퍼질 때……

여기서 "너"는 프루프록의 공적 자아, "나"는 예민하고 섬세한 사적 자아를 의미하는 듯하다. 철학자 베르그송은 이를 중세 시대 크게 유행한 "육체와 영혼"과 비슷한 논쟁으로 여겼다.

제27곡의 비문은 프루프록 좌절을 부연 설명한다. 프루프록은 지옥에 있으며 지옥은 고정되어 변하지 않는다. 귀도는 세상에서 활발히 악을 행했기 때문에 지금 지옥에 있다. 프루프록은 결코 활발히 악을 행하지 않았는데도 지옥에 있다. 때문에 귀도와 프루프록이 닮았다고 하는 것은 시에서 햄릿과 참수당한 세례 요한을 언급하는 만큼이나 역설적이다. 하지만 귀도와 프루프록 모두 자신의 지적 능력을 남용했다는 점에서 둘은 동일하다. 프루프록은 지성을 습관적으로 무익한 환상과 몽상에만 이용하며 독백 형태로만 이야기한다. 사랑이 욕망으로 제한되며 성취 불가능하다는 신념이 프루프록의 개인적 비극이다. 무정한 운명은 그의 나이와 수줍음, 심지어 전혀 로맨틱하게 들리지 않는 이름 탓으로 돌려진다. 알프레도와 귀도의 이름이 비슷한데도 불구하고 은행원 같은 영어 J. 알프레드는 이탈리아어 귀도와는 사뭇 다른 느낌을 준다.

이로써 프루프록은 일종의 가사 상태에 있다고 생각할 수 있다. 몬테펠트로가 단테에게 하듯 프루프록은 우리에게 이야기한다. 귀도는 자신의 오명이 세상으로 퍼지지 않으리라 믿고 이야기한다. 하지만 프루프록은 그런 것을 두려워하지 않는다. 이 시에서 보듯 현대인은 공적인 고백에 익숙하기 때문이다. 현대인은 자신을 과소평가하며 피학적 성향을 갖도록 부추김 당한다. 프루프록은 후일 카뮈의 《이방인》, 로스의 《포트노이의 불평》, 워커 퍼시의 《랜슬릿》 등에 영향을 주었다.

Duke University Literae humaniores lecture

제28곡

불화의 씨를 뿌리는 자 : 베르트랑 드 본

제28곡의 소재는 말레볼제의 아홉 번째 구렁이다. 단테는 심히 불안해하며 이번 구렁의 특별한 형벌 현장으로 다가간다. "어떤 말로" 불화의 씨를 뿌리는 자들의 이 끔찍한 광경을 묘사할 수 있을까? 구렁에는 분열이 가득하다. 분열의 이미지는 고린토 신자들에게 보내는 첫째 서간 12장의 한 구절에서 나온다. 거기서 사도 바울은 영의 하나됨과 은사의 다양함에 관해 이야기한다. 새로운 교회의 모든 구성원은 함께 일해야 한다며 그는 말한다. "그리하여 한 몸에 어떤 나눠짐도 없도록 하라."

세상에 있을 때 조직을 갈라놓았듯, 분열을 조장한 자들의 몸은 이곳 지옥에서 잘리고 조각난다. 몸이라는 개념은 조직과 개인 모두에게 적용된다. 여덟 번째 구렁의 사악한 모략가들이 조직의 우두머리를 건드렸다면 아홉 번째 구렁에 있는 분열의 씨앗을 뿌린 자들은 조직 자체를 훼손했다.

이처럼 새로운 곡의 심상은 훼손이다. 단테의 심상은 대부분 의학과 전쟁에서 나온다. 7~18행에서 시인은 아풀리아Apulia의 전장을 되새기며 끔찍한 병원과 치열한 전투 후의 수술 광경을 묘사한다. 지금은 풀리아라고 불리는 아풀리아는 이탈리아 남동쪽에 자리한다.

먼저 시인은 삼늄인Samnite과 로마인의 길고 긴 전쟁(기원전 343~290년)을 읊는다. 두 번째는 제2차 카르타고 전쟁(기원전 218~201년)이다. 여기서 한니발은 로마를 상대로 큰 승리를 거두었다. 카르타고 군인들이 죽은 로마인의 손가락에서 거둬들인 금반지의 양이 엄청났다는 이야기가 전해질 정도이다. 세 번째는 로베르 귀스카르Robert Guiscard에게 초점이 맞춰지는데 그는 노르만인 탐험가로서 11세기에 이탈리아 남쪽의 대부분을 수중에 두었다. 1059년과 1080년 사이에 그는 교회를 대신해 종파분리적인 그리스인과 사라센인과 싸웠다. 천국편 제18곡 48행에서 그는 믿음의 전사들 사이 마르스의 천국에 있다. 다음으로 체프라노Ceperano 사태가 언급된다. 1266년 그곳에서 아풀리안의 귀족들은 만프리드를 배신하고 샤를 당주가 베네벤토 전투에서 그를 치도록 두었다. 마지막은 샤를 당주가 만프리드의 조카 콘라딘을 패배시킨 탈리아코초 전투이다. 여기서 샤를 당주는 도망치는 척하다가 약탈하러 나온 적들을 완파하는 전술을 사용한다.

간결하지만 인상적인 몇몇 전투는 첫 분열자의 등장을 위한 서곡이다. 이제 7세기 이슬람교의 창시자이며 아랍 세계의 존경받는 지도자 무함마드가 등장한다. 중세의 견해에 따르면 무함마드는 기독교 세계에 가장 심한 분열을 가져왔다. 제28곡에서 그는 그리스도의 몸된 교회를 갈라놓은 죄로 턱에서 항문까지 찢겨 훤히 벌

Duke University Literae humaniores lecture

어진 모습으로 나온다. 다른 의미에서 이는 동양과 서양의 분열일 수도 있다.

아홉 번째 구렁에서는 분열을 일으킨 네 인물이 소개된다.

첫째, 교회에 불화와 분열을 일으킨 무함마드와 그의 사위 알리Ali이다. 알리는 (곧바로는 아니지만) 무함마드를 계승한다. 무함마드는 턱에서 이마의 머리털까지 찢어진 알리를 단테에게 소개한다. 그리고 여기서 아직 죽지 않은 프라 돌치노Fra Dolcino가 언급된다. 그는 수도사이자 1305년 교황 클레멘트 5세에 의해 정죄된 이단 종파의 지도자다. 그의 종파는 재산과 여자의 공동 소유를 주장했다. 그의 추종자들은 노바라Novara 언덕에서 일 년 동안 교황의 군대에 맞섰지만 대부분 굶어죽었다. 무함마드와 돌치노는 결혼과 여성에 관해 비슷한 관점을 가졌다.

둘째, 피에르 다 메디치나Pier da Medicina는 목에 구멍이 나고 코가 눈썹까지 잘리고 귀도 하나뿐이다. 그는 전형적인 분열 조장자로 나라를 둘로 나눴다. 그의 가문이 살던 메디치나는 볼로냐의 동쪽에 있다. 말라테스타와 폴렌타Polenta가 반목하도록 만든 음모에 성공한 후 피에르의 가문은 1287년 로마냐에서 추방된다. 그는 단테에게 로마냐의 서쪽과 동쪽 끝의 베르첼리와 마카보라는 도시를 이야기한다. 리미니의 말라테스티노는 지옥에서 눈이 하나뿐인데 그 역시 국가에 분열을 초래했다. 그는 두 프랑스 귀족을 아드리아 해의 라카톨리의 회의에 초대하여 험한 바람으로 악명 높은 포카라 곶에서 익사시켰다. 나라를 분열시킨 마지막 예는 쿠리오Curio로 그는 폼페이 전쟁에 참여하여 시저의 당에 합류했다. 그는 루비

Duke University Literae humaniores lecture

콘 강 건너기를 망설이자 시저에게 강을 건너 로마로 진격하라고 강하게 주장했다. 강을 건너는 시저의 결정은 로마에 내전을 가져왔다.

셋째, 공동체를 분열시킨 모스카 데이 람베르티Mosca dei Lamberti이다. 그는 지옥에서 두 손을 잘렸다. 뭉툭한 팔을 하늘로 들면 하늘에서 피가 떨어져 얼굴을 덮는다. 피렌체의 겔프당과 기벨린당의 불화는 모스카가 핵심적 역할을 한 가문의 다툼에서 비롯된다. 부온델몬테 드 부온델몬티는 아미데이 가문의 딸과 약혼했다가 파혼하고 도나티 가문의 딸과 결혼한다. 아미데이 가문은 모욕을 어떻게 갚아야 할 것인지를 두고 회의를 열었는데 이 자리에서 모스카는 이렇게 이야기한다. "행한 일을 끝장내야지요." 이는 부온델몬테를 죽여야 한다는 말이었다. 결국 부온델몬테는 살해당했고 이에 대한 피렌체 시민들의 의견은 나뉘었다. 이 사건이 두 당파 간 싸움의 시작으로 여겨진다.

넷째, 가문을 분열시킨 시인 베르트랑 드 본Bertrand de Born이다. 이번 곡의 마지막 행들은 지옥편의 가장 뛰어난 장면 중 하나다. 베르트랑은 귀족으로 오트포트의 영주였다. 또한 프로방스의 음유시인이기도 했는데, 시는 대부분 정치적인 성격을 띠었다. 대표작은 영국의 헨리 2세의 아들인 "젊은 왕" 헨리 왕자의 죽음에 대한 애가이다. 헨리 왕자로 하여금 아버지를 거역해 반란을 일으키게 한 죄로 베르트랑은 지금 지옥에 있다. 아버지와 아들을 반목시킨 죄는 머리를 몸에서 잘라낸 것과 같기에 그의 머리는 몸에서 분리되었다.

〈속어론〉에서 베르트랑 드 본의 관대함과 전쟁 시의 아름다움을 찬양한 단테가 제28곡에서는 그가 마치 전등인 양 손에 머리를 들고 있다고 묘사한다. 단테는 베르트랑의 악한 조언을 아히도벨과 비교한다. 아히도벨은 압살롬을 부추겨 아버지인 다윗 왕에게 반란을 일으키게 했다(사무엘기 하권 15~17장). 잘린 머리는 베르트랑의 잘못과 처한 곤경을 보여준다. 단테는 프로방스 시인의 입을 통해 시의 원칙을 들려준다.

그리하여 죗값은 내 안에 이렇게 드러난다오 [28:142]

지옥편 전체에서 내세에서의 벌은 현세에서의 죄이다.

지옥에서 받는 벌이 현세에서의 죄에 대응된다는 발상인 '콘트라파소'는 성서의 탈리오 법칙 lex talionis, 즉 죄의 무게에 맞춰 배상의 정도를 조정하는 보복의 법칙이다. 1~21행에서는 "불화의 씨를 뿌린 자"의 무시무시한 상황을 묘사하며, 마지막 행에서는 이러한 상황을 지배하는 법칙을 말한다.

여덟 번째 구렁의 율리시스나 귀도와 같은 죄인들은 거짓말과 속임수에서 왜곡된 즐거움을 느낀다. 한편 아홉 번째 구렁 속 불화의 씨를 뿌리는 자들은 특정한 결과를 위해 불화, 전쟁, 파괴, 종교적 분열의 씨앗을 뿌린다. 제28곡의 네 인물 무함마드, 쿠리오, 모스카, 베르트랑이 그랬다. 인과응보의 법칙은 단테의 지옥편과 연옥편 전체를 지배한다. 제27곡, 제32곡과 함께 제28곡에는 다른 곡들보다 역사 관련 이야기가 많이 나오는데 이는 형벌의 끔찍함

Duke University Literae humaniores lecture

을 누그러뜨리려는 의도로 보인다.

오늘날이라면 그들은 무정부주의자 또는 테러리스트라 불렸을 것이다. 이들은 사회의 모든 선을 파괴하고자 의도적으로 계획하고 실행한다. 단테는 현재 그들의 가엾은 상황만 묘사하지 않으며 그들을 과거, 현재, 미래의 불화와 연결한다. 무함마드는 프라 돌치노의 죽음을 예언하고, 피에르 다 메디치나는 바다에의 두 살인을 이야기한다. 단테가 저주할 때까지 모스카는 피가 흐르는 뭉뚝한 팔을 들고 있다. 베르트랑 드 본은 자신의 머리를 전등처럼 손에 듦으로써 죄의식과 기쁨을 모두 경험한다.

이탈리아의 비평가들은 종종 제28곡과 이를 둘러싼 네 곡(제26, 27곡, 제29, 30곡)이 서사시적 분위기라 말한다. 세심하게 계획된 수사적 양식은 형식적으로 비극에 가깝다. 첫 행, 사실 첫 단어는 이러한 분위기를 띤다.

누가 어떤 말로
이 광경의 처참함을 묘사할 수 있을까

죄인들의 몸짓은 음울하고 느리다. 무함마드는 움직이기 위해 발 하나를 들어서 내민다. "무참히 잘린 영혼들" 사이에서 단테는 압도되고 그들에게 연민을 느낀다. 그는 제28곡에서 세 번, 제29곡의 초반에 한 번 "처참하다" 또는 "슬프다"라는 형용사를 쓴다. 그는 영혼들이 당하는 고통의 끔찍함이 시인 자신의 묘사 능력을 넘어선다고 말한다. 이 곡은 정교하지만 또한 잔인할 정도로 사실적이다. 여기서 베르길리우스의 역할은 줄어들며 초점은 먼저 죄인에게, 다음에는 단테에게, 단테의 연민과 기억, 그리고 당원으로서의 소망에 맞춰진다. 곡 전체에 걸쳐 흐느꼈던 단테는 문자 그대로 지옥의 고통을 경험했던 것이다.

Duke University Literae humaniores lecture

제29곡

위조자 : 연금술사

아홉 번째 구렁의 마지막은 단테와 베르길리우스의 대화 장면이다. 시간이 촉박한데도 단테가 분열을 일으키는 자들을 넋 놓고 바라보고 있자, 베르길리우스가 그를 책망한다. "왜 너의 시선을 처참한 저들에게 틀어박고 있느냐?" 이에 단테는 친척을 찾고 있다고 대답한다.

단테가 베르트랑에게 정신을 빼앗기고 있는 동안 베르길리우스는 단테 아버지의 사촌 게리 델 벨로Geri del Bello를 발견했다. 이 친척에 대해서는 자세한 이야기가 나오지 않으며, 특별한 형벌을 받고 있지도 않다. 그는 손가락을 쳐들어 위협하고는 그냥 사라져 버린다. 알려진 바에 따르면 그는 자신이 분열시킨 사체티 가문의 일원에게 살해당했다. 그의 죽음에 대한 관례적인 보복은 적어도 1300년까지는 일어나지 않은 듯하다.

어째서 단테는 베르트랑 드 본의 암울한 유령에 그토록 몰두했을까? 아마도 이 프로방스의 시인이 선한 사람이며 뛰어난 작가였기 때문인 듯하다. 베르트랑은 한 가지 죄로 지옥에 떨어진 영혼

중 한 명이다.

제29곡의 40행에서 시작해 제30곡 끝까지 제8원의 마지막 구덩이, 즉 열 번째 구렁이 나온다. 네 부류의 위조자가 여기에서 벌을 받는다. 이들은 사기죄로 물질세계와 윤리 질서를 왜곡시켰다. 이 두 곡은 제7원의 세 번째 "구렁"에 나타나는 자연, 신, 예술에 대한 폭력과 대응된다.

마지막 구덩이의 지배적인 모티브는 병이다. 물리적 과정과 자연의 질서를 왜곡한 자들은 심리적으로 무너지고 신체적으로 비틀어진다. 아홉 번째 구렁에서 인간의 신체가 찢기고 잘린 반면, 열 번째 구렁에서는 안에서부터 병들고 무너진다. 마지막 두 구렁에서 단테는 의사와 흡사하다. 아홉 번째에서는 전장의 외과의사, 열 번째에서는 병원의 병리학자 같다. 토스카나 중심부의 습한 말라리아 구역 발디키아나, 토스카나의 마렘마, 사르데냐 섬의 세 병원이 언급된다.

57행에 이들을 묘사하는 이탈리아어 "위조자"가 나온다. 새로운 장면의 시작에서 단테는 열 번째 구렁의 위조자들을 사로닉 만의 아이기나 섬에서 역병으로 목숨을 잃은 사람들과 비교한다. 오비디우스의 《변신 이야기》에 따르면, 주노Juno가 내린 병이 아이아코스를 제외한 모든 섬 주민의 생명을 앗아간다. 섬에 다시 사람들이 가득하기를 비는 아이아코스의 기도에 주피터는 개미를 인간으로 변화시킨다.

첫 위조자는 연금술사, 즉 금속을 바꾸는 사람이다. 이들은 난잡하고 타락한 물질을 만들어 자연을 왜곡시킨다. 연금술사가 만들

Duke University Literae humaniores lecture

어내는 금은 진짜가 아니다. 속임수의 결과 지옥에서 그들의 몸은 변질되고 병든다.

이 곡은 궁금증을 자아내는 기록, 단테의 미묘한 감정, 지옥편 전체에서 감지되는 다양한 분위기와 속도의 반복으로 이루어진다. 개인적인 기억들 때문에 시인의 마음은 약해졌다. 단테는 이 절박한 죄인들에게 공감한 나머지 감정적으로 지나치게 가까이 다가간다.

열 번째 구렁에서 단테의 도덕적 긴장감은 약화된 듯하다. 그는 죄인들과 이런저런 이야기를 나누는데, 예컨대 호기심을 드러내고 시에나인들의 어리석음을 두고 농담을 한다. 아마도 죄인들의 반응과 그들과의 논쟁에서 즐거움을 느끼는 듯하다. 그는 열 번째 구렁의 오염된 공기에 전염되는 위험을 감수하는 것일까?

시작 부분 내내 단테는 원래보다 더욱 구덩이의 "악취"와 영혼들의 "신음"을 강조한다. 단테는 특히 그곳의 어둠을 강조한다. 첫 부분의 "다른 구덩이"는 곧 "말레볼제의 마지막 수도원"으로, 몇 행 지나서는 불길한 "이 어두운 계곡"으로 바뀐다. 어두운 계곡은 제1곡 2행의 "어두운 숲"을 떠올리게 한다. 단테는 지옥 전체를 보기 전에는 절대 그곳을 빠져나올 수 없다. 암늑대의 물리적 공포와 만족할 줄 모르는 갈망은 그 짐승이 언덕에 처음 모습을 나타내고 한참 지난 지금에야 드러난다.

두 망령이 단테에게 말을 건다. 그리폴리노 다 아레초Griffolino da Arezzo와 카포키오Capocchio이다. 둘은 등을 맞대고 앉아 나병으로 따끔거리는 몸을 긁어댄다. 그리폴리노는 어리석은 젊은이 알베로

Duke University Literae humaniores lecture

에게서 돈을 뜯어냈다. 시에나 주교의 아들로 알려진 알베로에게 그리폴리노는 하늘을 나는 법을 가르쳐주겠다고 했다. 알베로를 주교의 "자식"이라 칭한 것은 주교가 그의 아버지 또는 단순히 보호자일 수도 있음을 암시한다. 그리폴리노는 연금술사 또는 마법사라는 이유로 화형당했다. 피렌체인들은 습관적으로 경쟁 도시인 시에나 시민들을 농담조로 공격한다.

또 다른 나환자는 곡의 마지막에야 신분을 밝히는 카포키오이다. 그는 네 사람을 말하는데 그들은 "낭비하는 자들"로 시에나의 부유한 젊은이들이다. 그들은 살아서 누가 더 물 쓰듯 돈을 쓰고 소란을 벌이는지 경쟁했다. 127행에서는 동방에서 수입한 새로운 향신료, 정향이 든 값비싼 요리가 언급된다. 127~129행은 "정향 3행"이라 불리는데 그들의 사치품에 대해서는 정확히 알려진 바 없다. 다 이몰라D. da Imola는 그것이 정향으로 피운 불로 구운 꿩고기와 수탉 요리였다고 주장한다. 129행에 나오는 과수원은 시에나인 듯하다.

카포키오는 1294년 연금술사라는 이유로 화형에 처해졌는데 단테와 그는 아마도 학생 시절 알았던 사이였던 것 같다. 그는 피렌체 시민이었을 것이다. 그가 곡의 마지막 행에서 자신에 관해 "원숭이의 기질을 타고났다"고 말한 것은 수수께끼이다. 아마 제도사(도면이나 도안 그리는 일을 전문으로 하는 사람)이고 흉내쟁이인 카포키오의 능력을 설명한 것이 아닐까.

제21, 22곡의 탐관오리들의 기괴한 익살, 카포키오의 말에 드러나는 은근한 비꼼, 단테의 지옥 여행의 목적에 대한 베르길리우스의 반복 설명이 제29곡에서 비슷하게 언급된다. 그러나 연금술사들은 단지 첫 부류의 위조자에 불과하다. 다음 곡의 주인공은 나머지 세 부류의 위조자이다.

Duke University Literae humaniores lecture

제30곡

베르길리우스의 꾸짖음

제29곡과 제30곡 사이에는 휴식이 없다. 금속 위조자 다음으로 변장술에 능한 뮈라, 다음에는 위조 화폐를 만든 사람들, 마지막으로 거짓증언을 한 보디발의 아내가 등장한다. 이들 죄인들은 위선자, 사악한 모략가와 얼마간 관련되는데 이들 구렁의 모습 또한 서로 꼭 닮았다.

단테는 갖가지 위조자들의 가장 극단적인 측면을 보여주려 한다. 이들 죄인들은 외부의 고통이 아닌 내부의 질병으로 고통받는다. 변장술사들은 정신병으로 미쳐버리고, 돈을 위조한 자들은 수종에 걸려 고통당한다. 그리고 이 곡의 끝에서 베르길리우스는 단테를 아주 심하게 꾸짖는다.

초반의 구렁에서 우리는 사고 팔리는 것들을 보았다. 예를 들어 성(性)은 뚜쟁이를 통해 거래된다. 종교는 성직 매매자들에 의해 사고팔린다. 국가는 탐관오리들의 농간에 의해 움직인다. 열 번째 구렁에서는 돈 자체가 타락하여 통화의 가치가 떨어진다. 거짓은 제29곡에서 질병의 형태로 나타나는데 이는 도시 전체의 타락을 규탄하는 마지막 단계로 해석될 수 있다.

심리학적으로 열 번째 구렁의 거짓은 문자 그대로 다른 자아를 꾸며내는 분열된 인격을 상징한다. 이는 상황에 맞춰 다른 인격이 되려는 욕망에서 생기는 정신분열의 한 형태로서 〈프루프록〉에 언급되는 "너와 나"이며, "다른 얼굴들을 만나기 위해 겉치레를 준비하는" 결정이다. 모든 위대한 시인들은 인간 본성에 내재한 근본적인 거짓을 인식했고 제정신을 유지하고자 시를 썼다. 예를 들어 에밀리 디킨슨의 많은 시에서는 분열된 자아를 심상으로 볼 수 있으며 그녀의 창조물은 성공적이었다.

문학에서 소설이나 연극의 가공인물을 페르소나$_{persona}$라 부른다. 심리학에서는 융이 사회적인 모습과 다른 자아, 분열된 자아를 가리키며 이 용어를 사용했다. 융은 진정한 자아를 뜻하는 아니마$_{anima}$라는 용어를 만들었다.

연금술사 카포키오와 그리폴리노가 제30곡에도 등장한다. 다음으로 다른 사람으로 변장하는 미친 두 영혼이 나타나서 그중 하나가 카포키오를 공격한다.

> 벌거벗고 창백한 두 영혼이
> 우리에서 풀려난 돼지처럼 달려와 물어뜯었다. [30:25~27]

이 둘은 시에 등장하는 유일한 정신병자들로 이들만의 특별한 고통을 드러내고자 단테는 고전 신화 속 두 가지 정신병을 이야기한다.

Duke University Literae humaniores lecture

아타마스Athamas의 정신병은 주노 때문에 발생했다. 주노는 처제 이노와 성관계를 맺은 아타마스에게 맹렬히 분노한다. 정신병의 두 번째 희생자는 트로이 프리아모스 왕의 아내 헤카베이다. 트로이 멸망 후, 그녀는 그리스에 노예로 끌려간다. 가는 도중에 딸이 제물로 살해되고, 아들의 시체가 해변으로 떠밀려오는 것을 보고 그녀는 미쳐서 개처럼 울부짖는다.

그리폴리노 다 아레초는 단테에게 미친 두 영혼을 가리킨다. 지아니 쉬치Gianni schicchi는 피렌체에서 변장술로 유명했던 인물이다. 어떤 남자의 사망한 아버지(부오소 도나티)를 사칭하여 유언장의 내용을 바꾼 적도 있었다. 그렇게 해서 그는 상당한 유산을 차지했을 뿐 아니라 대가로 암말도 차지했다.

지아니와 함께 등장하는 또 다른 정신병자는 타락한 뮈라의 유령이다. 그녀는 오비디우스의 《변신 이야기》 10권에 나온다. 그녀는 사이프러스 왕인 아버지를 향한 욕정에 눈이 멀어 아버지와 관계를 맺고자 변장을 한다. 왕이 속임수를 눈치채고 딸을 죽이려 했으나 그녀는 도망쳤다. 그리고 신이 그녀를 나무로 만들기까지 떠돈다.

이어서 화폐 위조자의 대표격인 아다모 디 브레시아Adamo di Brescia가 나타난다. 그는 로메나의 콘티 귀디의 설득에 넘어가 피렌체의 수호성인 "세례 요한의 얼굴"이 찍힌 피렌체의 금화를 위조했고, 1281년 이 때문에 화형당했다.

지옥에서 그는 수종에 시달리는데, 수종은 냉한 체액이 쌓여 부패할 경우 생긴다고 알려진다. 이들은 비정상적으로 크게 부어오

Duke University Literae humaniores lecture

른다. 살아서 돈에 대한 목마름이 강했던 그는 여기서 타는 듯한 목마름에 시달린다. 49행에서 단테는 부어오른 몸을 묘사하기 위해 그를 현악기의 일종인 류트에 비유한다.

> 사타구니 아래가 잘려나가
> 마치 류트 같은 모습의 영혼

긴 이야기 중에 아다모는 "물 한 방울"을 갈망한다.

> 처량하다! 물 한 방울을 갈망하다니 [30:63]

카센티노 푸른 언덕에서 아르노로 흐르던 시원한 시냇물에 대한 기억이 그를 더욱 고통스럽게 한다. 78행에 나오는 "브랜다 샘"은 한때 로메나에 흐르던 샘이다.

독자는 이처럼 연금술사와 화폐 위조자가 각기 다른 고통에 시달리는 것을 본다. 연금술사는 피부병으로, 화폐 위조자들은 수종으로 고통당한다. 둘 다 공공을 대상으로 사기를 쳤다. 《윤리학》 5권에서 아리스토텔레스는 돈이란 공공의 편리와 유익을 위해 고안되었다고 말한다. 단테는 아리스토텔레스에 동의하면서 어떤 종류의 위조든, 그것은 사회적 질서와 도시의 상업을 방해하는 범죄라고 주장한다.

이 곡의 나머지 부분은 마지막 부류의 위조자가 차지한다. 이들은 말을 꾸며냈다. 살아서 선하고 정직하고 고상한 척 가장했던 이들의 죄는 위선이라 부를 수 있을 터인데, 마스터 아담이라는 사람에게 조언한 시논의 경우는 사악한 모사자의 죄로도 분류된다. 이미 보았듯 말레볼제의 구덩이들은 서로 겹쳐지기 시작한다.

단테는 뜨거운 불에 고통당하는 두 죄인에 관하여 아다모에게 묻는다. 한 명은 창세기(29장)에 등장하는 보디발의 아내이다. 그녀는 젊은 요셉을 성적으로 유혹했으면서 요셉이 자신을 유혹했다고 죄를 뒤집어 씌웠다. 또 다른 인물은 그리스인 시논으로, 일부러 트로이 사람에게 붙잡힌 후 그들을 설득해 트로이에 목마를 들여놓았다.

아다모와 시논 사이에 다툼이 벌어진다. 둘은 서로에게 비난과 욕설을 퍼붓는다. 단테는 그 광경을 흥미롭게 지켜보고, 베르길리우스는 이런 단테를 심하게 꾸짖으며 다툼에 개입한다. 이로써 이번 곡뿐만 아니라 제8원 전체가 마무리된다. 적절한 꾸짖음은 중요하다.

> 계속 보다가는 내가 너랑 싸우겠구나! [30:131~132]

베르길리우스의 말에 단테는 곧 부끄러움을 느끼고 사죄의 말을 준비하지만 입을 열 수 없어서 제대로 사과하지 못한다. 베르길리우스는 단테의 진심에 마음이 움직여 그를 용서한다. 그리고 자신이 곁에 있음을 잊지 말도록 주의를 준다.

그리고 매우 함축적으로 단테의 실수를 요약한다(다음에 나오는 "그런 것"은 아다모와 시논의 대화를 뜻한다).

Duke University Literae humaniores lecture

그런 것을 엿들으려 하는 것은 저속한 욕망이다 [30:148]

이것은 베르길리우스가 말한 가장 강력한 경고이다. 단테는 지옥의 다양한 사건에 관심을 기울인다. 제30곡에서처럼 그런 관심은 때론 단순한 호기심을 벗어나 심지어 병적인 호기심 또는 삐뚤어진 즐거움으로 변질되곤 한다. 베르길리우스는 지옥의 영혼들이나 고통을 가하는 악마들보다 단테의 움직임에 더욱 주의한다. 여기서 베르길리우스는 악한 것에 이끌릴 단테를 예견하고 매우 강한 말인 "저속한" 또는 "저급한"이라는 단어를 써서 경고한다.

지옥의 가장 낮은 곳에서 죄인에게 공감하는 것은 적절하지 않다. 제29곡의 시작 부분에 단테의 공감이 살짝 비쳤는데 여기서는 정도가 더해진다. 열 번째 구렁의 질병과 오염된 공기 속에서 단테는 영혼들과 이야기하며, 그들의 싸움을 지켜보며 즐거움을 느끼는 듯하다. 이에 베르길리우스는 단테의 도덕적 긴장감이 느슨해졌음을 알고 경고하는 것이다.

다양한 종류의 죄인들, 예컨대 연금술사, 화폐 위조범, 유언장 조작자, 근친상간을 꾀한 뮈라, 보디발의 아내, 시논이 단테의 정신을 흐리게 만들었는지도 모른다. 그러나 이곳의 분노는 추잡하다. 뮈라와 지아니는 물고 뜯고 소리 지르는데, 거기에는 일말의 지성이나 고귀함이 보이지 않는다. 자신을 괴롭히는 병 때문에 영혼들은 죄책감을 느끼지 못할 수도 있다. 그들은 서로에게 모욕, 책망, 거짓을 행한다.

이곳에서 많은 시간을 보내던 단테는 베르길리우스의 책망에 부끄러움을 느낀다. 잠깐이지만 단테 안에 있는 심리적 호기심은 도덕적 감각을 넘어섰다. 단테뿐 아니라 지옥편을 읽는 독자들 또한 단테와 마찬가지의 위험에 빠질 수 있다.

Duke University Literae humaniores lecture

제31곡

거인

　마지막 원으로 내려가면 죄인들의 모습과 주변의 환경이 놀랍도록 달라진다. 온몸을 뒤틀며 경련하던 병든 영혼들 다음으로 경직된 영혼들과 살을 에는 추위가 가득하다. 주위는 온통 얼어붙었고, 석화된 영혼들은 가사 상태나 마찬가지다. 우리가 알듯이 여행의 마지막, 지옥의 밑바닥에는 루시퍼가 있다.
　제9원은 분리되지 않고 합쳐진 네 구역으로 구성된다. 모든 것이 얼어붙은 곳에서 유령 같은 거인들이 보초를 선다. 그들은 너무 커서 단테의 눈에 마치 탑처럼 보인다. 차디찬 어둠 때문에 단테는 제대로 보지 못하고 그것들을 잘못 인식한다. 고음의 나팔소리가 단테의 귀를 때린다. 그것은 천둥소리보다, 롤랑이 로스보에서 패한 후 샤를마뉴 대제의 도움을 구하려 불었던 나팔소리보다 훨씬 더 크다.
　유령과 나팔소리 이전에 단테는 앞 곡과 관련된 시를 읊는다. 첫 6행에서 베르길리우스의 혀(말)는 아킬레스의 창에 비유된다. 그것은 상처를 입힐 수도 상처를 치료할 수도 있다. 찔린 상처는 창끝에서 긁어낸 녹을 상처 위에 뿌려 치료한다. 처음 베르길리우스의 혀(창)는 슬픈 선물 또는 고통이지만 이후에는 치료를 위한 좋은 약이자 일종의 은혜가 된다.

처음에는 슬픈 선물이지만 나중에는 은혜가 된다 [31:6]

아다모와 시논의 다툼에 귀 기울인 단테를 심하게 책망한 이후 베르길리우스는 단테를 용서한다. 6행의 "만시아mancia"는 모든 종류의 선물을 의미한다. 이 단어는 두 원을 연결하는 핵심어이다. 베르길리우스의 말은 처음에는 고통을 일으키지만 후에는 약처럼 상처를 치유한다. 지옥편의 가장 낮은 지옥에서도 모든 형벌은 치료적 특성을 지닌다.

침묵 가운데 베르길리우스와 단테는 둑을 넘어 열 번째 구렁의 골짜기를 떠난다. 그들 뒤로는 지옥의 가장 복잡한 두 원, 폭력의 제3원과 사기와 악의의 제8원이 놓여있다. 그리고 그들 앞으로는 제9원과 마지막 배반의 원이 기다리고 있다. 단테가 탑으로 착각한 거인들은 거대한 사탄에 대한 암시이다.

거인들에게는 두 가지 특성이 있다. 천국을 거부하는 의지와 적의다. 지혜의 근본인 신이 더 이상 함께하지 않기에 그들은 어리석기도 하다.

이 마지막 원에서 단테는 자신의 세 가지 주요 언어, 즉 히브리어와 그리스어, 튜튼어를 동원한다. 북쪽의 얼음과 안개는 니벨룽겐이나 안개에 관한 민요를 떠올린다. 지옥편의 앞부분에서 자주 그랬듯, 단테는 이곳에서 그리스와 히브리어 세계를 중세의 세계로 만들어놓는다. 세 문명 모두 설화에 거인이 등장하는데 그들은 때로 신의 적으로 묘사된다. 단테의 거인들은 불가사의하고 이해하기 어려운 육체와 영혼을 가지고 있다.

제31곡 처음에 등장하는 롤랑의 것보다 큰 나팔소리는 단테 시대의 대중 소설에 자주 쓰였다. 단테가 자신이 보았다고 생각한 탑들에 관해 묻자 베르길리우스가 대답한다.

> 그들은 탑이 아니라 거인들이다. [31:31]

안개가 걷히자 두 시인의 눈에 배꼽까지 웅덩이에 파묻힌 채 둥그렇게 둘러선 거인들의 모습이 들어온다. 그 모습은 마치 시에나 근처의 성 몬테레지오니의 총안이 있는 흉벽 같다.

니므롯이 가장 먼저 길게 묘사된다. 성서에는 그가 거인이라거나 바벨탑(창세기 10, 11장)의 건설자라고 나오지 않지만 바벨 출신이며 "능한 사냥꾼"이라고는 언급된다. 단테는 오만한 태도로 하늘에 이르는 탑을 쌓기 시작했다는 니므롯의 전설을 수용한다. 이러한 태곳적 죄는, 물리적 수단을 통해 신에게 다가가려던 시도였다. 니므롯이라는 이름은 반역을 뜻하는데, 이는 언어의 혼잡과 관련되며 이곳에서 그의 거친 입은 횡설수설 지껄인다.

창세기 6장 4절에는 성스러운 이스라엘의 후손 외에 거인 족속이 나온다. "그때에는 거인들이 살고 있었다." 이 계보는 성서학자들에게 골칫거리였다. 신은 거인 족속을 쓸어버리기 위해 홍수를

보내지만 욥기 26장 5절에서 그들은 다시 등장한다. 단테가 뛰어난 거인으로 선택한 니므롯은 성서에 나오는 거인들, 예컨대 골리앗이나 삼손과는 다른 종족이다. 골리앗이나 삼손은 흔치 않은 크기와 힘을 지녔지만 결국 인간이었다. 시인은 거대한 동물(고래와 코끼리)과 거인을 비교한다. 자연세계에 허락된 동물에게는 이성이 없지만 악한 의지를 지닌 거인들은 자연세계에 큰 해악을 끼칠 수 있다.

제31곡의 두 번째 거인 에피알테스로는 그리스 신화에 등장한다. 그는 올림포스의 신들과 전쟁을 벌인 넵튠의 아들이다. "주피터에 대항해 자신의 힘을 사용하려 한" 에피알테스는 니므롯보다 더 험악하고 저급한 거인으로 덩치도 더 크다. 그의 몸은 땅에 묶여있고 팔에는 쇠사슬이 감겨있다. 그는 주피터에게 닿으려 산 위에 또 산을 쌓았다. 니므롯과 에피알테스의 이야기는 아마도 같은 전통에서 나온 듯하다. 탑을 건설하는 것과 산 위에 산을 쌓아올리는 것은 비슷한 반역행위이다.

다른 거인은 올림포스 신을 거역한 브리아레오스이다. 단테는 그를 안타이오스를 소개하는 데 사용한다. 안타이오스는 마지막에 등장하는 거인으로 다른 거인들과 달리 자유롭다. 아마도 신들을 상대로 한 전쟁에 참여하지 않았기 때문인 듯하다. 안타이오스에게 전기체로 자세히 이야기한 베르길리우스는 그 타이탄에게 그와 단테를 마지막 원에 내려달라고 명령한다.

안타이오스는 다른 원의 문지기, 예컨대 카론이나 플레기아스, 네소스, 게리온보다 훨씬 다루기 쉬워 보인다. 그와의 대화에서 베르길리우스는 비위를 맞추는 듯한 말투를 사용하며, 아직 살아있는 단테가 세상으로 돌아가 거인들의 명예를 회복해주리라 설득한다. 넵튠(바다)과 가이아(대지)의 아들인 안타이오스는 땅과 접촉함으로써 힘을 얻는다. 한때 헤라클레스와의 씨름에서, 헤라클레스가 그를 들어 땅에 떨어뜨려 그는 목숨을 잃었던 안타이오스는 단테와 베르길리우스를 무저갱의 "바닥"에 내려놓고는 곧장 배의 돛처럼 일어선다.

이번 곡에는 헤시오도스와 호메로스의 작품, 로마의 베르길리우스와 오비디우스의 시에 나오는 그리스 거인(위에서 언급한 셋 외에 124행의 티티오스와 타이폰)이 등장한다. 단테는 주로 루카누스의 《파르살리아》를 따른다. 대부분의 주석가들은 거인들에게서 신을 거역하고 타락한 천사의 교만함을 발견한다. 이제 육욕의 가장 가벼운 죄부터 시작해 신을 거역하는 가장 무거운 죄까지 도달했다. 거인들과 가장 깊은 구덩이에 있는 루시퍼는 신을 거역하는 죄를 지었다. 그러나 연옥에서는 순서가 반대된다. 가장 어두운 죄에서 가벼운 죄로 이동하기에 육욕은 맨 마지막에 속죄받는다.

이처럼 연옥에서는 교만이 가장 심각한 죄이다. 지옥에는 교만을 벌주는 특정한 장소가 없다. 단테는 아마도 교만을 모든 죄의 기본적인 요소로 여겼든지 아니면 독보적인 대표자 루시퍼와 함께 교만을 땅의 가장 중심에 할당하려고 계획했던 듯하다. 어떤 학자들은 신에게 폭력을 행사하던 죄인들의 죄를 교만이라 해석한다. 신에게 폭력을 행사하던 대표적 죄인은 제14곡의 카파네우스이다. 제9원의 거인들은 마치 경호원처럼 지도자를 둘러싸고 있다.

Duke University Literae humaniores lecture

그들은 디스 시의 문 위 분노의 세 여신을 연상시킨다. 이들의 배열은 신의 보좌를 둘러싸고 천상의 노래를 부르는 천국 천사들을 모방한 것이다.

모든 신화에는 신과의 태곳적 대결이 포함된다. 그것은 땅과 하늘의 끝없는 투쟁이다. 제31곡의 거인은 거룩한 질서를 공격한다. 베르길리우스에게 순종한 안타이오스조차 여전히 신에게 반항한다. 제8원에는 사기로 인간 질서와 사회를 공격하는 인물들이 계속해서 등장했다. 여기 제9원에서 우리는 의문을 품게 된다. 이곳의 죄는 교만인가 아니면 배반인가? 배반에는 개인과 개인, 마음과 마음 간의 특별한 관계가 포함된다. 가장 낮은 지옥에서는 영혼의 죽음과 자연의 응고가 함께 일어난다. 이곳의 모든 거인은 약해졌다. 한때는 영웅적인 행동을 했지만 지금은 과거의 기념비처럼 서 있을 뿐이다.

시적 사건에서, 베르길리우스와 단테는 거인들에 의해 말레볼제에서 무저갱의 바닥으로 이동한다. 또한 거인들은 제8원의 혐오스러운 장면에서 벗어나 독자들이 쉴 수 있는 전환점이다. 이러한 조용한 휴식은 제9원의 새로운 공포로 진입하기 전에 꼭 필요하다. 주피터에게 반역한 에피알테스의 교만을 거론하며, 신에게 반역한 사탄의 교만이라는 마지막 장면도 준비된다.

거인은 지옥편의 또 하나의 기괴한 소재이다. 작품 전체에 등장하는 기괴한 인물과 사건은 셰익스피어의 희곡⟨아리스토파네아⟩와 다르다. (교만의 "거대한" 모습에서 보이는) 단테 시의 단순한 기괴함에서는 윤리적 의미 또한 분명하게 보인다. 그 기괴함은 대성당의 괴물 석상이나 기적극에서 볼 수 있는 중세 예술의 눈에 띄는 특질 중 하나이다. 그것은 악의 부조리함을 강조한다. 신의 눈으로 본다면 사탄은 우주의 광대처럼 우스꽝스러운 존재인 것이다.

Duke University Literae humaniores lecture

제32곡

코키토스 : 카이나와 안테노라의 영역

새로운 곡의 시작에서 잠깐의 휴식이 찾아온다. 단테는 마지막 원에서 목격한 것들을 말로 옮기지 못할까 두렵다고 고백한다. 가장 고전적인 전통처럼 그는 지옥의 밑바닥을 묘사하며 뮤즈의 도움을 구한다. 암피온이 뮤즈를 홀리기 위해 리라를 연주할 때, 키타이론 산의 돌들이 그 소리를 듣고자 다가와 자연히 테베의 벽이 생겼다. 평범한 것들을 인간적인 언어로 말하던 이탈리아 시인에게 그에 비길 기적이 필요한 순간이 찾아온다. 그는 언어로 상상을 기록하는 일이 과연 가능하냐고 묻는다. 단테는 새로운 시를 시작하려는 듯 보인다.

코키토스Cocytus는 거인 안타이오스가 베르길리우스와 단테를 옮겨다준 곳으로 영원히 얼어붙은 호수이다. 그것은 두 시인이 지금껏 지나온 모든 원들 아래, 잃어버린 도시 디스의 밑바닥에 있다. 이제 독자는 지옥편의 가장 위대한 모습 중 하나를 보게 된다. 그곳은 동생을 살해한 카인의 이름을 따라 카이나Caina라 불린다 (창세기 4장). 제5곡(107행)에서 프란체스카가 처음으로 카이나를 언급했다. 그곳은 지옥에서도 가장 과중한 죄를 처벌하는 곳으로 배반죄를 지은 영혼들이 머문다. 배반은 잔인하기도 하다. 이곳 네 번째 지옥의 강 코키토스에는 격한 미움과 파괴의 감정이 있다. 이것은 죄의 최종 단계를 묘사하는 단테의 거대한 심상이다.

카이나에는 일가친척에게 폭력을 행사한 죄인들이 있다. 머리를 든 그들의 모습은 끔찍하다. 뜨거운 눈물이 얼어붙어 눈을 감자마자 고드름이 되어 뚝뚝 떨어진다. 플레게톤의 뜨거운 피가 여기서는 얼음으로 변한다. 냉혈한이 저지른 살해를 표현하려는 의도에서이다.

단테는 카인에 대해서는 언급하지 않았다. 그는 성서에 나오는 첫 번째 살인자로 형제를 죽였다. 단테는 제9원의 첫째 구역을 이야기하며 카인의 행동은 우발적 폭력이 아니라 배반 행위라 설명한다. 단테의 해석에 의하면 카인은 아벨에게 "와서 함께 들에 나가자"고 했을 때 이미 동생을 죽일 계획을 세우고 있었다. 성서를 보아도 카인은 충분히 거짓말을 할 수 있는 사람이다. "네 동생 아벨이 어디 있느냐?"고 묻는 신에게 그는 "나는 모른다"고 대답한다.

단테가 카이나에서 처음 마주친 인물은 서로 살해한 이탈리아 형제이다. 둘은 서로 짓누르며 염소처럼 들이받고 있다. 다른 영혼이 단테에게 저 형제는 알베르토 델리 알베르티 백작의 두 아들 알레산드로와 나폴레오네라고 말해준다. 둘은 유산을 놓고 다투다 살인을 저질렀다.

그 영혼은 이들을 설명하며 모르드레를 언급한다. 그는 아서 왕

Duke University Literae humaniores lecture

의 자리를 찬탈하려 했던 반역자이다. 아서 왕이 그를 너무나 세게 찌른 나머지 창을 뽑자 햇살이 상처를 관통해 빛났다. 그 영혼은 다른 몇몇 배반자들의 이름을 알려주고는 마지막에 자신의 신분을 밝힌다. 그는 발드아르노의 카미시온 데 파치라는 인물로 친척 알베르티노를 살해했다. 배반자들은 자신의 정체를 밝힐 때는 말 없고 소극적이지만, 서로 비난할 때는 매우 적극적이며 묻지도 않았는데 서로의 이름을 공개한다.

특별한 표지도 없이 88행에서 단테는 안테노라Antenora라는 제9원의 둘째 구역으로 넘어간다. 중세의 전설에 의하면, 안테노라는 그리스 편에 서서 자신의 도시를 배반한 트로이 사람이다. 이곳에서 단테는 추위 때문에 개처럼 벌벌 떠는 수천의 얼굴을 본다. 죄인들은 얼음 속으로 점점 더 깊이 고꾸라진다.

영혼들의 머리를 딛고 지나가던 단테는 누군가의 얼굴을 발로 찬다. 그 영혼은 이름을 묻는 시인에게 고함을 지른다. 단테는 대답을 거부하는 영혼의 머리를 움켜쥐고 위협한다. 그러자 다른 영혼이 그의 이름이 보카 델리 아바티라 소리친다. 그는 피렌체 겔프당의 편에 붙은 기벨린당원이었다. 그는 몬타페르티 전투에서 겔프당 편에 서서 싸우며 피렌체 기사단의 깃발 잡는 자의 손을 절단했다. 깃발 잡는 자가 쓰러지자 피렌체 군인들은 우왕좌왕했고 결국 전투에서 패한다.

이 짧은 에피소드로 단테는 배반자의 이름을 알아낸다. 이곳의 영혼은 서로 벌을 주는 악마처럼 보이며 단테 자신도 악마에 점차 가까워지는 듯하다. 잔인한 행동으로 보아 단테는 자신의 눈앞에

Duke University Literae humaniores lecture

펼쳐지는 광경에 점점 물드는 듯하다. 112행에서 곡의 마지막까지 (139행) 몇몇 배반자들의 이름이 나오는데 이들은 신화나 역사의 인물로 당대에는 별로 중요하지 않다. 마지막 열여섯 행에서는 지옥에서 가장 악마적 인물 중 하나인 우골리노가 소개된다.

카인이 카이나에 나오지 않는 것처럼 안테노르도 안테노라에 등장하지 않는다. 하지만 독자들은 안테르노와 카인이 그곳에 있다고 추측할 수 있다. 얼어붙은 이곳엔 덜덜 떨며 이를 부딪치는 소리만이 존재한다. 단테는 이를 황새가 부리로 무언가를 쪼는 소리에 비유한다.

배반자들의 잔인한 특성은 마지막 원의 네 구역에서 강조된다. 또한 네 구역의 배신은 모두 살인과 관련된다. 가족에 대한 배신(카이나), 국가에 대한 배신(안테노라), 손님에 대한 배신(톨로메아), 그리고 군주와 후견인에 대한 배신(주데카), 이 모든 장면에서 배반자들의 극악무도한 성격은 변하지 않으며 서로 배신하고자 혈안이 되어 있다.

제32곡의 마지막 부분과 제33곡의 3분의 2는 우골리노에게 할애된다. 제32곡에서 그의 이름은 밝혀지지 않으며 그의 침묵은 독자에게 궁금증을 불러일으킨다. 이 부분은 신곡의 가장 생생한 사건 중 하나로 대단히 매력적이다. 읽기 힘들 정도로 혐오스러운 장면이 제32곡에 등장한다. 두 개의 머리가 얼음 속에 함께 얼어붙어 있다. 하나가 다른 머리 위에 붙어 있는 꼴로, 마치 한 머리가 "다른 머리의 모자처럼 보인다." 위에 있는 자가 아래 놓인 자의 "머리와 목이 맞붙는 곳"을 쉴 새 없이 물어뜯는다. 단테는 이 행위를 스타티우스의 《테베이드Thebaid》 8권에 나오는 사건에 비교한다. 테베와 일곱 왕의 전쟁에서 타이디우스는 메날리피우스에 의해 치명적인 부상을 입지만 그럼에도 결국 적의 목숨을 빼앗는다. 적의 머리를 손에 쥔 그는 미친 듯한 분노로 그것을 물어뜯는다.

이 짧은 구절에는 공포와 풍부한 학식이 뒤섞여 있다. 그리고 다음 곡까지 공포가 이어지지만 거기서는 공포와 비애가 결합된다. 우골리노 백작의 사건은 가장 비인간적이면서 동시에 가장 인간적이다. 제32곡의 마지막 행에서 단테는 죄인들을 불러 이야기를 시키고 적들의 죄를 고발하게 만든다. 그런 다음 그들에게 세상에 나가 진실을 말하겠노라 약속한다.

단테의 약속에 우골리노는 시의 힘에 의존하게 된다. 얼음 속에서의 침묵과 서로를 염소처럼 들이받던 형제의 모습에서부터 시작해 독자는 점점 더 심해지는 대조와 우골리노를 향한 폭력의 모습까지 도착한다. 우골리노는 다음 곡에서 큰 비애의 이야기를 들려준다. 이에 단테는 예술에 대한 신념을 말하며 "죽기 전 내 혀가 마르기까지" 그 이야기를 전하겠다고 약속한다.

제31곡의 시작은 베르길리우스의 말로서, 그것은 꾸짖음인 동시에 용서였다. 제32곡 마지막에 단테의 말은 다음 곡을 위한 작가의 서문이다. 제31곡에서 횡설수설하던 니므롯은 언어의 혼란을 보여주는 방대한 상징이라 할 수 있다.

Duke University Literae humaniores lecture

제33곡

안테노라와 톨로메아

제33곡은 앞 곡에서 이어진다. 배경은 여전히 우주의 밑바닥, 지구의 구멍, 모든 "중력"이 모이는 지점 코키토스이다. 더 이상 아래로 향하는 움직임은 없다. 사랑은 위를 향하는데, 이는 연옥에서 경험하게 된다. 안테노라에서 톨로메아로 더 갈수록 사람들은 얼음 속에 더 깊이 묻혀 있다. 제34곡 시작부에서 죄인들은 유리 속 지푸라기처럼 보인다.

죄인들은 모두 유리 같은 바다에 갇혀 있다. 이제 우리는 이곳의 얼어붙은 죄인 중 하나의 이야기를 듣는다. 얼어붙은 그는 놀랍게도 신곡 전체에서 가장 입담 좋은 이야기꾼이다. 우골리노는 배반당했지만 그 역시 배신자였기에 안테노라에 갇힌다. 1288년 겔프당은 피사를 장악했지만 당이 둘로 분열된다. 우골리노 델라 게라데스카 백작과 그의 손자 니노 데 비스콘티가 두 파벌의 지도자였다. 기벨린당 수장이며 피사의 대주교인 루지에리 델리 우발디니는 니노를 제거하려 우골리노와 손잡는다. 그러나 루지에리는 겔프당의 세력이 약해지자 등을 돌리고 우골리노를 두 명의 아들과

(단테의 시에서보다 나이 든) 두 명의 손자와 함께 탑에 감금한다. 이후 그곳은 "굶주림의 탑"으로 불린다. 이듬해 3월, 루지에리는 탑을 봉쇄하고 열쇠를 강에 던지라 명령한다. 8일 후에 탑이 열렸는데 우골리노와 아들, 손자들은 굶어 죽어 있었다.

우골리노는 자신의 이야기를 하지 않지만 단테는 이미 내용을 잘 알고 있으며 독자도 그러리라 생각한다. 1228년에 단테는 23세였기에 우골리노가 자신의 범죄를 단테에게 이야기할 필요가 없다. 루지에리의 머리를 이빨로 씹어대는 우골리노는 대주교가 저지른 범죄의 증인이다. 그에게 씹히는 배신자는 조용하고 움직이지 않는데 그로써 겁에 질린 인간을 드러낸다.

제28곡에 나오는 베르트랑 드 본의 경우와 마찬가지로 이 역시 앞에서 말한 '콘트라파소'의 탁월한 사례이다. 루지에리는 자신이 굶어 죽게 한 사람의 "끔찍하게 변한 먹이"(1행)이다. 우골리노의 슬픔은 지옥에서의 복수로 누그러지지 않는다. 단테는 결코 끝나지 않는 슬픔에 시달리는 인간으로 그를 표현하며 이는 지상에서 행한 범죄보다 더욱 강렬하다.

단테는 구절과 상황을 이용해 제5곡의 프란체스카와 파올로, 제33곡의 우골리노와 루지에리의 유사점을 의도적으로 보여준다.

> 눈물을 흘리며 내 이야기를 들려주겠소 [33:9]

우리는 제5곡의 다음 구절을 기억한다.

Duke University Literae humaniores lecture

이렇게 울며 고백하겠어요 [5:126]

이야기를 시작하는 두 행은 《아이네이드》에서도 나오는 것이다. 프란체스카와 우골리노는 모두 슬퍼하며 과거를 회상하고, 단테의 요구에 응하며, 울면서 이야기한다.

하지만 한 가지 중요한 차이점도 있다. 프란체스카는 과거에 관능적이며 즐거웠으나 지옥에 와서는 고통당한다. 그러나 우골리노는 과거와 현재 동일하게 슬픔, 분노, 증오로 고통당한다. 동시에 그는 세상에서는 피해자였지만 지옥에서는 가해자의 역할을 한다. 이야기에서 그는 내면의 비참함을 강렬히 드러낸다. 그는 자신이 당한 만큼 복수할 적절한 방법을 찾지 못해 절망한다.

우골리노의 이야기는 탑에 갇힌 데서부터 시작한다. 탑에 갇힌 후 몇 개월이 흘렀다. "매장(매가 털갈이할 때 가두어 두는 장)의 좁은 틈새로 한 줄기 빛이 들어왔다"는 짧은 도입부 다음, 우골리노는 미래를 예시하는 불길한 꿈을 이야기한다. 꿈속에서 루지에리는 다른 세 명의 남자들과 함께 "늑대와 그 새끼를" 사냥한다. 동물들은 물론 우골리노와 그의 자식들을 뜻한다. 깨어나 아들들의 이야기를 들어보니 그들 역시 꿈을 꾸었다. 꿈속에서 아들들은 울면서 빵을 달라고 간청한다. 이 장면이 이야기의 첫 번째 부분이다. 곧이어 우리는 아들들이 아버지와 함께 탑에 갇히면서 일어나는 사건을 본다. 우골리노는 자신의 죽음뿐 아니라 아들들의 죽음으로도 고통받는 운명이다. 두 번째 부분은 우골리노가 문에 못 박는 소리를 듣는 데서 시작된다.

Duke University Literae humaniores lecture

그 끔찍한 탑의 입구에서
문에 못질하는 소리가 들려왔소 [33:46~47]

우골리노는 먼저 아이들의 표정을 살폈다. 그들은 분명 아무 소리도 못 들었다. 시에 그 사실이 명확히 드러나지 않지만 독자들은 이어지는 이야기를 통해 알 수 있다. 아버지는 그들의 운명을 알지만 아들들은 모른다.

우골리노는 생명력을 점차 잃어간다. 그는 울 수도 없으며 내적으로 돌처럼 굳어져 간다. 하지만 아들들은 울고, 어린 안셀무치오는 아버지의 표정이 이상하다는 사실을 눈치챈다.

나의 어린 안셀무치오가 말하더군
"아버지, 왜 그렇게 바라보세요? 무슨 일이에요?" [33:50~51]

아들에 대한 아버지의 사랑은 이 짧은 말 속에 표현된다. "나의 어린 안셀무치오." 우골리노는 다음날까지 이야기하지 못한다. 하루 밤낮에 걸친 그의 침묵은 완전한 절망의 표현이다. 다음날 햇살이 다시 비치자 그는 석상 같은 상태에서 다시 감정을 표현하는 인간으로 돌아온다. 감방 안으로 들어오는 한 줄기 빛에 그는 아들들을 바라본다. 그들 역시 이제는 돌처럼 굳어 있다. 슬픔에 겨워 그는 자신의 양손을 깨문다.

굶주림으로 죽어가면서도 그들은 아버지가 "배고파서 그러는 줄 알고" 자기들을 먹으라고 말한다. 효심에서 우러난 제안은 동시에 그들의 고통을 끝나게 해달라는 기도이다. 그들의 말은 매우 짧지만 신곡에서 가장 깊은 감동을 준다.

<blockquote>
아버지, 저희를 먹으면
저희들의 고통이 훨씬 덜할 거예요. [33:61~62]
</blockquote>

(이 이야기를 읽은 독자라면 지옥에서 적의 머릿속 깊이 이빨을 밀어 넣는 우골리노의 행동을 잊지 못할 것이다.) 그러자 다시 한 번 우골리노는 돌처럼 굳어진다. 그가 땅이 열리기를 기도하고 죽음을 외치기까지 감방은 침묵 속에 빠진다.

나흘째 되던 날 가도가 도와달라며 울부짖으며 비극은 더욱 깊어진다.

<blockquote>
아버지, 왜 저희를 도와주지 않으세요? [33:69]
</blockquote>

가도는 이렇게 말하는 것 같다. "아버지는 우리를 도울 수 있지만 그러기를 원치 않으시는 거예요." 가도는 질문하며 죽는다. 이제 우골리노는 다섯째 날과 여섯째 날 사이에 나머지 세 명의 아들이 차례로 목숨을 잃는 모습을 본다. 죽음은 긴 시간 차를 두고 네 번이나 반복된다.

마지막 3행 연구(聯句)에서 우골리노는 굶주림 때문에 시력을 상실한다. 그는 죽은 아들들의 몸을 더듬으며 이틀 동안 아이들의 이름을 부른다. 아버지는 애처로운 말로 이야기를 마친다.

Duke University Literae humaniores lecture

고통보다도 배고픔을 참을 수가 없었소 [33:75]

단테의 텍스트가 종종 그렇듯 이 구절은 상상력을 동원해 해석해야 한다. 우골리노의 말은 문자 그대로 죽은 아들을 먹었다는 고백일까? 아니면 그는 슬픔이 아닌 배고픔 때문에 죽었다는 의미일까? 코키토스에서 우골리노와 루지에리는 호수 안에 얼어붙어 있으며 우골리노가 루지에리의 머리를 물어뜯는다. 이 때문에 어떤 비평가들은 그가 탑에서 인육을 먹었다고 결론짓는다.

어떠한 주요 사건이든 시인이 말하려했던 내용을 전부 기록할 수는 없다. 우골리노의 이야기에서 단테는 배반자의 고해성사가 허락되지 않았음을 말해주지 않는다. 이는 13세기의 가장 끔찍한 형벌이었다.

마지막에 아르노 강이 메워져 사람들이 익사하도록 저주하며 피사에 대한 단테의 분노가 폭발한다. 죄 없는 네 소년의 복수로 도시 전체의 파멸을 말하는 단테의 모습에 순간적으로 단테 역시 악마처럼 변했다고 생각할 수 있다. 이는 어쩌면 우골리노의 복잡하고 모순된 모습에 대한 성서적 분노일지 모른다.

거대한 자연을 배경으로 우골리노 죽음의 극적이며 사실적인 모습이 드러난다. 처음에(제32곡) 그는 영원한 굶주림과 증오를 지닌 무명의 인물로 등장한다. 이후에는 아이들과 함께 있는 아버지로 등장한다. 여기서는 울고, 양손을 깨물고, 심한 고뇌의 얼굴을 보인다. 이야기를 마치며 그는 다시 루지에리의 머리통을 이로 씹는다. 단테는 여기서 영원한 증오를 묘사한다. 감옥에서 소년들은 그 존재만으로도 우골리노에게 고문이다. 유사하게 제5곡에서도 영원한 파올로의 등장으로 프란체스카는 고통받는다. 베케트의 연극 〈엔드게임Endgame〉도 마찬가지다. 아버지 햄과 아들 클로브, 두 사람은 분리될 수도 없고 서로 괴롭힘을 멈출 수도 없다.

이로써 단테는 마지막의 주데카를 제외한 지옥의 모든 영역을 경험했다. 처음 제2원에서 단테는 프란체스카의 이야기에 연민을 느꼈다. 그러나 마지막 제9원의 안테노라에서 우골리노의 이야기를 듣고 맹렬히 분노한다. 앞서 카이나에서 적의에 찬 두 형제가 영원히 떨어질 수 없는 것을 목격했듯, 단테는 여기서도 서로 증오하지만 증오 속에서 영원히 함께해야 하는 두 존재를 목격한다.

124행에 이르면 제9원의 셋째 구역의 이름이 드러난다. 톨로메아라고 불리는 이곳에는 친구나 손님을 배신한 자들이 있다. 선택이나 자유의지라는 요소가 더 많이 작용되므로, 이는 카이나나 안테노라의 죄보다 더욱 심각하다. 인간은 형제(카이나)를 선택할 수 없지만, 친구(톨로메아)를 선택할 수 있다. 나라(안테노라)를 선택할 수 없지만, 영적 스승(주데카)을 선택할 수 있다. 친구나 후견인에 대한 배신에는 더 큰 책임과 깊은 죄책감이 따른다. 첫 두 구역은 자연적으로 맺어진 관계, 즉 가정과 국가에 관련됐으나 마지막 두 구역은 자발적으로 맺어진 관계, 즉 손님과 친구, 신에 관련된다.

단테는 톨로메아라는 명칭의 기원을 설명하지 않는다. 카인이나 안테노르가 등장하지 않았던 것과 마찬가지로 여기에 톨로메아도 등장하지 않는다. 하지만 구역의 명칭은 십중팔구 톨로메아(프톨레메오)에서 왔다. 톨레미는 제리코 당의 우두머리로 "시몬과 그의 두

Duke University Literae humaniores lecture

아들을 성으로 초대해 비겁하게 살해했다."(마카베오기 상권 16:11~17) 성으로 폼페이우스를 초대한 후 살해한 이집트 왕 프톨레마이오스 13세일 수도 있다. 모두 손님을 배반한 인물들이다.

환대하는 척으로 손님을 속인 이들에게는 우는 것이 허락되지 않는다. 단순히 고개를 숙인 것이 아니라 머리가 아예 뒤집혔기에 그들에게는 인간적인 눈물이 불가능하다. 눈물방울이 얼어붙어 안으로 스며들어 더욱 고통을 준다.

너무나 울고 싶지만 울음조차 허락되지 않았다 [33:94]

어디선가 바람이 불어오자 베르길리우스는 코키토스를 꽁꽁 얼리는 바람의 원인을 알려주겠다고 단테에게 약속한다.

이 곡은 단테가 주요한 역할을 하는 상당히 긴 다른 장면으로 마무리되는데 이는 제3곡의 장면과 대응된다.

한 영혼이 단테에게 자신의 눈에서 얼음("이 두터운 너울")을 치워달라고 그래서 슬픔을 호소할 수 있게 해달라고 부탁하며 울부짖는다. 위로를 약속하며 단테는 그의 이름을 묻자 영혼이 신분을 밝힌다. 파엔자의 만프리디 가문의 프라 알베리고이다. 남동생 만프리드가 싸움 중 알베리고의 얼굴을 때렸다. 알베리고는 동생을 용서한 척했고 이후 동생과 한 조카를 저녁 식사에 초대했다. 후식을 먹으며 그는 "과일을 가져오라"고 소리쳤다. 이는 하인에게 얼른 들어와 만프리드와 그 아들을 죽이라는 신호였다. 119행의 "사악한 과수원의 열매"는 아마도 이 사건의 암시인 듯하다. "무화과를 대신해 대추야자를 받는다"는 값비싼 대가를 치른다는 의미이다. 당시 토스카나에서 무화과는 싸고 대추야자는 수입품으로 비쌌다.

톨로메아에는 "특권"이 있다. 알베리고가 이를 말하는데 이는 신학 교리와 일치한다. 배신 행위로 인간은 죽기 전에 (즉 아트로포스가 생명의 실을 끊기 전에) 영혼을 잃을 수 있다. 땅에서 죽음을 맞이하기까지 악마가 영혼을 잃은 인간의 몸에 들어가 사는 것이다. 알베리고는 여기서 장인 미켈레 찬케를 저녁식사에 초대해 살해한 사위 브랑카 도리아를 언급한다. 브랑카의 영혼은 실제 그가 죽은 해인 1325년보다 훨씬 이른 1275년에 톨로메아로 떨어졌다. 이와 같이 단테는 살아있는 자들의 지옥을 진짜 지옥이라 생각한다.

알베리고는 눈에서 얼음을 거둬달라 단테에게 "다시 애원한다." 단테는 "무례한 것이 그에게는 예의"라며 그 부탁을 거절한다. 단테 안에서 불길한 변화가 일어나고 있다. 배신에 대한 증오가 배신으로 변하고, 정의에 대한 사랑으로 그는 고문자의 역할을 한다. 여기서 단테는 죄인들에게 악마인 셈이다. 제8원의 말레브란케 무리의 사기죄는 제9원의 단테보다 심하지 않았다. 단테의 이러한 태도는 제8곡에서 처음 나타났다. 거기서 스틱스을 건너며 단테는 필리포 아르젠티를 격렬히 비난한다. 제33곡에서 단테의 잔인함은 최악이 되어 이 곡을 제노바 사람들에 대한 맹렬한 비난으로 마무리한다. 브랑카 도리아가 제노바의 기벨린당원이었기 때문이다. 많은 사람이 이 곡이 지옥편에서 가장 끔찍하다고들 말한다.

Duke University Literae humaniores lecture

제34곡

주데카

    제9원에 등장했던 거인에 이어 이번 마지막 곡에는 배반의 왕 루시퍼가 등장한다. 여기서 인간의 모든 가치관은 무의미하고, 인간적 사고는 모두 얼어붙는다. 이제 한 사람을 다른 이와 묶어주던 마지막 관계는 끊어지고 우리는 제9원의 정점, 지옥편의 정점에 도달한다.

    가족이나 국가는 개인이 선택할 수 없기에 친족(카이나)과 국가(안테로나)의 관계를 배반한 죄는 덜 무겁다. 비록 선택하지는 않았지만 인간은 그 관계로 묶이기에 단테는 그들을 위해 별로 슬퍼하지 않는다. 고개를 숙이고 있다면 최소한 그들은 눈물을 흘릴 수는 있다.

    이후 셋째 영역(톨로메아)에서 단테는 손님을 초대하고 살해한 죄인들을 만났다. 단테의 생각에 따르면 손님과 친구들을 그들이 선택했으므로 이들의 배반죄는 더 악질이다. 따라서 이곳은 더 고통스러우며 눈물이 흐르지도 못하고 얼어버린다.

    넷째 영역인 주데카에는 충성을 맹세했던 반역자들이 있다. 이곳의 명칭은 예수를 배반한 유다 이스가리옷에서 왔음이 분명하다. 이곳의 죄인들은 얼음에 완전히 갇혀있기에 서로 어떠한 접촉도, 어떠한 표현도 할 수 없다.

단테의 나머지 여정을 따라가기 전에 잠시 멈추면 배신자의 구덩이에 큰 변화가 일어났음을 눈치챌 수 있다. 무절제 죄인들이 거하는 제1원, 제4원과 폭력 죄인들이 벌 받는 제7원에서 독자들은 그곳의 위인들과 그들의 엄청난 집념을 보았다. 프란체스카(제5곡), 파리나타(제10곡), 피에르 델라 비냐(제13곡), 브루네토 라티니(제15곡), 그리고 카파네우스(제16곡)가 그들이다. 다음으로 사기 죄인들이 고통받는 제8원의 말레볼제에서 열정이 악덕으로, 폭력이 적의로 바뀌는 것을 보았다. 여기 더 아래의 원에서 악덕은 깊이 뿌리 내린 습관이 되었다. 이는 짐승의 습관과 크게 다르지 않다. 도둑 반니 푸치가 전형적인 예로써 그는 스스로 자신이 고향 피스토이아에서 짐승이었다고 말한다.

제9원에서 인간은 짐승으로 변했고, 여기서는 "얼음이나 돌"로 변한다. 영혼들이 완전히 갇혀있는 주데카에서 아래로 떨어진 영혼의 길은 끝이 난다("길"이라는 말은 시의 시작과 끝에 나온다). 배반과 잔인이 극에 달한 주데카에는 말하는 자도 듣는 자도 없다. 단테는 이야기 대신 바람소리를 듣는다. 추위는 영원히 계속된다.

마지막 곡은 라틴어 찬송의 첫 구절로 시작된다. 이는 로마 가톨릭의 사순절 찬양으로 십자가를 기리는 내용이다. 관례적으로 성주간 월요일 저녁과 십자가를 기리는 축일에 불려진다.

Duke University Literae humaniores lecture

진격하는 왕의 깃발

단테는 "왕"을 "지옥의 왕"으로 바꾼다. 따라서 언급 대상은 그리스도에서 루시퍼가 된다. 단테는 이처럼 6세기 이탈리아 포이티에르의 주교 포르투나투스가 작곡한 찬송을 지옥의 노래로 만든다.

베르길리우스는 단테에게 루시퍼와의 만남을 준비시키며 이러한 개사된 가사를 말한다. "깃발" 또는 "군기"는 루시퍼의 날개다. 성 금요일에 불리는 포르투나투스의 노래는 성 금요일 십자가 제막식 바로 앞에 불려진다. 덧붙여진 말 "인페르니inferni"로 우리는 지옥의 실재와 루시퍼의 존재를 기억한다. 주데카를 지배하는 침묵 속에서 단테는 죄인들이 다양한 몸짓으로 얼음에 갇혀 있음을 발견한다. 그들은 얼음 속 볏단들처럼 보였다. 루시퍼의 불분명한 형상은 단테의 눈에 처음에는 풍차처럼 보인다. 베르길리우스의 설명에 앞서 신화 속 루시퍼가 언급된다.

> 한때 그토록 아름다웠던 피조물이여 [34:18]

빛을 머금은 제1계급의 천사였던 루시퍼는 모든 천사 중 가장 아름다웠다. "그가 그랬다"는 동사에서 그의 모습이 과거에 완전했음을 알 수 있다. 현재 루시퍼의 추함은 과거의 아름다움으로 더욱 두드러진다.

안내자의 역할에 매우 충실하게도 베르길리우스는 단테를 멈춰 세우고 다시 말한다("디스 시를 보라"). 고전 시인 베르길리우스는

지하세계 왕을 디스Dis 또는 플루토Pluto라 부르지만, 단테는 루시퍼(또는 사탄, 악마, 바알세블)라 부른다. 루시퍼를 처음 본 단테는 온몸이 얼어붙어 기진맥진한다. 그는 짧은 말로 이 강렬한 경험을 표현한다.

나는 죽은 것도 산 것도 아니었으니 [34:25]

지옥의 마지막 장소, 지구의 중심에 고정된 루시퍼는 지옥의 다른 영혼들처럼 장소를 옮기지 않는다. 그는 거대한 날개를 펄럭여 코키토스를 얼린다. 그에 대한 묘사는 "아" 소리가 길게 울리는 엄숙한 행으로 시작된다.

고통스러운 왕국의 황제여 [34:28]

기괴함이 극에 달한 장면을 보자. 거대한 루시퍼는 세 개의 얼굴을 지닌다. 그의 세 개의 입으로 가장 사악한 세 배반자를 물고 찢어발긴다. 그 셋은 그리스도를 배반한 유다, 시저를 배반한 브루투스와 카이사르이다(문자 그대로의 의미로 시저가 황제였던 적은 없지만 그는 로마제국의 건국자이다. 따라서 단테는 그를 '세계를 지배한 자'에 포함시킨다).

시인은 루시퍼의 이야기를 극적으로 부풀리거나, 밀턴이 《실락원》에서 그랬던 것처럼 어떤 특성을 부여하려 시도하지 않는다. 단테는 제34곡에서 최악의 죄인으로 루시퍼를 보여주는 것만으로 만족한다. 루시퍼의 다른 얼굴색(진홍색, 누런색, 검정색)이 상징하는 바는 정확하지 않다. 증오, 무능력, 무지를 의미한다고 해석하는 학자들도 있다. 이는 성령의 속성(사랑, 능력, 지혜)과 반대된다. 단테는 지옥의 루시퍼에게서 신과 반대되는 모습을 보고, 천국의 정점에 가서는 세 개의 둥그런 빛의 형태로 나타나는 삼위 일체된 신의 모습을 본다. 이와 같이 삼위일체가 지옥과 천국의 극단을 모두 결정한다. 성스러운 삼위일체(아버지, 아들, 성령)는 종종 기독교 교회의 가장 깊은 신비로 이해된다. 단테는 신과 사탄을 각각 긍정적, 부정적 삼위일체로 보여준다. 신곡에서 둘은 반대편 극단에 놓여 있다.

단테가 왜 이들 셋을 사탄에게 영원히 고통당할 죄인으로 정했을까? 던데에 의히면 그들은 인류의 두 영웅을 배반했다. 카이사르는 세상에 새로운 질서를 확립했고, 그리스도는 천국에 새로운 질서를 확립했다. 주데카의 죄인들은 이들을 배반하여 인류의 은인에게 해를 끼쳤다.

베르길리우스가 세 배신자의 이름을 말하며 제34곡도 중반으로 접어든다. "스승"은 단테에게 "볼 것은 이제 다 봤다"며 떠나야 할 시간이라 말한다. 베르길리우스와 단테는 사탄의 무성한 털을 기어 내려오기 시작한다. 중세에는 사탄도 사티로스처럼 몸에 털이 많다고 믿었다. 두 시인은 사다리를 내려오듯 발을 내밀며 내려오다 갑자기 몸을 뒤집어 올라가기 시작한다.

이렇게 뒤바뀔 때 그들이 도착한 지점은 사탄의 배꼽에 위치한 중력의 중심이었다. 이는 물리적 전환점이자 영적 변환점이다. 다리가 위로 향해 있는 사탄을 보고 단테가 혼란스러워하자 베르길리우스가 일어난 일을 차근차근 설명한다. 시간은 토요일 아침 7시

Duke University Literae humaniores lecture

30분 무렵이다. 지구의 중심을 지나쳐 그들은 이제 남반구에 있다. 남반구의 시간에 따라 밤과 낮도 바뀐다. 연옥은 예루살렘으로부터 자오선 반대쪽에 위치하며 따라서 연옥의 시간은 예루살렘보다 12시간 늦다.

단테는 천사의 타락을 거의 이야기하지 않는다(그것은 밀턴의 몫이다. 밀턴은 사탄이 천국에서 패한 후 땅으로 내려와 그곳을 장악하는 과정을 보여준다). 제34곡에 나오는 짧은 몇 행으로 단테는 신을 버리고 인간을 지배하는 루시퍼를 그린다. 사탄은 무대 장치처럼 단테가 지옥을 벗어나는 사다리 역할을 한다.

제9원의 사건은 규모와 공간이 한없이 확대되면서 진행된다. 거인으로 시작했고 머리는 지구의 중심에, 다리는 남반구에 있는 가장 거대한 루시퍼로 이동했다. 단테는 뒤돌아 지구를 바라보고 곡의 마지막에는 눈을 들어 우주를 바라본다.

루시퍼가 천국에서 떨어졌을 때 그의 머리가 지구 중심에 박혔다. 그가 떨어지기 전에 남반구는 땅으로 덮여 있었다. 하지만 그 일 후 땅이 바닷속으로 가라앉아 북반구("우리의 반구")로 이동했다. 이때 지구의 중심에서 육지가 위로 솟아오르며 중심이 비었고 남반구의 유일한 육지인 연옥에 있는 정죄의 산을 형성했다.

이 빈 공간을 관통해 물이 흐른다. 아마도 망각의 강 레테인 듯하다. 단테와 베르길리우스는 산기슭에 도달하려면 이 공간을 올라야 한다. 루시퍼의 영역 끝 "저 아래의 공간"은 지구의 중심에서 둘레로 향하는 통로의 입구 역할을 한다. 그곳은 루시퍼가 천상에서 지구로 떨어지며 생겼다. 지금 단테는 눈을 들어 오랫동안 보지 못했던 하늘의 별들을 바라본다.

다음은 시의 마지막 줄이다.

그리하여 밖으로 나와 별들을 다시 보았다.

신곡 세 편은 모두 "별들"로 끝난다. 여기서부터 단테의 여행은 위를 향한다. "별들"은 신을 향한 움직임이라는 의미를 강조한다. 이사야서 14장(12~15절)에는 루시퍼의 타락이 기록되어 있다.

어찌하다 하늘에서 떨어졌느냐? /
빛나는 별, 여명의 아들인 네가! 민족들을 쳐부수던 네가 /
땅으로 내동댕이쳐지다니. 너는 네 마음속으로 생각했었지. /
'나는 하늘로 오르리라. / 하느님의 별들 위로 /
나의 왕좌를 세우고 / 북녘 끝 /
신들의 모임이 있는 산 위로 좌정하리라. /
나는 구름 꼭대기로 올라가서 /
지극히 높은 분과 같아져야지' 그런데 너는 저승으로, /
구렁의 맨 밑바닥으로 떨어졌구나.

루카의 복음서 10장 18절에는 "사탄이 번개처럼 하늘에서 떨어지는 것을 보았다"고 기록된다.

교부들은 "루시퍼"가 악마에게 적합한 이름이 아니라고 주장했다. 루시퍼는 단지 그의 타락한 상태를 뜻할 뿐이라는 이유에서였

Duke University Literae humaniores lecture

다. 성 토마스 아퀴나스는 하느님처럼 되고 싶은 욕망으로 사탄이 죄를 지었다고 가르쳤다. 이런 욕망이 지나친 경우에만 교만죄가 된다. 단테가 사탄의 특성을 움직임이 없는 자연현상에 가깝게 그린 것은 이번 곡에서 주목할 만한 부분이다.

지옥을 벗어나는(또는 형벌 장면을 벗어나는) 길은 단테와 베르길리우스를 연옥의 영역으로 이끌었다. 제1곡과 율리시스의 이야기(제26곡)를 제외하면 그동안 연옥에 대한 암시는 없었다. 지옥은 영원히 독립된 세계다. 이런 의미에서 지옥편은 연옥편이나 천국편보다 더욱 온전하며 폐쇄적이다. 제1곡 이후 나머지 서른세 곡은 일관된 윤리 원칙을 지니며 모두 여행자에게 윤리적 영향을 미친다.

제8원의 중반쯤 탐관오리와의 희극적 장면 이후 단테의 분위기는 확실히 변했다. 그 시점에서 모든 가능한 방식으로 배신당한 도시를 본 단테는 윤리적 분노를 표출하고 영혼들이 벌 받는 장면을 즐기기까지 한다. 이후에 상당한 노력으로 단테는 죄에 끌리는 자신을 억제한다. 그는 베르길리우스와 베르길리우스로 대표되는 이성의 도움으로 말 그대로 거기서 등을 돌린디.

죄의 모든 모습들을 샅샅이 탐험했기에 그는 이제 지옥을 벗어나 올라갈 수 있다. 20행에서 베르길리우스는 "디스를 보라"고 말한다. 더 낮은 지옥을 표현하고자 베르길리우스는 "디스"라는 이름을 두 번 사용한다. 베르길리우스는 《아이네이드》에서 지하세계의 신 플루토를 "디스"라 불렀다. 그리고 여기 지옥 도시의 중심부에서 우리는 디스 자신, 곧 악의 괴수 루시퍼를 본다. 그는 신이 되고자 욕망하는 죄를 지었다.

지옥편의 윤리적 근거는 천국에서 태곳적에 일어난, 신에 대한 루시퍼의 반역이었다. 여기서 시인 단테는 윤리와 신화를 엮는다. 신과 루시퍼의 태곳적 이원성에서 물리적, 윤리적 지옥이 모두 만들어졌다. 지옥편은 '날아서 아래로 추락한 루시퍼', '통로 위로 오르는 태곳적의 타락한 천사'라는 단테의 두 심상으로 마무리된다.

신으로부터 완전히 소외당한 최후의 거대한 존재는 모든 지옥을 하나의 원으로 바꾼다. 거기서 루시퍼는 지구의 중심이고 길을 잃은 영혼이다. 최초에 신을 벗어난 자는 이제 신을 벗어나는 모든 자의 근원이 된다. 한때 하느님과 조화를 이루던 고상한 영혼을 지녔던 루시퍼는 이제 악마의 영혼을 지닌다. 지옥의 끝은 태곳적 일어났던 우주적 타락의 모습이다.

맺음말

오늘날의 단테 읽기

　지옥편을 읽을 때마다, 특히 직업상 2년마다 지옥편을 가르치며 모든 노력을 다할 때마다 나는 같은 자문을 하곤 한다. "어떻게 신곡만큼 오래된 텍스트를 이해할 수 있을까?" 거의 600년 전에 쓰인 시가 진정 무엇을 말하는지 내가 알 수 있을까? 영원한 지옥이라는 주제를 다룬 작품에 순수하게 문학적으로 접근하는 것이 가능할까? "저주받은 영혼은 신의 영광을 위해 지옥을 선고받는다"는 산타야나의 진술이 문제 해결에 도움이 될까? 차라리 독서를 통해 낯선 "역사적" 세계에 입문하는 편이 낫지 않을까? 또는 단테의 작품을 심리학적 언어로 풀어내는 건 어떨까?
　사실인즉 세상은 신곡을 종교적 시, 전해지는 가장 훌륭한 종교시로 본다. 이러한 인식은 종종 경험하는 딜레마에 도움을 주고, 고전적 해설에 안주하게끔 한다. 그럴 때면 나는 T. S. 엘리엇의 책망을 떠올린다. "너는 단테가 믿었던 것을 믿도록 부름 받지 않았다." 이를 통해서 다시금 안주하려는 마음을 다잡고, 새로이 이해할 방도를 모색한다. 이를테면, 단테를 이해하고자(그러기 위해서는 마음가짐을 변화시키는 것이 우선이므로) 그와 상상 속 대화를 나눠보는 건 어떨까 하는 발상도 해보는 것이다.

우리는 지옥편에서 역사나 전설 속 개별 남녀에 관한 사실, 도시 마을 사건 속의 전쟁, 충돌, 각종 문제에 관한 사실을 읽는다. 그러면서 단테의 시대에 그랬듯 지금도 통용되는 생각과 감정에 매료된다. 처음 읽기 시작할 때는 '세상이 얼마나 많이 변했는데!'라고 생각하지만, 곧 본질적으로 세상은 거의 변화되지 않았음을 깨닫는다. 다시 말해 엄청난 악과 위대한 선을 마음에 품는 인간의 능력은 거의 변하지 않았다.

다양한 사회와 계층을 지닌 세계가 우리 앞에 펼쳐진다. 역사 속 날짜, 업적, 재앙이 밝혀진다. 하지만 진정 단테 시의 마법에 걸리고 나서야 우리는 깨닫는다. 단테는 우리에게 저 위쪽의 신이야말로 만물의 배후이며, 세상만사가 신의 행위임을 보여주려 한 것이었다. 단테의 시는 기독교적 정신과 상상력을 따른다. 간단히 말해 이 세상은 잠깐 스쳐 지나가는 곳이며 기독교인은 순례자라는 것이다.

단테 시의 폭과 깊이를 감안할 때, 시인 콜리지의 묘사처럼 단순히 심미적인 반응은 적절하지 않다. 단테를 단테답게 제대로 읽으려면 문학적 지식과 삶의 경험을 모조리 동원하는 것만으로는 부족하다. 우리가 가진 미숙하거나 성숙한 신념과 우리를 우쭐하게 만들고 괴롭게 만드는 모든 형이상학적 의심 또한 동원해야 한다. 단테의 글은 시대를 초월해 불변하는 정체성을 지니지 않는다. 그것은 읽히지 않으며 아무것도 아니지만 읽힌다면 독자의 이해에,

한계와 꿈에, 이미 살아온 삶에, 앞으로 바라는 삶에 맞춰서 이해될 수 있다.

오늘날 독자들은 지옥편을 다양한 인간 무리를 만나는 장으로 여기는 경향이 있다. 이러면 신학적 뼈대의 중요성이 줄어들며 심지어는 이러한 뼈대를 작품과 무관하게 여길 수도 있다. 내 생각에 단테의 지옥을 그저 소외나 선을 상실한 인간 영혼의 은유로 보는 것은 너무 쉬운 해결책이며 부당하다. 지옥은 꼭대기부터 바닥까지 의미를 지닌 질서정연한 세계이다. 거기에 우연한 요소를 위한 장소는 없다. 14세기의 신곡은 현대소설 속 질서정연한 세계의 본보기로 모든 만남, 욕망, 자살이 이미 예정되어 발생하기도 전에 공표되고 설명되는 문학 형식과 매우 비슷하다. 《적과 흑》, 《보바리 부인》, 《율리시스》, 《잃어버린 시간을 찾아서》, 그리고 정도가 덜한 플래너리 오코너Flannery O'Connor의 뛰어난 단편과 아이리스 머독Iris Murdoch의 소설이 그렇다. 이야기 속 관계와 사건은 모두 계획되어 있다. 각 작품은 영원하며 시간과 역사의 전통에 확실히 연결된다.

지옥은 인간이 저지를 수 있는 악의 모습을 망라한다. 베르길리우스의 곁에서 이런 모습을 보도록 허락받은 단테는 각각의 모습에 조금씩 다르게 반응한다. 지구 중심으로 이어지는 먼 길의 모든 모퉁이에서 단테는 인간의 다른 인간을 향한 극도의 잔인함, 신을 향한 불순종의 표지를 연달아 본다.

단테가 지옥의 잔인함을 목격할 수 있는 것은 천국의 허락이 있었기 때문이다. 시의 시작에 보면 가장 먼저 마리아가 개입하여 베아트리체에게 베르길리우스의 도움을 구하도록 한다. 다음으로 더욱 험난한 디스 시의 입구에서 천사가 통로를 열어준다. 디스 입구에서의 장면은 가장 잔인하다. 이때 단테와 독자들은 디스의 문 위로 빠르게 움직이는 외딴 존재에게 집중한다. 하찮은 공포가 지옥의 더 큰 두려움을 넘어서는 의례의 순간이다. 천사의 형상이 나타나 그 장소를 차지하고 타락한 천사와 분노의 세 여신의 위협을 조롱한다. 지하세계로 가는 길에 아이네아스를 지켜준 황금 가지처럼 천사의 지팡이는 의례와 현실에서 그를 지켜준다. 천사의 지팡이가 디스의 문을 열고, 단테는 무절제에 잠긴 어둠을 떠나 사기꾼들이 고통을 당하는 더 깊은 어둠 속으로 내려간다. 황금 가지로 상징되는 식물의 재생 능력은 제9곡에 나오는 천사의 효과적인 구출에 비교된다. 모든 인간의 삶에 소생, 부활, 회복의 순간이 필요하며 《아이네이드》와 신곡에서 이를 반복적으로 볼 수 있다.

　잠깐 천사를 보았고 지옥의 저주 이상의 위대함을 보여주는 인물들과 만났기에 단테는 지옥의 공포를 견딜 수 있다. 파리나타는 프로메테우스적 특성으로 영원한 운명에 저항한다. 시인은 율리시스의 사악한 모략의 세계를 경험하고 인간의 가치와 덕목을 알려는 의지로 기록한다. 작품 속에서 율리시스를 움직이는 욕망은 소름끼치게 현대적이다. 그의 내면에는 반항의 열정이 꿈틀댄다. 프란체스카 역시 영혼의 위대함을 지닌다. 단테는 그녀를 사랑스럽고 예의바르게 묘사한다. 시에 분명히 표현된 그녀의 운명적 비애는 늘 가슴 아프다. 그녀는 자신과 파올로는 천국 왕과 친구가 될 수 없다고 이야기한다.

다른 죄보다 가볍게 처벌받는 육욕의 죄로 프란체스카는 초기의 원(圓)에 머문다. 그녀에게는 이끌고 회복시키고 출산하는 이상한 힘이 있다. 그녀는 고유한 영혼이며 여성이다. 베아트리체, 베르길리우스의 디도Dido, 괴테의 마르가레테Margaret는 프란체스카와 같은 죄를 지었다. 마르가레테는 파우스트의 마지막 행에서 여성의 불멸성을 보여준다. "영원히 여성적인 것이 우리를 구원한다."

우리는 단테 정도의 위치에 있는 예술가에게 세계를 어떻게 생각하느냐는 질문을 던질 권리, 아니 의무가 있다. 이런 질문으로 우리는 단테의 세계 또는 단테가 당위적이라 믿었던 세계와 갈릴레오가 곧 묘사하고 다시 묘사할 신세계의 차이를 조금 더 이해하게 될지 모른다. 갈릴레이의 세계는 이후 우리의 세계가 되었다.

단테는 자기 자신이 창조된 세상 속에 있다고 믿었다. 단테의 믿음에 따르면 세상의 창조자는 신이고 모든 창조물은 신을 향한다. 세상과 창조자의 관계, 삶의 모든 측면과 삶을 움직이는 주도자의 관계는 종교적 의미로 상징적이다. 갈릴레오는 개인적인 삶에서 기독교 교회의 교리를 받아들였지만 과학자로서는 자연세계로부터 중세의 상징주의를 밀어냈다. 과학자로서의 연구에서 그는 자연세계와 인간사에 대한 신의 어떠한 간섭도 제거했다.

갈릴레오는 신을 부정하지 않지만 인간으로부터 멀리 내쳤다. 르네상스라 부르는 새로운 시대의 새로운 인간은 오로지 자신만을 의지하여 삶을 산다. 휴머니즘은 인간 독립의 역사, 인간의 힘과 잠재력을 인식한 역사로서 이는 16세기 이후 인간의 사고를 지배했다. 신곡은 이와 다른 인간의 다른 시각과 철학을 보여주는 마지막 작품이다.

중세에는 믿음을 장려하고 보호했다. 갈릴레오가 세계에서 믿음을 제거한 이후 르네상스는 최고의 성과를 올렸다. 콜리지는 단테와 같은 작품을 읽는 것은 "자발적으로 불신앙을 중단" 하는 것이라 주장했다. 니체는 비극의 탄생을 설명하고 현대 사회에서 비극의 사망을 선언했다. 갈릴레오는 자신을 넘어 금지된 신앙이 아닌 인간이 발명한 도구로 밝혀지는 우주를 돌아보도록 인간을 훈련시킨 첫 번째 인물 중 한 명이다.

단테의 주석가들을 살펴보면, 인간이 문학 그리고 문학의 의미와 가치에 어떻게 접근했는지 알 수 있다. 최초의 인물 중 하나인 14세기의 보카치오는 《신곡 해설 Il Comento alla Divina Commedia》에서 문자적 의미(육체의 죽음 이후 영혼의 상태)와 우화적 의미(자유의지를 실행한 인간이 결국 정의에 따라 보상 또는 벌을 받는다는 관점)의 이중적 측면을 강조했다.

보카치오가 단테의 "희극"(단테는 제21곡에서 이 단어를 사용한다)에 형용사 "디비나 divina"를 덧붙였다. 단테의 작품을 평범한 "민요"의 희극과 구분하고 그 중요성을 강조하기 위해서였다. 보카치오는 또한 "단테"의 이름이 "너그러운" 또는 "베푸는"이라는 이름을 뜻하며, 신곡에서 두 번 사용되었다고 지적했다. 한 번은 베아트리체가 베르길리우스의 역할을 맡는 연옥편의 제30곡이다.

단테, 베르길리우스가 당신을 떠났다고 [30:55]

두 번째는 아담이 단테에게 말하는 천국편의 제26곡이다.

단테, 너의 소망을 더 잘 알고 있다 [26:104]

(원문은 Dante, la voglia tua discerno meglio이지만 오늘날에는 la da te, la volgia가 더 선호된다. 이러면 희극에 시인의 이름은 단 한 번만 나온다.)

18세기에 기암바티스토 비코Giambattisto Vico는 단테의 숭고한 정신을 강조한다. 그 정신은 아량과 정의를 양분으로 자랐다. 비코의 주장에 따르면 단테는 이탈리아가 야만에서 벗어날 무렵 태어났기 때문에 중세 최고의 사상에 초점을 맞출 수 있었다.

19세기 초반의 콜리지에 따르면 단테는 작품으로 신의 섭리를 보여주는 시인이었다. 자신의 시대를 묘사하면서 단테는 종교와 철학을 연결시켰다. 단테는 생생하고 힘찬 문체로 격찬받았다. 그는 자연의 심상을 자주 활용했는데 이는 누구나 이해 가능한 것이었다. 콜리지는 밤 서리에 오므라들었다 아침 햇살에 활짝 피는 유명한 꽃 구절을 인용한다.

추운 밤에 고개를 숙이고 오므라든 꽃들이
아침 햇살에 활짝 피어나듯이 [2:127~128]

콜리지는 문체와 심상을 다음으로 제3곡 초반의 비문을 예로 들며 단테 시의 "심오함"을 이야기한다. 지옥 문 위쪽에 새겨진 그 구절은 종교의 진정한 특징을 보여준다.

19세기 후반의 이탈리아 작가 카두치Caducci는 단테의 보편성을 강의하며 그를 모든 시대의 시인이라 불렀다. 그는 시에 등장하는 세 인물, 베아트리체는 여성 숭배를, 베르길리우스는 고대 문명을, 단테 알리기에리는 자신의 인생길을 가는 인간을 대표한다고 정의했다. 이탈리아의 전통을 감안해 카두치는 숫자 3의 신비적, 실제적 중요성을 강조한다. 그는 신곡 세 편을 각각 영혼의 세 상태로 보았다. 지옥편은 죄, 연옥편은 회심이다. 천국편은 덕이다. 3과 9가 전체 환상과 신곡을 지배한다. 세(3) 영역, 각 영역에서 나온 33곡, 작품 전체에서 3행으로 이루어진 연stanza, 도입부인 제1곡을 제외하면 곡의 총합은 99이다.

이탈리아인으로서 카두치는 이탈리아어로 대중적인 작품을 쓰고자 한 단테의 노력, 즉 고전 형식을 따르기보다 대중적인 소설에 가까운 작품을 쓴 점을 높이 평가한다. 그에 따르면 단테는 가능한 많은 독자에게 호소력을 갖게 하려고 신곡에 그리스, 이탈리아, 유대, 북유럽의 자료를 끌어들였다. 그는 단테의 얼굴에서 보이는 에트루리아인의 혈통에 대해 이야기한다. 단테는 로마와 독일 혈통임을 자랑했다. 색채와 소리, 괴기스런 요소와 토스카나의 산 풍경이 시의 강렬함을 만들어내고, 이러한 강렬함은 중세의 암울한 종말과 반쯤 보이는 르네상스의 새로운 빛을 만들어낸다.

20세기의 주석가 중 필립 윅스티드Philip Wicksteed는 지옥편에 나오는 죄인들의 상태를 다른 누구보다 끈질기게 연구했다. 그에 따르면 아퀴나스와 단테 모두 회개하지 않았기에 죄인들이 지옥을 선고받았다고 주장했다. 윅스티드는 단테 지옥의 본질적 특성은 죄인들의 도덕 의식이 전혀 변하지 않는 것이라 생각한다. 그들은 회개하지 않는다. 그들은 선택을 했고 거룩한 정의는 그들이 했던 대로 갚아주었다. 이 원칙은 죄인들의 선택과 영원한 운명 사이의 조화를 설명한다. 죄인들이 자신의 원에서 도망치고 싶어 한다는 암시는 없다.

이것이 순례자이며 주인공인 단테가 죽음 너머의 여행으로 배워야 할 교훈이다. 순례자는 또한 배우는 자이다. 이 특성 때문에 예컨대 크로체는 신곡이 과연 시인지 논문인지 의문을 표했다. 매우 타당한 이 질문에 대한 답은 아마도 작품 전체를 아우르는 주요 장면에서 찾을 수 있다.

프란체스카는 죄인의 잘못이 처음으로 명확히 죄로 규정되는 제 5곡의 육욕 속에 있다. 프란체스카와 독자들의 필연적 동일시에도 불구하고 그녀의 영혼은 지옥에 있는 것이다. 여기서 단테는 프란체스카를 정죄하지 않고 동정하지만, 독자들은 이러한 입장이 되기 어렵다. 우리는 원의 형벌을 알고 이 사랑스러운 여인이 회개하지 않음을 안다. 때문에 대화의 마지막에 단테가 땅에 쓰러지면서 느끼는 깊은 감정에 의문이 들 수도 있다.

단테와 프란체스카의 대화가 시작될 때, 독자들은 사랑으로 유명했던 사람들의 이름을 듣는다. 디도, 세미라미스, 클레오파트라, 파리스, 트리스탄. 하지만 순수한 감정의 모든 희생자를 보여주는데 프란체스카만 선택된다. 신곡 전체를 이해해야 우리는 프란체스카의 욕망을 베아트리체를 향한 단테의 사랑이라는 맥락으로 읽을 수 있다. 프란체스카와 파올로가 함께 랜슬럿이 기네비어에게

키스하는 내용의 책을 읽기 전에 이 젊은 남녀는 중세의 고요한 성에서 여러 차례 만나 함께 책을 읽었던 듯하다.

그리고 파리나타의 곡(제10곡)에서는 두 번째로 인상적인 인물을 만난다. 이 곡은 독자로 하여금 가벼운 독서로도 인물의 걸출함을 느끼고, 지옥의 고통이 죄의 고통이라는 사실을 잊게 하는 또 다른 예다. 파리나타는 그의 고통뿐 아니라 머무는 장소(불타는 무덤)에 대해서도 거만한 태도로 반항한다. 그의 몸짓과 말에서 이를 알 수 있다. 그는 정치적 당파심에 가득한 사람으로 파벌을 형성하려는 성향이 매우 강하다. 기벨린당 지도자인 파리나타는 단테에게 적이다. 둘 다 피렌체의 시민이며 그 도시를 사랑하지만, 피렌체를 향한 파리나타의 사랑은 기벨린당을 향한 사랑보다 약하다.

파리나타는 프란체스카와 마찬가지로, 죄와 그에 대한 벌이 드러나는 중요한 장면에서 분리될 수 없다. 본문을 자세히 살펴보면 자부심 넘치는 기벨린당원이 쾌락주의자들의 무덤에 있다. 이들 쾌락주의자들은 불멸에 대한 믿음을 모두 거부했기에 자신의 영혼도 묻혀버렸다. 단테는 적수 파리나타를 존경했기에 그의 무죄를 밝혀주고 싶었는지 모른다. 하지만 무절제의 제4원 바로 아래에 폭력과 사기죄 바로 위에 위치한 불타는 무덤에서 모든 용서는 의미가 없다.

제10곡은 잘못의 성질을 놀랍도록 완벽히 보여준다! 이단자는 전체의 한 부분에만 매달린다. 단편적인 시각 때문에 그는 고립되어 교만의 무덤에 갇힌다. 국가에 대한 사랑을 능가한 당에 대한 사랑은 당파심이다. 그가 자랑하던 정신은 사실은 도시를 분열시키는 당파심이다. 단테가 파리나타와 함께한 장면은 비유, 제유, 환유, 은유이다.

제13곡에서 읽었듯 자살의 욕구는 더 이상 살지 않는 것, 일상적 장소에서 사라져 버리는 것, 없어지는 것이다. 단테가 자살자를 인간이 아닌 나무로 표현한 데서 이러한 욕망을 극적으로 깨닫게 된다. 프리드리히 2세에게 충성했던 피에르 델라 비냐는 자존심 때문에 감옥에서 살 수 없었다. 왕은 그를 감옥에 보냈다. 신이 주신 몸의 움직임과 모든 인간적 특징을 거부했기에 그는 이제 영원히 움직이지 않는 영혼이며 전혀 감지되지 않는 존재이다. 나무는 보지 못하고 자신의 생명을 앗아간 영혼의 격렬함을 표현할 방법도 없다. 단테의 지옥에서 영혼은 죄를 지었을 때 죄인의 마음은 완전히 굳어버린다. 제13곡에 등장하는 대표적인 자살자 피에르 델라 비냐는 세상과 삶에 대해 눈이 멀기를 바랐다. 여전히 황제를 모시는 조신이라는 역할을 인식하고 있지만 지옥에서 그는 경직된 나무일 뿐이다.

제15곡에서 단테와 베르길리우스는 남색자들을 만난다. 이 영혼들은 쉴 새 없이 뛰면서 벌거벗은 몸 위로 떨어지는 불똥을 피하려 애쓰고 있다. 이곳에서 단테는 특별히 또 다른 피렌체 시민인 브루네토 라티니와 특별한 만난다. 그는 학자, 비평가, 시인, 그리고 아마도 단테의 스승이었다.

단테를 알아보고 그는 외친다. "놀랍군!" 단테는 고개를 숙여 불에 그슬린 옛 스승을 쳐다본다. 단테 역시 그를 알아보고 T.S. 엘리엇이 〈리틀 기딩〉에서 인용한 질문을 내뱉는다. "여기에 계시나요,

브루네토 선생님?"

단테는 멈춰서 이야기하기 원하지만 브루네토는 자신이 계속 달려야만 한다고 말한다. 둘은 나란히 걷는다. 한 명은 안전하게 둑 위에서, 다른 한 명은 불타는 들판에서. 피렌체에 대한 의견을 열정적으로 나누던 중 단테는 자기가 스승에게 무엇을 빚졌는지 기억해낸다. 에피파니(인간들에게 성인聖人이 모습을 드러낸다는 의미를 지닌 용어로, 현대 문학에서는 한 등장인물이 자신이 처한 상황의 진실을 깨닫게 되는 순간을 의미한다)의 순간이다. "세상에 계셨을 때 선생님은 언제나 인간이 영원해지는 법을 가르쳐 주셨지요."

두 시인은 계속해서 이야기를 나눈다. 브루네토는 자신의 작품 이름 하나를 언급하고, 영혼은 미래를 내다보는 능력으로 단테 앞날의 영광을 약속한다. 단테는 브루네토에게 깊이 감사한다. "선생님이 영원과 관련한 것들을 알려 주셨지요." 만약 단테가 베아트리체에게 이야기했다면 "영원"은 분명 영혼의 구원을 의미했을 것이다. 하지만 지금 단테는 브루네토에게 이야기하는 중이니 이는 아마도 성공적인 작품이 불멸한다는 의미인 듯하다. 단테 알리기에리는 브루네토 외 다른 모든 대가들에게 배운 글쓰기를 계속하고 있다. 20세기에 엘리엇은 그가 이 곡에서 배운 많은 사람들 중 하나라며 동일한 빚을 인정한다. 모든 시인이 단테의 작품에 있다. 단테는 시인의 영원성을 이해하기 위해 지옥의 영원함을 보고 경험해야 했다.

나는 종종 지옥편 속 브루네토의 죽음에서 마르셀 프루스트의 소설에 나오는 베르고트Bergotte의 죽음을 떠올린다. 베르고트는 소설 《죄수》에 나오는 소설가로, 얼마간 병을 앓는다. 그는 파리에 전시된, 화가 베르메르가 델프트에서 본 전망을 그린 그림에 대해 이야기하며 그 한 조각 노란색 벽의 아름다움을 찬양한다. 베르고트는 그 그림을 아주 잘 안다고 생각했음에도 그 부분을 기억해낼 수 없었다. 그는 의사의 말을 거스르고 화랑으로 향한다. 비평가 덕분에 그는 그곳에서 넓은 화폭의 몇몇 세세한 부분과 더불어 "한 조각 노란 벽"에 경탄한다.

인생의 마지막 순간에 그는 한 조각 노란색 벽을 떠올리며 이렇게 말한다. "내가 저렇게 글을 썼었어야 했는데." 그는 "한 조각 노란 벽"이라는 구절을 되풀이하며 긴 의자에 주저앉았다가 바닥으로 쓰러져 죽는다.

프루스트의 이야기는 매우 간단하고 직설적이다. 두 질문을 제외하고는 다른 설명이 없다. 두 질문은 간단하다. "베르고트는 영원히 죽었는가?" 그리고 "누가 말하는가?" 장례식 전날 밤, 세 무더기로 모아 가지런히 세워 놓은 그의 책들이 마치 천사처럼 그를 내려다본다. 예술적 완벽성의 상징인 베르메르의 그림은 완전한 죽음과 밀접한 관련이 있다.

죄수가 나오는 장면과 제15곡은 죽음을, 특별히 작가의 죽음을 다룬다. 우리는 화랑에서 베르고트의 갑작스런 죽음을 목격하고, 또 영원히 특별한 형태의 형벌을 받아야 하는 브루네토 라티니와 만난다. 프루스트는 직접적으로 대답하지 않으면서 베르고트의 불멸에 관해 질문한다. 하지만 베르고트의 책이 그에게 일종의 다른 내세를 가져다줄 것임을 간접적으로 암시한다. 단테는 제7원의 불타는 들판에서 스승을 알아보고 깜짝 놀란다. 단테는 스승의 가르침과 본보기에 경의를 표한다. 산 자로서 단테는 다른 세계에 사는 죽은 영혼에게 문학에서 빚을 지고 있다.

이 두 구절에서 갑작스런 계시는 두 진술에 의존한다. 처음에 베르고트는 자신의 작품과 베르메르의 예술에 대해 구체적 용어로 이야기한다. "내 마지막 책들은 이렇게 썼어야 했는데." 그가 죽자마자 프루스트는 묻는다. "베르고트는 영원히 죽었는가?" 단테도 신곡에서 두 진술을 한다. "남색의 구렁에서 지금 내가 보는 사람이 선생님입니까?" 몇 줄 뒤에 그는 이렇게 쓴다. "선생님은 내게 영원해지는 법을 가르쳐 주셨지요."

내 생각에, 죽어가는 사람에 대한 구절과 이미 죽은 사람에 대한 구절은 모두 어떤 근원에 관련된 듯하다. 소설에서 어떤 스승이나 경쟁자도 인정하지 않았던 베르고트는 죽음의 순간 거장의 그림을 보고서 그의 글이 베르메르의 예에서 유익을 얻었으면 좋았을 거라는 사실을 갑자기 깨닫는다. 지옥을 관통하는 여행 중 단테는 시를 가르쳐준 시인을 만나 감사를 표하고, 비록 스승의 몸으로 불똥이 끊임없이 떨어지는 속에서도 그를 칭송한다. 지옥편의 시작 부분인 제4곡의 림보에서 단테는 고대의 네 시인을 만나고(이때 이미 베르길리우스의 인도를 받고 있었다) 스스로를 세계적인 여섯 번째 시인으로 자리매김한다.

어떠한 시인이나 작가도 혼자 존재할 수 없다. 성 베드로의 큰 죄는 망설이며 예수를 부인한 것이다. "나는 그 사람을 알지 못합니다." 베르고트는 죽음의 순간에, 단테는 죽음의 세계에서 앞서 간

선조들의 존재를 칭송한다. 둘 다 특정 순간에 그들이 선조들의 영향을 받은 많은 무리 중 하나임을 깨닫는다. 그들의 예술은 유일하지 않고, 앞서 간 누군가에게서 나오며, 또한 앞으로 누군가가 따를 본보기가 된다. 그러므로 예술을 불멸의 이해를 향해 내딛는 한 걸음으로 생각할 수 있다.

베르고트의 죽음이든 또는 브루네토의 영원한 죽음이든 단테와 베르고트는 죽음의 경험에서 자신들의 근원에 대한, 또는 과거에 무엇이 근원이어야 했는지에 대한 지혜를 얻는다. 그들은 예술의 근원과 과거와 미래가 만나는 신비를 인식한다.

나는 지옥편의 곡에서 곡으로, 장면에서 장면으로 넘어가며 독자들이 프루스트의 질문을 떠올리길 바란다. "영원히 죽었는가?" 프란체스카와 파올라가 바람에 흩날리고, 브루네토가 동료 무리를 따라잡으려 베로나의 달리기 시합에 참가한 선수처럼 뛰고, 율리시스가 불기둥으로 영원히 바뀌는 모습을 보면서 영원한 지옥을 상상할 수 있을까?

단테의 지옥편은 순전한 상상이지만, 독자는 아홉 개의 원을 따라가며 순전한 사실성에 감탄한다. 프루스트의 죄수는 세상에 대한 기억이다. 프루스트는 그것을 자신의 무덤이라 부르지만 그럼에도 그것은 오래도록 생명을 지니는 문학의 형태로 바뀌었다. 프루스트의 세계는 현실이었으며, 단테의 지옥세계는 오늘의 독자에게 현실적이다. 두 작가 모두 이 환상의 세계를 순간적인 통찰력으로 복잡한 미로처럼 표현한다. 이해하기가 너무나 어려워 우리는 이를 '에피파니'라 부른다.

지옥편에 특별히 드러난 단테의 문학은 현대의 두 창조적 소설가의 작품, 조이스의 《율리시스》와 프루스트의 《잃어버린 시간을 찾아서》와 공통된 특성을 지닌다. 세 작품 모두 비평가들에 의해 끝없이 되살아나고 새로운 생명력을 얻었다. 단테의 작품은 수세기 동안 살아남았지만 특히 19~20세기에는 매우 전문적인 주석가들의 관심을 받았다. 이 부류의 해설가들은 이제 조이스에 작품에 열중한다. 앤서니 버제스Anthony Burgess는 최근 이런 질문을 던졌다. "블룸(《율리시스》의 주인공)의 결함을 찾으려는 학자들이 줄을 설 것인가?"

비평가들은 시인 한 사람과 소설가 두 사람의 이름을 창조적 작가로서 나란히 놓는다. 그리고 사회적 의미가 아닌 구조주의적 관점에서, 그리고 지옥편의 부류와 영역 속 윤리적 결함의 면밀한 분석이라는 관점에서 프루스트의 도시 파리와 조이스의 도시 더블린 사이의 유사점을 찾으려 애쓰고 있다.

프루스트의 죄수에 대한 단테에 대한 직접적 언급은 거의 없다. 베르길리우스에 대한 언급이 더 많다. 그러나 단테는 종종 교양소설Bildungsroman로 불리기도 하는 현대의 소설 형식(프루스트, 카프카, 조이스, 베케트)의 옛 원형이다. 교양소설의 핵심은 조사, 그리고 탐구의 이야기이다. 월터 스트라우스Walter Straus는 논문 〈프루스트, 지오토, 단테〉(《단테 연구 96》, 1978)에서 이 중요한 관계를 면밀히 논의한다.

문학사에 조이스와 프루스트가 자주 등장하고 그들은 문학 양식은 필수이기 때문에, 겉멋이 든 많은 독자들은 실제 그들의 작품을 읽기보다 그저 두 작가에 대해 떠들어댄다. 단테는 그런 면에서는 덜 시달린다. 그는 단순하게 이해되지 않으며, 연구되고 직접 경험되어야 한다. 각각의 구절을 가슴으로 해석해야만 한다. 어느 정도의 이탈리아어 실력과 부분적으로나마 신학에 대한 지식을 가지고 있어야 작품에 접근할 수 있다. 그의 독자들은 오늘날에도 여전히 열정적이며, 작품에 크게 만족한다. 조이스나 프루스트보다 단테의 작품에 더욱 압도되는 것이다.

세 작가 모두 작품의 구조에 부담을 느꼈을 것이다. 지옥의 복잡한 구조, 조이스의 경우에는 스티븐과 블룸의 어슬렁거리는 하루에 깃든 호메로스 스타일의 양식, 모든 형태의 행복을 경험한 마르셀. 최후의 계시로 이어지는 마르셀의 실망은 지옥편 마지막에 별들이 나오는 장면과 《율리시스》의 마지막에 몰리가 동의의 표시로 내뱉는 "네$_{yes}$"라는 말과 비교된다.

이 세 거장은 각자의 방식으로 인류가 서로 기대지 않으면 안 된다는 것을 알려준다. 각자는 자신의 이야기에 어울리는 장소로 강둑을 발견한다. 프루스트에게는 콩브레의 비본$_{Vivonne}$, 조이스에겐 더블린의 리페이$_{Liffey}$, 단테에겐 지옥의 네 강이다. 강은 영원하기에 인간의 영속성을 지시한다. 강은 흐르기에 결코 동일하지 않으며 이는 변하기 쉬운 인간의 속성을 지시한다.

물론 이들의 작품은 서로 다른 장르라는 근본적 차이점을 갖고 있다. 단테의 시에서는 모든 단어가 중요한 의미를 지닌다. 모든 음절이 실제로 중요하며, 모든 행이 하나의 단위이고, 모든 심상은 전체 곡에서 중요한 역할을 한다. 프루스트와 조이스는 모든 소설가들 중 시인에 가장 가깝다. 글을 쓰는 방식, 각 단어의 세심한 사용, 전체와의 관계 속에서 단어의 의미, 비유와 암시, 다른 시인의 시구를 자기 작품에 실제로 인용하는 것까지. 그들은 현대적 의미의 서사 시인으로 단테, 보들레르, 말라르메로부터 압축된 단어의 힘을 배웠다. 이와 같이 단테와 조이스, 프루스트를 잇는 다리는 그렇게 길지 않다.

조이스와 프루스트의 미학적 유사성은 그들의 다른 기질을 능가한다. 조이스는 반(反)귀족적이지만 프루스트는 엘리트주의자이다. 그러나 둘 다 말하기 좋아하는 인간 본성을 숨기지 않고 즐긴다. 조이스는 더블린 사람들에 관한 소문을, 프루스트는 샤를뤼스 남작과 그의 처제 게르망트의 공작부인뿐만 아니라 윌랄리와 레오니 고모에 관한 소문을 이야기한다. 조이스와 프루스트는 그들에 대한 글을 쓰면서 세상에서 멀리 떨어져 지냈다. 그들의 글에 냉랭한 무관심은 없으며 단테의 시에는 등장인물을 향한 동정, 이해, 온기가 수백 번 표현된다. 세 작가의 작품에서 타인의 관점으로 보고 공평하게 이해하려는 노력을 수없이 볼 수 있다. 물론 소설의 등장인물 속에 작가의 어떤 면이 깃들기 마련이지만, 이들 세 작가가 창조한 등장인물은 놀랍게도 창조자로부터 독립해 스스로 존재한다.

지옥편, 《율리시스》, 프루스트의 《죄수》에서는 사건이 전개되면서 인간의 한 가지 특정한 결함이 비난받는다. 앞에 언급한 시와 소설에서 반복되는 한 특징이 있는데, 그것은 바로 힘에 대한 인간의 의지이다. 자신이 힘 있는 지위에 있다는 것을 깨닫는 한 인간은, 위장되었지만 분명한 의심과 증오의 기색으로 자신을 섬기고 기다리는 사람들 또한 동시에 보게 된다. 힘은 필연적으로 스스로 무너진다. 이러한 붕괴를 상쇄하려면 단테에게는 베르길리우스가 필요하다. 마찬가지로 베르길리우스에게도 단테가 필요하다. 제한과 통제의 비슷한 유형이 조이스의 스티븐과 블룸, 프루스트의 마르셀과 스완에게서 보인다.

중세와 현대 예술의 이러한 예를 통해 나는 단테에게 최후의 경의를 표하고 싶다. 그의 작품과 작품에 대한 연구 모두 삶으로부터의 도피가 아닌 주요한 삶의 표현이다. 시인은 자신을 둘러싼 삶을 완전히 이해하고, 동화되어 작품을 쓴 후 모든 나라의 언어로 퍼트린다. 그리하여 14세기에 토스카나 방언으로 쓰인 시가 600년이 지난 20세기의 끝자락에 여기, 미국에서 읽히게 된다.

예술가는 자신보다 위대한 무엇, 자신 밖의 누군가가 필요하다. 이러한 원칙은 단테가 베르길리우스에게 의존하는 것뿐 아니라 제15곡에 나오는 브루네토 라티니와의 만남에서도 묘사된다.《율리시스》의 스티븐과 블룸에게서,《잃어버린 시간을 찾아서》의 스완에 대한 마르셀의 집착에서 부성애를 원하는 아들을 느낄 수 있다. 스티븐에게는 신화 속 아버지 디덜로스뿐 아니라 진짜 아버지도 있다. 조이스는《젊은 예술가의 초상》의 마지막 문장에서 다이달로스를 언급한다. "늙은 아버지여, 늙은 숙련공이여, 지금, 그리고 언제나 나를 도와주소서."

다이달로스는 숙련공의 기술을 발휘하여 먼저 (미노타우로스가 들어갈) 미로를 짓고, 다음으로 크레타 섬에서 빠져나가기 위한 날개를 만든다. 더블린 거리는 조이스에게, 파리는 보들레르에게 미로나 마찬가지며, 엘리엇의 황무지나 연결 통로와 아홉 개의 원이 있는 단테의 지옥만큼이나 복잡하다. 미로는 예술가가 갇혀 있는 곳이다. 그 미로는 예술가의 민족, 언어, 종교로 이루어진다. 예술가는 그의 작품을 수단으로 이 복잡한 곳에서 벗어나야 한다. 아일랜드에서 도망친 조이스, 소설의 결말 부분에 파리에서 베니스로 도망친 마르셀, 19년간의 감금 후 피렌체를 떠난 단테의 원형은 크레타 섬을 떠나는 다이달로스이다.

그리고 위대한 예술 때문에 초래한 변화로 우리가 순응해서 살고 있는 미로는 원이 된다. 《율리시스》의 구조는 순환적이다. 블룸은 소설이 시작될 때 집을 떠나고 마지막에 집으로 돌아온다. 단테의 지옥 여행은 신의 섭리에 관한 옹호이다. 단테의 여행은 지구 표면의 어두운 숲에서 시작해 별들을 바라보는 것으로 끝난다.

원의 구성하는 언어, 신화, 은유의 요소는 자연의 단순한 모방이 아니다. 그것은 현실에 대한 통찰력이다.

지옥편 읽기 사전 : 주요 표지와 상징

제1곡

단테 _ 시인. 기독교적으로는 죄인이기도 하다.
베르길리우스 _ 인간의 지혜를 지닌 시인이며 비(非) 기독교인이 될 수 있는 최고의 사람
숲 _ 마음을 완악하게 만들거나 눈을 멀게 만드는 실수
세 짐승 _ 세 지옥(제2곡 참조) 중 어느 한 곳으로 영혼을 몰아넣는 세 종류의 죄
  · 표범 : 방종, 음란
  · 사자 : 사나움, 잔인함
  · 늑대 : 속임수에 관련된 악의
사냥개 _ 심지어 오늘날에도 세상이 기다리고 기대하는 지도자

제2곡

도움을 주는 세 인물 _ 시에서는 베아트리체, 루치아, 마리아의 순서로 등장하나 도움을 주는 순서는 마리아, 루치아, 베아트리체
  · 마리아 : 예수의 어머니, 인간과 하느님 사이의 중재자
  · 루치아 : 3세기의 처녀 순교자, 시력이 나쁜 사람들의 수호자

- 베아트리체 : 단테가 사랑하는 여인
- 베르길리우스 : 인도자. 아마도 이때 단테는 신의 은총에서 벗어나 있었고 베르길리우스에 대응한다. 베르길리우스는 시와 인간 이성의 대변자이다. 이로써 단테는 문학과 종교의 관계를 정립한다.

제3곡

문 _ 문을 통해 "고통의 도시"로 들어간다.

연결 통로 _ 진짜 지옥으로 이어지는 부분. 이곳에서 "회색분자들"은 강제로 펄럭이는 깃발을 쫓아다녀야 한다. 생전에 그들은 깃발도, 지도자도 따르지 않았다. 그들의 죄명은 나태이다.

지성의 선 _ 지옥에 들어갔을 때, 베르길리우스는 저주받은 영혼들을 지성의 '선을 잃어버린 자들'로 묘사한다. 선이란 최고의 선 혹은 하느님이다. 아퀴나스처럼 단테도 지성을 인간의 합리적 정신으로 본다.

아케론 _ 엄밀한 의미의 지옥을 경계 짓는 강이다. 제14곡 112~120행에 강의 근원이 나온다. "아케론의 슬픈 강가"라 불린다.

카론 _ 죽은 이들을 실어 나르는 뱃사공. 여기서는 "악마"라 불린다.

벌거벗은 영혼 _ 100행에 묘사된 벌거벗은 영혼들. 제23곡에 나오는 위선자들을 제외하고 지옥의 영혼들은 벌거숭이다. 하지만 단테는 이를 거의 언급하지 않는다.

제4곡

림보 또는 지옥의 제1원(圈) _ 세례받지 않은 자들과 훌륭한 이교도들이 거하는 장소. 세례는 첫 성사(聖事)로 "믿음으로 통하는 관문"이라 불렸다.

유예된 사람들 _ 이 영혼들은 고통을 모른다. 그들은 천국과 지옥의 다른 영역으로부터 제외돼 희망 없는 희망 속에서 살아간다.

그리스도의 승리 _ 베르길리우스가 이를 언급한다. 유대의 여러 왕을 구원하고자 그리스도가 림보로 내려온 것을 말한다.

고귀한 성과 푸른 풀밭 _ 단테가 생각한 엘리시움이라 여겨진다.

제5곡

미노스의 꼬리 _ 죄의 심각성을 측정한다. 그리스 로마 시대의 신 미노스가 여기서는 중세풍으로 그려진다.

음욕 _ 지옥에서 가장 최소한의 벌을 받는다.

지독한 폭풍 _ "폭풍"은 징벌로, 그 징벌은 음욕을 떠오르게 한다.

제6곡

비 _ 영혼의 악함에 대한 물리적 징벌, 방종을 조롱한다.

대식가들 _ 가장 낮은 정도의 감각적 희열로 벌을 받는 제3원의 죄인들

벌레 _ 이탈리아어에서 괴물을 나타내는 단어 중 하나

케르베로스 _ 호메로스와 베르길리우스의 시에 나오는 머리가 셋 달린 개로, 단테의 시에서는 게걸스러운 식욕을 나타낸다.

허공 같은 몸 _ 지옥에서 영혼들은 몸 같은 형체만을 지닌다. 큰 괴로움을 당하지만 그들의 몸은 허공 같다.

치아코 _ 피렌체의 시민이었던 유령. "치아코"는 별명이며 '돼지'라는 뜻이다.

피렌체 _ 이 도시는 49행에서 "당신의 도시"로, 61행에서는 "분열된 도시"로 불린다.

난폭한 쪽 _ '백당'의 몇몇 지도자는 피렌체의 주변 나라에서 왔다. 그들은 더욱 귀족적인 '흑당'에 대항했다. 자리를 시키는 자, 중립을 지키는 자는 보니파키우스 8세이다. 결국 그는 1302년 1월 백당을 추방하는 법령을 승인함으로써 흑당의 편을 들었다.

심판의 날 _ 94행에 나온다. 마태오의 복음서 25장을 참조. "악인의 적"은 그리스도를 의미한다.

플루톤 _ 더 낮은 영역의 신. 그는 종종 그리스 신화에 나오는 풍요의 신 플루톤과 혼용된다.

제7곡

마상 창 시합 _ 상호 간 적개심과 전쟁, 계층, 패거리의 무익함에 관한 은유. 여기서는 구두쇠와 낭비하는 자들이 겨루며, 그것의 무익하다는 것을 보여준다.

스틱스 _ 지옥의 두 번째 강, 여기서는 늪이다. "스틱스"는 '증오'를 뜻하나 종종 '슬픔'이란 의미로도 해석된다. 제5원에 있으며 상부와 하부 지옥 사이의 경계이기도 하다.

포르투나 _ 단테가 기독교로 개종시킨 이교도 여신. 단테는 그녀를 세상에서 거룩한 뜻을 행하는 하느님의 종으로 만든다. "돌다" 혹은 "변하다"는 단어는 "원형(바퀴)"의 이미지를 보여준다. 재앙이나 풍요는 바퀴가 돌기 때문에 생기는 결과이다. 단테는 포르투나라는 인물을 통해 자유의지를 부정하지는 않는다.

제8곡

플레기아스 _ 분노로 아폴로 신전에 불을 지른 신화 속 왕. 여기서는 스틱스 강의 뱃사공으로 제5원에서 디스 시로 죄인들을 나른다.

필리포 아르젠티 _ 포악한 성질로 유명한 피렌체인

디스 _ 하부 지옥 전체. 도시의 성벽과 스틱스 강으로 늪에 만들어진 영역이다. 베르길리우스는 "디스 시"라 부른다. 이는 고전 속 지옥의 왕 이름이다. 단테는 기독교인이기에 그 왕을 루시퍼, 사탄, 바알세불이라 부를 것이다.

"하늘에서 천 명이 넘게 떨어졌다" _ 기독교 전통에 따르면 루시퍼와 함께 타락한 천사들이 그들이다. 124~125행을 보면 반역한 천사들(이제는 악마들)은 "덜 비밀스러운" 문(제3곡에 나오는 문)을 막고 지옥으로 들어오려는 그리스도를 막았다. "이 도시를 우리에게 열 그분"은 다음 곡에 나오는 천사이다.

제9곡

복수의 세 여신 _ 그리스 신화 속 티시포네, 메가이라, 알렉토는 복수의 여신이다. 여기서는 제2곡의 마리아, 루치아, 베아트리체와 현저한 대조를 이룬다. 신화 속에서 그들은 헤카테(혹은 페르세포네)의 하녀이다. 헤카테는 지하세계의 신 플루톤의 아내들이다.

메두사 _ 세 고르곤 중 하나. 머리카락이 뱀으로 변했고 그 결과 누구라도 그녀를 보면 돌로 변했다. 한참 뒤 페르세우스가 그녀를 죽였다.

천국의 사자 _ 이 시점에서 그의 도착은 선택된 사람들을 구원하러 지옥으로 내려간 그리스도의 강림과 유사하다.

이교도 분파 두목들 _ 지적인 교만을 토대로 하는 죄를 상징한다.

아를 근교의 알리캉 _ 이교도와의 전쟁에서 죽은 기독교인의 묘지로 유명하다. 오렌지 공 윌리엄은 알리캉 전투에서 사라센인에 패배했다.

제10곡

이교도들의 무덤 _ 불타는 철의 무덤은 지식인들의 완고함을 상징한다.

에피쿠로스 _ 최고선은 현세에 있다는 철학자. 반면에 가톨릭 교회는 죽음 이후 더없는 행복이 있다고 가르친다. 에피쿠로스는 영혼의 불멸성을 부인했다.

파리나타 델리 우베르티 _ 피렌체 기벨린당의 지도자. 제6곡의 78행에서 단테는 치아코에게 파리나타에 관해 물었다.

카발칸테 데이 카발칸티 _ 겔프당에 속한 가문의 유명한 일원. 그의 아들 귀도는 시인이고, 단테의 친구이자 파리나타의 사위였다.

여기를 지배하는 여인 _ 달의 여신 헤카테 혹은 페르세포네. 50개월이 지나기 전(1300년 봄에서 1304년 여름)에, 단테는 추방된 데서 돌아오는 것이 얼마나 어려운지 알게 된다.

프리드리히 2세 _ 에피쿠로스학파처럼 여겨졌기 때문에 이단자들 사이에 있다.

오타비아노 델리 우발디니 _ 120행에 나오는 추기경. 기벨린당원으로 몬타페르티 전투에 크게 기뻐했다. 단테는 아마 그가 영혼의 불멸성을 의심했기에 그를 이단자로 정죄했다.

제11곡

죄(잘못된 행동)의 분류 _

- 아리스토텔레스 : 무절제, 수심, 악덕
- 키케로 : 폭력, 사기
- 단테 : 무절제, 폭력(또는 수심), 사기(또는 악덕)
- 아홉 개의 원 :   1. 림보(불신앙)   2. 무절제(표범)   3. 무절제(표범)
                    4. 무절제(표범),   5. 무절제(표범)   6. 이단
                    7. 폭력(사자)   8. 사기(암늑대)   9. 사기(암늑대)
- 연결 통로는 "유예된 사람들" 이 있는 열 번째 영역이다.

제12곡

제12곡에 등장하는 폭력의 모습(사자의 죄)

- 미노타우로스 : 제7원을 지키는 악마로 인간의 몸에 황소의 머리를 지닌다. 폭력의 죄는 야수성과 관련이 되는 듯하다.
- 켄타우로스 : 살인자와 폭군의 감시자로 반은 인간이고 반은 말이다. 이들은 미노타우로스보다 덜 거칠고 더 지혜롭고 절도 있게 나온다.
- 플레게톤 또는 "피의 강"은 제7원 전체를 감싸며 흐르고 세 영역 중 첫 번째를 나타낸다. 동료에게 폭력을 행하여 피가 흐르도록 만들었던 죄인들이 지금은 끓는 피의 강 속에 잠겨있다.

제12곡에 나오는 폭군(106~138행)

☐ 알렉산드로스 : 알렉산더 대왕
- 디오니시오스 : 시라쿠사의 폭군 원로 디오니시우스
- 아촐리노 : 프리드리히 2세의 사위, 기벨린당원
- 오피초 다 에스테 : 페라라의 후작, 겔프당 귀족. 그는 아들에게 살해당했다(확실하지는 않다). 단테는 112행에 "의붓자식"이라고 쓰는데 이는 범죄의 부자연스런 본질을 표현하는 듯하다.
- 그들이 숭배한 심장 : 영국 왕의 조카인 헨리 왕자는 시몽 드 몽포르의 아들 기에게 살해당했다.
- 아틸라 : 훈족의 왕
- 피로스 : 에페이로스의 왕
- 섹스투스 : 폼페이우스 대왕의 작은 아들
- 리니에르 다 코르네토 : 단테 시대에 자신의 영지를 지나가는 여행자를

강탈한 노상강도 귀족

· 리니에르 파초 : 파치 가문의 노상강도 귀족

제13곡

자살자의 숲 _ 사방이 우울하고(1, 4, 7행이 부정어 'non'으로 시작된다) 침침하고 음산한 장소. 제7원의 두 번째 고리이다.

하르피아이 _ 흉한 사람의 얼굴을 한 거대한 새. 아이네아스와 그의 동료들이 스트로파데스 섬에 갔을 때(하르피아이들은 앞서 그곳으로 추방당했다) 하르피아이들이 그들의 식량을 집어삼키고 더럽혔다(《아이네이드》). 그들은 파괴하려는 의지를 상징한다.

피 흘리는 나무 _ 이곳의 자살한 사람들은 몸과 유사성이 없다. 이번 고리에서도 첫 고리에서처럼 피 흘리는 형상이 계속된다.

피에르 델라 비냐 _ 한때 프리드리히 2세가 가장 신임한 신하. 단테는 시칠리아 학파의 시인으로 알려졌다.

낭비하는 자들 _ 격렬함이 이 죄인들과 제4원(제7곡)의 낭비하는 자들을 구분한다.

집에서 목을 맨 무명의 피렌체인 _ 역사가 벤베누토는 단테의 시대에 스스로 목을 맨 여러 피렌체인의 이름을 댄다.

제14곡

평지 혹은 황폐한 모래밭 _ 세 번째 고리에서 모래는 불모성을 상징한다. 이곳의 영혼들은 (반듯이 누운) 신성모독자, (웅크린) 고리대금업자, (쉼 없이 걷는) 동성애자, 이렇게 세 부류이다.

카파네우스 _ 신성모독자의 사례. 카파네우스는 자만하며 파리나타보다 더욱 완고하다. 스타티우스의 묘사에 따르면 그는 자신에게 번개를 맞힌 제우스를 모욕한다.

크레타 바다 _ 한가운데의 황무지. 트로이 문명의 발생지이다. 트로이 사람 아이네아스는 로마를 건국했다. 크레타는 또한 이미 알려진 세상의 중심이다. 단테는 크레타의 이다 산에 거대한 노인 조각상을 배치한다. 노인 조각상 상징은 구약성서의 다니엘서 2장과 오비디우스의 《변신 이야기》에서 나온다.

레테 _ 망각의 강. 단테는 연옥의 꼭대기에 이를 배치한다.

제15곡

동성애자 _ 단테는 동성애를 행했던 영혼뿐만 아니라 약물중독과 알코올 의존증 등의 비행이 신체적 능력을 훼손할 만큼 심각했던 영혼들도 이에 포함시킨 듯하다. 브루네토와 같은 더욱 유약한 영혼에게는 더욱 강인하고 운동선수 같은 특성이 더해져야 한다. 영혼의 문자적 방황 또는 달음박질은 제5곡에서 폭풍(바람)에 휘날리던 욕정과 연결되는 듯하다.

메세르 브루네토 라티니 _ 피렌체인, 겔프당, 정치인, 작가, 공증인. 베르길리우스가 누구인지 묻는 브루네토의 물음에 단테는 대답하지 않는다. 두 번째 인도자 혹은 선생을 명명하여 브루네토를 불쾌하게 만들지 않으려 한 듯하다.

눈멀었다는 평판 _ "세상의 오래된 격언은 저들이 눈멀었다고 한다." 피에솔레인과 로마인들의 혼혈인 피렌체인들은 단테가 묘사한 두 요소로 속담처럼 "눈먼 피렌체인"으로 불렸다.

프란체스코 다 코르소 _ 볼로냐 대학과 옥스퍼드 대학에서 가르쳤던 피렌체의 법학자.

안드레아 데이 모치 _ 피렌체인. 겔프당 중 백당 가문 출신으로 1287~1295년에 피렌체의 주교였다. 112행의 "노예 중 노예"는 보니파키우스 8세를 말한다. 그는 1295년 안드레아 데이 모치를 피렌체에서 비첸차로 옮겼다.

베로나 _ 베로나에서 유명한 달리기 시합으로 사순절의 첫 일요일에 개최되었다. 이는 다음 곡의 운동경기를 암시한다.

제16곡

회전 _ 세 피렌체인의 빙빙 도는 회전은 망령들이 단테와 나란히 있게 만들 뿐만 아니라 성적 행위도 상징한다. 루스티쿠치 이야기의 남성적 어조는 제15곡의 브루네토와 상당히 다르다.

갑자기 얻은 재산 _ 단테는 피렌체인들의 부패를 갑자기 얻은 재산 때문이라 생각한다. 그는 9행에서 "우리 부패한 고향"이라 말한다.

그 강줄기 _ 한때 아크콰케타라 불렸으며 현재는 몬토네라 불린다. 에트루리아의 알프스에서 시작되어 아드리아 해로 흘러들어 간다.

끈 _ 신호로 사용되는 이 허리끈은 표범과의 관련성 때문에 주석가들에게 수수께끼로 남아있다. 게다가 지옥의 마지막 영역에까지 영향을 미치는 것은 표범이 아닌 늑대의 세력이다.

제17곡

게리온 _ 사기의 화신. 신화 속 그는 헤라클레스에게 살해당한(헤라클레스의 열두 가지 과업 중 하나였다) 괴물이다. 단테는 세 가지 특성을 그에게 부여한다. 인간(의 얼굴), 짐승(같은 털북숭이 발), 뱀(의 꼬리). 이는 요한계시록의 각색 또는 성 삼위일체의 왜곡이다.

고리대금업자 _ 자연에 맞서, 또 자연에서 파생된 예술에 맞서 폭력을 행하는 사람들. "돈이 돈을 낳는다"는 격언으로 고리대금업자들이 본질상 불모의 것에서 결실을 얻어냄을 알 수 있다. 고리대금업은 동성애자들의 죄와 대응되는 것으로 여겨진다.

각 죄인의 목에 걸린 주머니 _
- "하늘색 사자가 새겨진 노란 주머니" : 피렌체의 잔필리아치 가문
- "흰 거위가 새겨진 빨간 주머니" : 피렌체의 (기벨린당) 오브리아키 가문
- "임신한 푸른 암퇘지" : 파도바의 스크로베니 가문
- 비탈리아노 데이 비탈리아니는 파도바인이었다.
- 64~76행의 파도바인이 다섯 번째 고리대금업자이다.

파이톤 _ 아폴론의 아들, 태양 마차를 통제하지 못하여 하늘의 일부

를 태웠다. 불탄 자리는 현재 은하수라 불린다.
이카루스 _ 다이달로스의 아들. 너무 높이 올라갔다가 태양에 날개의 밀랍이 녹아서 에게 해로 곤두박질쳐 죽었다.

제18곡

말레볼제 _ 이탈리아어 볼지아bolgia는 바닥의 굴 혹은 큰 가방이나 주머니를 의미한다. 단테는 "악한 구덩이"와 "악한 주머니"라는 두 가지 의미로 말장난한다. 하지만 두 가지 의미가 결합된 영어 단어는 없다. 말레볼제는 열 구렁이 있는 제8원이기도 하다. 열 구렁은 연속된 구덩이이다. 그것은 다른 구덩이로 이어지는 다리 형태의 돌출된 돌을 지닌다. 말레볼제는 도시의 모습이고, 예컨대 개인 사회의 모든 관계가 깨어진 모습이다. 두 사람 사이에 주고받는 모든 것이 거짓이다. 여기는 늑대의 죄, 사기 혹은 악의의 원이다.
첫 번째 구렁 _ 여기에는 두 부류의 죄인들이 있다. 단테와 마주 보고 걷던 뚜쟁이들과 그와 베르길리우스와 동일한 방향으로 걷던 색마들이 그들이다. 여기서 단테는 볼로냐의 겔프당원 베네디코 카치아네미코와 아르고 호의 승무원 색마 이아손에게 주목한다. 뚜쟁이 베네디코는 누이를 에스테 공작에게 넘겼고, 색마 이아손은 렘노스 왕의 딸을 유혹했다.
두 번째 구렁 _ 특별히 타이데로 표현되는 아첨꾼. 타이데는 테렌티우스의 희극에 나오는 등장인물이다. 단테는 기둥서방에 대한 그녀의 대답을 창녀의 아첨하는 말로서 인용한다.

제19곡

성직 매매자 _ 성직 매매자들의 죄는 교회와 성례를 돈을 받고 파는 것이다. 예를 들어서 보수를 목적으로 하는 결혼식은 성례의 판매이다. 돈은 "주머니"와 관련된다. 주머니로 인해 바위의 불타는 주머니(구멍) 심상이 강조된다. 그 구멍에 죄인들이 머리를 아래로 하여 꽂혀 있다. 이들은 하느님의 것들을 금과 은을 얻고자 팔았다(4행에서 성직 매매를 제17곡 중 매춘부 타이데의 아첨과 관련짓는다).

마술사 시몬 _ 그 이름 자체가 그의 죄명이 되었다. 그는 성령의 능력을 돈으로 살 수 있다고 생각했다(사도행전 8:9~24).

"모든 죄인의 발바닥에는 불이 붙어있었다" _ 세례의 왜곡. 머리에 물로 세례를 받는 게 아니라 발에 기름과 불로 세례받는다.

니콜라우스 3세가 "다리를 휘두르며 울다" _ "다리" 또는 "정강이"는 지옥편의 마지막 곡에서 루시퍼의 다리에도 사용된다.

복음서 저자 _ 요한계시록 17장에서 그의 꿈에 대하여 이야기를 들려준 복음서 저자 성 요한. 109~110행의 "일곱 개의 머리"와 "열 개의 뿔"은 보통 일곱 성례와 십계명으로 해석된다.

콘스탄티누스 _ 306~337년까지의 로마 황제. 기독교를 국교로 채택했고 이로써 교회는 세속적 권력을 가지게 된다. 단테에 의하면 여기서 정치와 교회의 해악이 나왔다.

- 34곡에서 단테가 고개를 들고 루시퍼의 다리를 볼 때 독자들은 니콜라우스의 다리를 떠올리게 된다. 니콜라우스는 교회를 속이는 죄를 범했고, 루시퍼는 하나님을 속이는 죄를 범했다.

제20곡

점쟁이 _ 하느님의 미래에 대한 지식을 빼앗으려는 기교. 점쟁이들은 마술의 왜곡된 특성과 같은 벌을 받는다. 죄의 이면에서 지식과 영적 능력이 남용된다.

암피아리오스 _ 테베와 전쟁을 벌였던 일곱 왕 중 하나. 그는 아르고스의 예언자로 자신을 죽음을 예견하고 숨었다. 그의 아내가 이를 폴리니케스에게 알렸다. 테베 왕자를 피하는 도중 지진이 암피아리오스를 삼켰다. (스타티우스, 테바이스) "암피아라오스! 어디로 떨어지는가?"

테이레시아스 _ 테베의 예언자이자 점쟁이. 주노가 그의 눈을 멀게 했을 때, 그에 대한 보상으로 주피터가 예언의 능력을 주었다.

만토 _ 테이레시아스의 딸.《아이네이드》에서 만토에 의해 도시 만토바가 시작됐다고 언급한다.

만토바 _ 만토바의 시작에 관한 베르길리우스의 긴 설명은 사실을 강조하고 마술에의 전가를 무력화한다.

제21곡

역청 _ 역청 통 주위에서의 활동으로 신곡의 다른 무엇과도 다른 새로운 종류의 풍자가 나온다. 탐관오리의 거래는 은밀하기 때문에 그들은 끓는 역청 속으로 보내진다. 한때 돈을 손에서 떨치지 못했던 것처럼 역청이 그들에게 엉겨 붙는다.

말레브란케 _ 사악한 앞발. 다섯 번째 구렁의 악마들로 형벌을 감시한다.
요리사들 _ 악마를 요리사라 부른다. 요리의 심상은 다음 곡에서도 사용된다.
말라코다 _ 사악한 꼬리. 게리온의 복사판.
10인대 악마의 이름은 다음과 같이 해석이 가능하다 _

· 알리키노 : 부러진 날개

· 칼카브리나 : 눈을 뭉개는 이

· 카냐초 : 약탈하는 개

· 바르바리치아 : 곱슬 수염

· 리비코코 : 뜨거운 바람

· 드라기냐초 : 괴수 용

· 치리아토 : 멧돼지

· 그라피아카네 : 할퀴는 개

· 파르파렐로 : 지옥의 박쥐

· 루비칸테 : 붉은 코

제22곡

군대 장면 _ 캄팔디노 전투(1289년)를 나타낸다. 겔프당(피렌체)이 기벨린당(아레초)을 패배시킨 이 전투에 단테도 참여하였다.
종소리 _ 이탈리아 각 도시는 병거carroccio를 가졌다. 전투 중 여기에 종을 달아 사람들을 결집시켰다.
어진 테오발도 _ 샹파뉴의 백작 테오발도 5세. 1253~1270년에 나바르의 왕이었다.

라틴인 _ 단테는 "이탈리아인"이란 말을 결코 쓰지 않는다. 대신 북부의 토스카나인 혹은 롬바르디아인, 남부의 라틴인이라고 한다.

제21, 22곡에서 두 번째 거짓말 _ 다섯 번째 구렁에서 악마들과 죄인들 사이에는 괴이한 상호작용이 계속된다. 거짓과 잔인함이 두드러진다.

제23곡

프란체스코 수도사들 _ 그들은 일렬로 걷는다. 이 곡에서 위선자들도 그들처럼 일렬로 걷는다. 위선자들과 수도사들의 옷차림도 비슷하다.

쾰른의 수도사들 (쾰른을 클루니로 여기는 편집자들도 있다) _ 이들은 넉넉하고 점잖은 예복으로 유명했다.

(금 없이 완전히) 납으로 만든 옷 _ 위선자들을 이용한 현란한 공연. "위선자"의 어원은 "대답하다" 혹은 그리스어 "무대에서 공연하다"이다.

카탈라노 드 말라볼티와 로데린고 델리 안달로 _ 둘 다 볼로냐 출신으로 피렌체의 합동 대표로 선출되었다. 이들은 짧은 임기 도중 반(反)기벨린당 폭동이 있었고 이로 인해 가르딘고에 우베르티 궁전이 불탔다.

가야바 _ 대제사장, 그리스도를 심판했던 악한 자문가 중 하나이다. 단테는 123행에서 악한 그들을 "유대인들에게 사악한 씨앗"이라 부른다.

제24곡

한 해가 시작될 무렵 _ 기나긴 도입부는 겨울에서 봄의 변화를 묘사하여 제24, 25곡에 나올 도둑들의 변신을 적절히 준비한다. 단테와 베르길리우스 역시 공포(단테)와 말라코다의 거짓말(베르길리우스)에서 회복되며 변화된다.

산기슭에서 _ 제1곡에 대한 언급이다.

"더 높은 계단까지 올라가야 한다" _ 계단이나 사다리의 이미지는 제34곡 속 루시퍼의 다리나 연옥에 이르는 험난한 여정, 혹은 두 구렁 사이의 골짜기를 말하는 것이다.

헬리오트로페 _ 여기서 이 돌을 지닌 사람은 투명인간이 되어 다른 사람의 눈에 띄지 않는다.

불사조 _ 단테는 불사조의 변신을 반니 푸치의 변신과 비교한다. 그는 교회 성물을 훔친 피스토이아 출신으로 겔프당이며 흑당이다.

피스토이아 _ 흑당과 백당의 반목이 처음 발생한 지역

도둑들 _ 도둑이라는 말은 제25곡의 6행 이전에는 쓰이지 않는다. 단테는 도둑과 뱀의 유사성을 강조한다. 도둑은 다른 사람의 소유물을 훔쳤기 때문에 일곱 번째 구덩이에서 자신의 모습을 도난당한다.

제25곡

피스토이아 _ 카탈리네의 군대에서 남은 자들이 세웠을 가능성이 있는 도시

테베의 높은 성벽에서 떨어진 자 _ 카파네우스를 가리킨다(제14곡 참조). 지옥의 카파네우스와 반니 푸치는 계속해서 신을 모욕한다.

마렘마 _ 토스카나 해변에 있는 늪으로 한때 뱀이 많았다.

카쿠스 _ 여기서 켄타우로스로 묘사된다. 그는 유명한 도둑으로 아벤티노 산 아래 동굴에 살았으며 극악무도했다.

이 원에서 형벌을 당하는 피렌체인 다섯 명 _

- 아그넬로 : 브루넬레쉬 가문, 기벨린당. 그는 인간으로 등장했다 시안파와 합쳐진다.
- 부오소 델리 아바티 : 아마도 부오소 데 도나티. 그는 인간의 모습으로 등장했다 프란체스코 드 카발칸티의 형상으로 변한다.
- 푸치오 데 갈리가이 : 절름발이라 불리며, 변하지 않는다.
- 프란체스코 드 카발칸티 : 네 발 달린 파충류의 모습이었다가 부오소의 모습으로 변한다.
- 시안파 데 도나티 : 아그넬로와 합쳐진 다리가 여섯 개 달린 괴물이다.

제26곡

사악한 모사꾼 _ 일곱 번째 구렁의 실제적 도둑들과 대조적으로 사악한 모사꾼(사기와 술수를 조언해주는 자)은 인간의 존엄을 박탈하는 영적

도둑이다.

징벌의 불길 _ 죄인에게 고통을 줄 뿐 아니라 그들을 숨긴다.

율리시스와 디오메데스 _ 트로이를 상대로 연합한 이들은 이곳에서 다시 만났다. 이들은 제5곡의 파올로와 프란체스카를 떠오르게 만든다.

목마의 기습 _ 이 책략으로 그리스 병사들은 트로이 잠입에 성공하고 뒤이어 그 도시를 약탈한다.

"그들이 네 말을 비웃을지 모르겠다" _ 베르길리우스가 단테에게 율리시스와 디오메데스와의 대화를 허락하지 않은 이유는 수수께끼이다. 한 가지 가능한 설명은 단테가 이탈리아인, 즉 고대 트로이의 후손이라는 점이다.

율리시스의 항해 _ 지옥편 중 가장 훌륭한 한 부분. 이는 신화를 출처로 하지 않는 단테의 창작이다. 테니슨은 이 부분을 자신의 시 〈율리시스〉에 활용했다.

제27곡

시칠리아의 황소 _ 페릴루스가 시칠리아의 독재자 팔라리스를 위해 만든 청동 황소. 희생자들은 황소 안에서 산 채로 구워졌는데 그들은 황소의 울음소리처럼 비명을 질러야 했다. 페릴루스 자신이 첫 번째 희생자가 되었다.

귀도 다 몬테펠트로 _ 볼로냐와 로마냐의 위대한 기벨린당 지도자. 몬테펠트로는 우르비노와 코로나로 산 사이의 지역이다. 군인으로서 귀도는 군사 기술, 특히 여우와 같은 전술로 유명했다. 1298년에 그는 프란체스카수도회에 들어간다. 보니파키우스 8세에 대한 조언 이야기는 빌라니의 《연대기》에 나온다.

베루키오 _ 리미니의 군주가 거주하던 성. 말라테스타와 그의 아들 말라테스티노는 잔인한 성품 탓에 마스티프 혹은 하운드라 불렸다. 아버지는 "늙은" 마스티프, 아들은 "젊은" 마스티프였다. 1295년 말라테스타는 기벨린당 지도자 몬타냐 드 파시타티를 생포했고 이후 말라테스티노가 감옥에서 살해했다.

코디글리에로 혹은 코델리에르 _ 프란체스코수도회의 허리끈을 맨 수도사

가장 높은 사제 _ 교황 보니파키우스 8세.

85~90행 _ 이 구절은 ("바리사이파의 새로운 왕") 보니파키우스와 콜로나 가문의 오랜 불화를 언급한다. 콜로나 가문은 교황의 거처 라테른궁 근처에 살았다. 보니파키우스는 십자군을 파견했는데, 이는 사라센이나 유대인이 아닌 기독교인을 정벌하기 위함이었다.

제28곡

칼에 잘려서 _ 제28곡에서 이 심상은 종교적 분열을 가져온 자, 나라를 파괴한 자, 가문을 갈라놓은 자의 행위에 고루 쓰인다. 이들은 몇몇 파벌의 만족을 위해 사회를 갈라놓은 광적인 인물들이다.

아풀리아 _ 이탈리아 남동쪽에 위치하며, 이곳에서 제28곡에 언급된 모든 전투가 일어났다.

무함마드 _ 단테는 무함마드를 기독교와 이슬람을 처음 분열시킨 인물로 보았다. 단테의 시대에는 무함마드를 원래는 기독교인으로

교황이 되기를 갈망한 추기경으로 여겨졌다.

알리 _ 무함마드의 딸 파티마와 결혼했다.

프라 돌치노 교황 _ 클레멘트 5세가 1305년 금지한 이단 종파를 이끌었다. 돌치노와 추종자들은 노바라 근처의 언덕까지 후퇴했다. 1307년 화형당했다.

피에르 다 메디치나 _ 폴렌타와 말레테스타를 부추겨 두 집안이 서로 반목하게 만들었다.

리미니의 말라테스티노 _ 파노를 이끄는 두 시민, 귀도 델 카세로와 안지올렐로 다 카리자노를 속여 물에 빠뜨려 죽였다. 이 일은 강한 바람으로 악명 높은 포카라 곶에서 일어났다.

쿠리오 줄리어스 _ 시저에게 리미니 근처 루비콘 강을 건너도록 조언했고, 카이사르는 공화국에 전쟁을 선포했다.

모스카 _ 피렌체에서 겔프당과 기벨린당의 반목을 부추겼다.

아히도벨 _ 압살롬을 부추겨 아버지 다윗 왕에게 반역하도록 했다.

베르트랑 드 본 _ 전사이자 음유시인의 절단된 모습은 '콘트라파소'를 보여준다. 그는 영국의 헨리 2세와 그 아들 헨리 왕자 사이에 다툼이 일어나도록 만들었다.

제29곡

위조자 _ 열 번째 구렁은 18곡에서 시작된 말레볼제의 마지막을 장식한다. 여기의 죄인들은 물질, 언어, 돈, 사람을 위조한다. 모든 부류의 공통점은 부정직함이다.

"나는 아레초 사람이오" _ 아레초의 그리폴리노는 하늘을 나는 법을 가르쳐주겠다고 속여 시에나의 알베로에게서 돈을 뜯었다. 그 사실을 알고서 알베로는 연금술사라는 죄목으로 그를 화형시켰다.

카포키오 _ 역시 연금술로 화형당했다. 그는 피렌체인이자 단테의 친구였던 듯하다.

제30곡

위조범의 세 분류 _
- 악한 목적을 위해 변장한 피렌체인 지아니 쉬치와 뮈라
- 화폐를 위조한 마스터 아다모
- 거짓말을 한 시논, 보디발의 아내

트로이의 시논 _ 목마를 트로이 안으로 들이려 트로이인들을 설득한 그리스의 스파이

지아니 쉬치 _ 카발칸티 집안 출신으로 변신술로 유명했다.

뮈라 _ 그녀의 근친상간 이야기는 《변신 이야기》 10권에 나온다.

브레시아의 마스터 아담 _ 그는 피렌체의 금화인 플로린을 위조했고, 그 죄로 1281년 화형당했다.

세례자의 이미지가 찍힌 합금 _ 피렌체 금화 플로린의 한쪽에는 도시의 수호성인 세례 요한이, 반대쪽에는 백합이 새겨져 있다.

보디발의 아내 _ "요셉을 모함하던 거짓말쟁이". 창세기 39장에 나오는 이야기

죄인들의 질병 _ 열 번째 구렁에 등장하는 모든 죄인들은 질병에 시달

린다. 연금술사는 나병에, 변장술사는 정신병에, 화폐 위조자는 수종에 시달린다. 이들 거짓말쟁이들은 모두 악취를 유발하는 열병에 시달린다.

제31곡

니므롯 _ 바벨이라는 도시와 관련된다. 창세기 10장에 "그의 나라는 바벨에서 시작되었다"는 구절이 나온다. 이후의 장에는 바벨탑의 건설과 언어의 혼란이 나온다. 성 아우구스티누스는 니므롯을 거인으로 보았고, 단테는 그의 견해를 따른다. 니므롯은 "주 앞에 능한 사냥꾼"이었기에 나팔을 갖고 있다.

에피알테스 _ 그리스 신화에 나오는 넵튠의 아들. 폭력적인 거인 중 하나였으며 하늘에 닿도록 산 위에 또 산을 쌓겠노라고 위협했다.

브리아레오스 _ 호메로스와 베르길리우스, 스타티우스, 루카누스의 작품에 그가 언급된다.

안타이오스 _ 어머니 대지(가이아)와 접촉하는 한 천하무적의 힘을 발휘하는 거인. 그는 신들과의 전쟁에 참여하지 않았기에 쇠사슬에 묶이지 않는다.

제32곡

코키토스 _ 지옥의 네 번째 강. 사탄의 날갯짓에 얼음으로 변한다. 이곳은 빛과 열의 근원에서 가장 멀리 떨어져 있으며 디스의 밑바닥에 위치한다.

모르드레 이야기 _ 이는 고대 프랑스 문서인 《호수의 랜슬럿》에서 전해진다. 제5곡에서 프란체스카와 파올로가 이 책을 읽었다.
가넬론 _ 롤랑의 노래 속 사라센의 편에서 롤랑을 배신한 기사

제33곡

우골리노와 루지에리 _ 이는 제5곡의 프란체스카와 파올로, 제26곡의 율리시스와 디오메데스에 이어 쌍을 이룬 죄인을 보여준다. 각 장면에서 화자는 한 명이다. 프란체스카와 파올로, 우골리노와 라기에리의 명백한 대응은 감각적 사랑으로부터 마지막 단계인 타락한 사랑 혹은 그릇된 열정으로의 발전을 강조한다. 그릇된 열정은 도시의 질서를 어기고 배반의 씨앗을 잉태한다. 우골리노와 루지에리의 불화뿐 아니라 프란체스카와 파올로의 열정에도 기만이 존재한다.

톨로메아의 얼음 속 _ 이 안에는 인간의 가장 오래된 관습인 손님에 대한 환대를 저버린 자들이 있다. 그들은 울 수 없다.

프라 알베리고 _ 베르길리우스와 단테를 주데카로 향하는 죽은 영혼이라 믿고 자신의 얼굴에서 "두터운 너울"을 거둬달라고 부탁한다. 그는 살아서 인간성이 이미 죽은 자들을 이야기한다. 이런 자의 영혼이 톨로메아로 떨어지면 악마가 그들 몸에 들어가 산다. 이는 육체의 죽음 이전에 톨로메아로 온 브랑카를 설명한다. 신학적 교리에 따르면 배신행위로 인간은 영혼을 잃어버리고 육체가 죽기까지 악마가 그 몸에 거하게 된다.

제34곡

주데카 _ 코키토스의 마지막 영역. 인류에 은혜를 베푼 자들을 배반한 죄인들이 얼음 속에 갇혀 있다.

유다 _ 신을 배반한 자를 표현한다. 브루투스와 카이사르는 줄리어스 시저(그는 림보에 머문다)를 배반했다. 시저는 황제였던 적이 없지만 단테는 그를 로마제국의 설립자로 여겨 신과 같이 세계를 지배한 자로 지명했다. 이로써 브루투스와 카이사르는 가장 중요한 세계 체제를 배반한 자들이 된다.

"디스 시를 보라" _ 베르길리우스에게 지하세계의 왕은 디스이고, 단테에게는 루시퍼이다.

세 개의 얼굴 _ 이들은 세 인종인가? 즉 진홍색은 야벳Japhet의 유럽인, 누런색은 셈Shem의 아시아인, 검정색은 햄Ham의 아프리카인을 말하는 것일까? 아니면 그저 거룩한 삼위일체의 반대일까?

제3시 _ 하루를 교회법에 따라 넷으로 나눈 첫 번째 시간 단위로, 일출부터 오전 9시까지. 제3시 중반은 오전 7시30분에 해당한다.

참고한 책들

이탈리아어판 신곡

Divina Commedia. rifatto da Giusppe Vandelli. Milan: 1957(seventeenth edition).

La Divina Commedia. Edited and annotated by C. H. Grandgent. D. C. Heath: 1913.

La Divina Commedia. Edited and annotated by C. H. Grandgent. Revised by Charles S. Singleton. Harvard University Press: 1972.

지옥편의 주석이 달린 대역본

Singleton, Charles S., *Inferno. Vol.* 1 text, Vol. 2 commentary. Princeton: 1970.

The Inferno. Translated by J. A. Carlyle Revised by H. Oelsner. The Temple Classics: 1970.

Dante's Inferno. Translated by John D. Sinclair. Oxford; 1974.

지옥편의 영역본

The Comedy of Dante Alighieri. Cantica I, Hell. Translated by Dorothy L. Sayers. Penguin Books: 1974

Dante's Inferno. Translated by John Ciardi. Rutgers University Press: 1954.

Dante's Inferno. Translated by Mark Musa. Indiana University Press: 1971.

영어로 된 주석서와 비평서

Auerbach, Erich, *Dante Poet of the Secular World*. University of Chicago Press: 1974.

Auerbach, Erich, *Mimesis*. Doubleday Anchor: 1957.

Bardi, Michele, *Life of Dante*. Cambridge University Press: 1955.

Bergin, Thomas G., *Dante*. Orion Press: 1965.

Brandeis. Irma, *Discussions of The Divine Comedy*. D. C. Heath; 1961.

Brandeis. Irma, *The Ladder of Vision*. Chattos and Windus: 1960.

Charity, A. C., *Events and Their Afterlife* Cambridge: 1966

Eliot, T. S., "Dante" in *Selected Essays*. Harcourt, Brace: 1932.

Fergusson, Francis, *Dante*. Mcmillan: 1966.

Freccero, John, *Dante*, Prentice-Hall: 1965.

Musa, Mark, *Essays on Dante*. Indiana University Press: 1964.

Snider, Denton J., *Dante's Inferno, A commentary*. William H. Miner: 1892.

Strauss, Walter A., "Proust, Giotto, Dante" Dante Studies 96: Williams, Charles, *The Figure of Beatrice*. Noonday Press: 1961.

옮긴이 _이윤혜
한국외국어대학교에서 전공으로 영미문학을, 부전공으로 정치외교학을 공부했다. 옥상에 핀 민들레 한 송이가 울고 있는 꼬마의 마음을 위로하였던 것처럼, 좋은 책을 번역하여 누군가에게 도움이 되고 싶은 소망을 가지고 있다. 옮긴 책으로는 《아빠 딸이라 행복해요》《내 주변의 싸이코들》《도서관 책 도난 사건》《은퇴의 기술(공역)》《교회를 변화시키는 리더십》 등이 있다.

쉽게 풀어 쓴 단테의 신곡〈지옥편〉

초판 1쇄 인쇄일 2013년 11월 18일 • 초판 1쇄 발행일 2013년 11월 25일
지은이 윌리스 파울리 • 옮긴이 이윤혜
펴낸곳 (주)도서출판 예문 • 펴낸이 이주현
기획 정도준 • 편집 홍대욱 · 김유진 • 디자인 김지은 • 관리 윤영조 · 문혜경
등록번호 제307-2009-48호 • 등록일 1995년 3월 22일 • 전화 02-765-2306
팩스 02-765-9306 • 홈페이지 www.yemun.co.kr
주소 서울시 강북구 미아동 374-43 무송빌딩 4층

ISBN 978-89-5659-216-9 (13180)

이 책은 저작권법에 따라 보호받는 저작물이므로 무단전재와 복제를 금하며,
이 책 내용의 전부 또는 일부를 이용하려면 반드시 저작권자와
(주)도서출판 예문의 동의를 받아야 합니다.